Wer wagt,
beginnt

Robert Habeck
Wer wagt, beginnt

Die Politik und ich

Kiepenheuer
& Witsch

Verlag Kiepenheuer & Witsch, FSC® N001512

4. Auflage 2018

Umschlaggestaltung: Rudolf Linn, Köln
Umschlagmotiv: © imago/nordpool
Gesetzt aus der Albertina und der DIN Engschrift
Satz: Buch-Werkstatt GmbH, Bad Aibling
Druck und Bindung: CPI books GmbH, Leck
ISBN 978-3-462-04949-7

Für die auf der Räuberleiter

kann ich ohne mich zu beugen in ihm leben
oder wachs' ich lebenslang in ihn hinein

L'état et moi (Mein Vorgehen in 4, 5 Sätzen), Blumfeld

Inhalt

Teil IV   Horizont – Delfin

Wer wagt, beginnt

Vom Norden aus liegt der Rest der Republik ganz schön abseits. Die Wege sind weit und die Zugfahrten lang. Häufig genug verpasst man den Anschluss und will nach drei Tagen Wahlkampfreise nur noch nach Hause, um wenigstens zum Tischabräumen und Abwasch noch da zu sein, wenn man schon das gemeinsame Essen mit der Familie verpasst hat. Stattdessen steht man auf zugigen Bahnsteigen in Dortmund oder trollt sich in Bahnhofsbuchhandlungen in Hannover. Wahlkampf bedeutet, unterwegs zu sein. Und je mehr ich unterwegs war, desto größer wurde das Verlangen nach einem Halt, nach einem Fixpunkt.

Im Winter 2015/16 bekam ich viele Einladungen von Kreisverbänden und Landesverbänden, um Neujahrs- oder Aschermittwochsreden zu halten, auf Klausurtagungen zu diskutieren oder im Wahlkampf zu helfen. Ich tat das so oft und so gut es meine Zeit zuließ. Oft stellte ich mir den Wecker auf vier Uhr, um den Zug um fünf zu nehmen und dann gute zehn Stunden später in Landau oder Friedrichshafen zu sein. Abends lief ich durch fremde Städte, um dann in kalte Hotelbetten zu kriechen. Aber die vielen Stunden in der Bahn, das Warten in Wartehallen, die Zeit zwischen den Terminen, manchmal auch nur die merkwürdigen Momente auf zugigen Bahnsteigen, wenn ich nach einem Tag unter vielen Menschen und lauter Gesprächen plötzlich allein war, waren für mich besondere. Sie waren auf eigentümliche Art eindringlich. Sie warfen mich – um ein wenig existenziell zu werden – auf mich selbst zurück.

Dieses Alleinsein – nur mit einem Rucksack als Begleiter, in dem alles Notwendige war – kannte ich nicht mehr. Ich war in den letzten Jahren entweder mit meiner Familie gereist, hatte aufpassen müssen, dass keines meiner Kinder abhandenkam, musste Essen oder Trinken besorgen, oder ich war als Minister im Korsett der Termine unterwegs, begleitet von Mitarbeitern und Referenten. Dass sich niemand um mich kümmerte und ich mich um niemanden kümmern musste, das war eine neue alte Erfahrung. Und in einer Zeit, in der mich alle möglichen Ratschläge, Kommentare, jede Form von Kritik und manchmal auch Lob erreichten, war dieses Alleinsein plötzlich bedeutsam. Ich hatte Zeit. Ich konnte nachdenken. Mein Halt, mein Fixpunkt, war mein Notebook. Ich schrieb auf den langen Fahrten und Abenden dieses Buch.

Schreiben war mein Beruf, bevor Politik es wurde. Aber was macht Politik eigentlich zu einem Beruf? Nirgendwo kann man ihn erlernen – außer in der Politik selbst. Ab wann ist man dann Berufspolitiker? Und verändert »Politik als Beruf« eine Person so sehr, dass man ein anderer wird als der, der man sein wollte, als man in eine Partei eintrat?

Manchmal ist es gut, sich daran zu erinnern, warum man eigentlich Politiker geworden ist. Manchmal eicht der Blick zurück den Kompass. Auf zugigen Bahngleisen, in überheizten IC-Abteilen beschleichen einen manchmal ja sehr grundsätzliche Fragen. Und sicher ist, dass im normalen Alltag des Berufspolitikers für ihre Beantwortung kaum Zeit ist, ja, noch nicht einmal für das Nachdenken darüber.

Meine Form des Nachdenkens ist Schreiben. Das war es immer. Es ist Reflexion und Selbstvergewisserung. Und zu der Entschleunigung meines Lebens durch die vielen langen Zugfahrten passte gut die Verlangsamung beim Tippen. Während sonst in meinem Alltag lauter Dinge gleichzeitig passieren, ich in Sitzungen bin, parallel auf meinem Handy E-Mails beantworte und mich auf die Rede am Abend vorbereite, gibt das Schreiben Ruhe. Es hat etwas Grundsätzliches und zugleich Persönliches.

Politik ist eine Beziehung zur Welt. Sie macht aus einer Reihe von subjektiven Erfahrungen objektive Tatsachen. Sie verallgemeinert. Das ist ihr Spannungsbogen und ihr Sinn. Was man sich allein denkt oder vornimmt, wird in einer Demokratie durch die Gruppe Wirklichkeit. Man braucht andere, im besten Fall Mehrheiten. Beim Schreiben ist man wieder allein. So ist ein privates Buch über das Leben in öffentlichen Ämtern entstanden. Es ist entlang meines Lebens in der Politik erzählt. Entlang der Erfahrungen, die ich auf meinem Weg in der Politik gemacht habe, spürt es der Frage nach, wie viel von den Idealen, Wünschen und Vorstellungen, die mich angetrieben haben, erhalten geblieben sind. Wie sich diese Ideale und Wünsche verändert haben, wie sie mich verändert haben, aber auch wie sie Politik und Wirklichkeit verändern können.

Im ersten Kapitel suche ich nach Erfahrungen und Motiven aus Schul- und Studienjahren, die später politische Bedeutung bekommen haben.

Das zweite Kapitel erzählt, wie ich Politiker geworden bin, wie Politik mein Leben mehr und mehr beeinflusst, bereichert und strapaziert hat. Es lotet aus, wie weit man sich als Person in politische Prozesse einbringen und behaupten kann, aber auch welche Grenzen zum Privaten berührt werden und wie ich versuchte, sie zu verteidigen.

Das dritte Kapitel schildert den ständigen Konflikt zwischen Enttäuschungen und Erwartungen, zwischen Vision und Wirklichkeit im Amt als Minister – und bejaht ihn. Im vierten Kapitel schließlich hole ich mir die Freiheit des Anfangs zurück und steche noch mal in See.

In See stechen?

Ich bin am Meer aufgewachsen, im Amt bekam ich die Verantwortung für den Meeresschutz, den Nationalpark Wattenmeer, den Küstenschutz. Konflikte zwischen Naturschutz und Fischerei, Schweinswalschutz und Stellnetzen, Muschelfischern und Nullnutzungen prägten meine letzten Jahre. Das Meer ist zunehmend eine Metapher für meinen Blick auf Politik geworden.

Der französische Schriftsteller Antoine de Saint-Exupéry schreibt in seinem so melancholischen wie visionären Buch »Die Stadt in der Wüste«: »Wenn Du ein Schiff bauen willst, dann trommle nicht Männer zusammen, um Holz zu beschaffen, Aufgaben zu vergeben und die Arbeit einzuteilen, sondern lehre die Männer die Sehnsucht nach dem weiten, endlosen Meer.« Die Sehnsucht nach dem Meer als Hoffnung auf weite Horizonte.

Ich erlebe als Minister täglich, wie sich Realitätssinn und Idealismus gegenseitig beflügeln. Beflügeln, nicht widersprechen. Das ist eine erstaunliche und überraschende Erfahrung. Ich habe gedacht und befürchtet, dass ich in der Politik und erst recht als Minister unter all den Kompromissen, Paragrafen und Zwängen meine Leidenschaft verliere, dass sich meine Vorsätze abschleifen. Das Gegenteil ist eingetreten. Im Amt ist mein Idealismus gewachsen. Politischer Fortschritt gelang. Und das lag stets daran, dass Menschen nicht nur Konsumenten sein und ein Leben in ökonomischer Austauschbarkeit fristen wollen. Wir wollen als Bürgerinnen und Bürger und als politische Individuen über den

Alltag hinausdenken. Es gibt eine Sehnsucht nach einer Politik, die Visionen und Ideen nicht für ein Schimpfwort hält, eine Politik, die Menschen bewegt und mitnimmt, die Demokratie erlebbar macht. Nach einer Regierung, die transparent und selbstkritisch arbeitet und die jeder als Teil der Gesellschaft ansieht. Nicht als »die da oben«. Davon handelt dieses Buch – von der Notwendigkeit zum Mut, Antworten zu geben, und von der Toleranz, Antworten, die einem nicht passen, als Meinungen der anderen in jeweils ihrem Recht stehen zu lassen. Und gerade deshalb aber umso leidenschaftlicher für seine Sache zu streiten. Kein Eiferertum, aber Mut und Leidenschaft sind Tugenden – und sie werden jetzt gebraucht: Auszubrechen aus dem taktischen Korsett, offen und mit Risiko die politische Auseinandersetzung suchen und nicht aus Angst vor Niederlagen gar nichts mehr riskieren – das ist das, was jetzt ansteht. Wer wagt, muss jetzt beginnen.

Teil I **Vor der Politik:**
Am Strand

Sommernachtstraum und Höhlengleichnis

Vielleicht habe ich nur angefangen, mich für Politik zu interessieren, weil ich verliebt war. Im Mai 1986 führten wir im Schultheater Shakespeares »Ein Sommernachtstraum« auf. Das Stück passte zu meinem Leben. Das Herumirren der Liebenden durch den Wald, das Sich-Finden und Sich-Verlieren – das war die Metapher meines damaligen Lebens. Ich war sechzehn und das Leben verführerisch und verlockend. An einem Abend nach der Aufführung begann es leicht zu nieseln. Panisch rissen die Zuschauer auf dem Weg nach Hause die Regenschirme heraus, schützten sich mit allem, was sie hatten, vor dem Niederschlag. Was sonst ein herrlich warmer Frühlingsregen gewesen wäre, vielleicht die Kulisse für Küsse mit nassen Haaren, war jetzt plötzlich eine tödliche Bedrohung.

Eine Woche zuvor war der Reaktor von Tschernobyl in der Ukraine explodiert. Das hatte Folgen, auch für Deutschland. Ich erinnere mich gut an die verwaisten Spielplätze, an Verbote, Pilze und Fleisch zu essen, an die Fernsehbilder, an den anfänglichen Gleichmut vieler Menschen und ihre spätere Panik und die Hamsterkäufe. Der Zweite Weltkrieg war ja erst seit einer Generation vorbei. Viele Menschen kannten noch die Bedrohung ihres Lebens aus heiterem Himmel, das Kriegsende liegt genauso nah an meiner Geburt wie die deutsche Einheit an meiner Gegenwart.

Für mich war der GAU ein jäher Einbruch ins Glück des

Erwachsenwerdens. Mitten in meinen Lebenshunger, in das Glück des Verliebtseins, brach ein endzeitliches Szenario. Ich glaube, ich hatte damals gar nichts groß gegen Atomkraft. Ich wusste wenig von Gorleben und war zu jung oder vielleicht auch zu sehr damit beschäftigt, mein Leben auf die Reihe zu bekommen, um die Proteste um das AKW Brokdorf mitbekommen zu haben. Aber dass mein Leben plötzlich konkret bedroht war, dass wir vielleicht alle verstrahlt werden würden, mindestens aber nicht mehr mit Sommernachtsträumen im Regen spazieren gehen durften, dass mir vielleicht die Möglichkeit geraubt würde, glücklich zu werden, mein Leben zu leben, vielleicht die Liebe meines Lebens zu finden und Kinder zu bekommen, machte mich in diesen Tagen zum Atomkraftgegner. Die Grünen und die Anti-AKW-Bewegung, schön und gut. Es ging um mein Leben und dass mir da niemand reinpfuschen sollte. Es war die Verteidigung meines kleinen Glücks, wegen der ich mich für die große Politik zu interessieren begann. Eine Politik und ein Staat, der meine Freiheit und mein Leben durch seine Entscheidungen zur Atomkraft bedrohte, brauchte Widerstand. So sah meine Welt mit 16 aus.

Aber noch heute geht es für mich in der Politik im Wesentlichen darum, dass Menschen um die Möglichkeiten zur freien Entfaltung ringen, um die Souveränität über ihre Entscheidungen. Vieles ist mit der politischen Erfahrung komplexer und komplizierter geworden, immer gibt es eine Widerrede, ein Aber und ein Abwägen. Wenig steht für sich allein und ist unbestritten. Freiheiten müssen geschützt und organisiert werden, sind voraussetzungsreich, schließen Bildung, Arbeit, auch freie Zeit und eine halbwegs intakte Natur mit ein. Das ganze politische Panoptikum ist eigentlich ein Wirrwarr aus Widersprüchen und Abhängigkeiten.

MEIN BEDÜRFNIS, mich politisch zu engagieren, entstammte also dem Impuls, *gegen* etwas zu sein, als ich merkte, dass falsche Politik das eigene Leben beeinflussen kann. So ist es ja bei vielen Menschen. Man ist gegen Krieg, gegen Nazis, gegen Windräder, gegen Fracking oder Kohlekraftwerke, und sucht sich Verbündete. Wird daraus eine Mehrheitsbewegung, wird aus dem Protest eine Partei, die die Dinge wirklich ändern will und nicht nur kritisieren, kommt irgendwann der Moment, in dem man sich entscheiden muss, ob man tatsächlich politische Verantwortung will. Übernimmt man dann Verantwortung, wird aus dem Protest schnell eine Realität, die Positives wollen muss. Denn etwas abzulehnen bedeutet, etwas anderes zu bejahen. Wer gegen Atomkraft ist, hat die Wahl zwischen Windkraftanlagen oder Wohlstandsverzicht. Was allerdings nicht geht, ist gleichzeitig weniger und mehr zu wollen. Wahrhaft politisch zu sein bedeutet, Entscheidungen zu treffen. Und jede Entscheidung hat Folgen und Konsequenzen, die wieder neue Schwierigkeiten und Fragen aufwerfen. Die erneuerbaren Energien verändern die Landschaft, und Menschen fühlen sich durch sie bedrängt. Flüchtlinge aufzunehmen hat verstärkte Integrationsanstrengungen zur Folge. Sich europapolitisch zu engagieren erfordert, mit solchen Leuten wie dem ungarischen Premier zu verhandeln.

Aber obwohl aus Protest schnell etwas Kompliziertes wird, obwohl ich jetzt als Minister die Verantwortung habe, dass Atomkraftwerke tatsächlich rückgebaut und entsorgt werden, geht es mir unter dem Strich immer noch um das

Motiv des Anfangs: Selbstbestimmung. Verantwortung für das eigene Leben übernehmen zu können. Und eine Politik, die das unmöglich macht, ist keine gute Politik. So ist die Energiewende eben neben allen ökologischen Notwendigkeiten zuvorderst die Rückkehr des Prinzips Verantwortung in die deutsche Energiepolitik. Selbst zu bestimmen heißt, verantwortlich sein zu wollen. Das Prinzip Verantwortung gilt nicht für die Produktion von Atomstrom und die Verbrennung fossiler Energien.

Ich bin auch Mitglied der deutschen Endlagersuchkommission. Ihre Aufgabe ist es, die Bedingungen für die sichere Endlagerung des Atommülls für eine Million Jahre zu finden. Erst dann strahlt der Müll nicht mehr. Eine Million Jahre! Wann wurde noch mal Jesus geboren? Eine Million Jahre, das ist eine so absurd lange Zeit, dass vernünftigerweise niemand für diesen Zeitraum überhaupt irgendetwas verantworten kann. Erderwärmungen und Eiszeiten werden kommen und gehen und vermutlich werden die Wesen nach uns, die wahrscheinlich keine Homo sapiens mehr sein werden, weder Deutsch noch Englisch sprechen. Wir wissen ja noch nicht einmal, wie wir sie warnen sollen, dass der Atommüll gefährlich ist. Unsere Schriftzeichen werden sie jedenfalls aller Voraussicht nach nicht mehr entziffern können.

Auch die Verbrennung von Kohle, Öl oder Gas ist nicht verantwortlich im vollen Sinn des Wortes. Denn wir sind für die Spätfolgen unseres jetzigen Tuns nicht mehr selbst verantwortlich zu machen. Kinder und Kindeskinder werden auszubaden haben, was wir anrichten. Sie werden von Dürren, Naturkatastrophen, Überschwemmungen, Flucht und Krieg bedroht und heimgesucht werden. Die Anlagen zur Erzeugung erneuerbarer Energien dagegen sind leicht zu beseitigen. Wenn uns die Windkraft- und Solaranlagen irgendwann nicht mehr passen oder wir sie nicht mehr brauchen, dann bauen wir sie halt wieder ab. Die Energiewende ist die Rückkehr des Prinzips Verantwortung in die deutsche Energiepolitik.

ZWISCHEN JENEM ABEND nach der Aufführung des Sommernachtstraums und meinem Alltag als verantwortlicher Minister für Atomausstieg und Energiewende in Schleswig-Holstein liegt ein langer Weg. Es hätte alles auch anders kommen können. Aus lauter Einzelentscheidungen und Zufällen wird nur rückblickend eine Geschichte. Rückblickend aber ist es merkwürdig, wie viele Ereignisse von früher heute wie Fingerzeige aussehen, wie Wegweiser, die ich damals nicht entziffern konnte.

Auch hinter meiner Partei, den Grünen, liegt ein weiter Weg. Sie kamen von der Straße. Und jede Bewegung, die als Protestbewegung beginnt, artikuliert erst einmal eine Minderheitenmeinung, braucht also zur Rechtfertigung ihrer Existenz einen Standpunkt höherer Moral. Bei den Grünen wurde diese Legitimation der politischen Rolle aus einer ökologischen Wahrheit abgeleitet. Gerade weil eine Bewegung Legitimation nicht aus der Mehrheitsmeinung ziehen kann, da sie erst einmal keine Macht hat, braucht sie eine nicht zu hinterfragende Position der eigenen Legitimität und Dringlichkeit. Der Satz »Mit dem Klima lässt sich nicht diskutieren« etwa bedeutet eben auch, dass gar nicht mehr diskutiert werden soll. Aber diese Gewissheit ist letztlich nichts anderes als die moralische Form der Alternativlosigkeit. Andere Meinungen zuzulassen und trotzdem Lösungen zu finden ist anstrengender, aber am Ende überzeugender, demokratischer und tragfähiger.

Der Punkt ist, dass die Grünen heute keine Minderheiten-positionen mehr vertreten, auch wenn sie keine Mehrheiten in Umfragen haben. Wir sind in so vielen Landesregierungen wie nie zuvor vertreten, erzielen 30-%-Ergebnisse, stellen einen Ministerpräsidenten und sind in Bereichen wie Energiepolitik, Landwirtschaftspolitik, Verbraucher- und Umweltpolitik auf den Fachministerkonferenzen Meinungs- und Mehrheitsführer. Daraus folgt, dass wir neu und anders argumentieren sollten. Wir sollten ein neues und anderes Selbstverständnis aufbauen, wenn wir diese Mehrheiten im öffentlichen Diskurs der Gesellschaft auch bei Wahlen für die Demokratie nutzbar machen wollen: und zwar ein republikanisches statt ein sektiererisches, ein offensives statt ein defensives, ein progressives statt ein regressives Selbstverständnis. Wir müssen uns nicht mehr hinter der Behauptung verstecken, die Wahrheit zu besitzen, wir haben die Argumente für die Gegenwart. Dieses Land ist ganz schön grün. Es ist vielleicht sogar grüner und besser, als wir Grünen es manchmal selbst glauben.

Und das ist die Herausforderung: nach den Protestjahren und den rot-grünen Projektjahren eine neue Phase einzuläuten, eine Phase, die bisher nur in Parteitagsreden mit »Haltung« und »Orientierung« umschrieben wurde. Aber was heißt das eigentlich? Meiner Ansicht nach heißt das, dass die Grünen weder die Ankläger noch das schlechte Gewissen dieser Gesellschaft sein sollten, sondern ihre Vertrauensleute, ihre Anwälte. Grüne Politik muss einschließen, nicht abwehren. Nicht angreifen, sondern eingreifen. Dass wir nicht mehr nur zu der Gesellschaft sprechen, sondern für die Gesellschaft, dass wir aus »diesem Staat« »unser Land« machen, dass wir uns in das Herz der gesellschaftlichen Debatte begeben, statt Parteidiskussionen immer wieder zu einem zermürbenden Selbstgespräch darüber zu machen, »was grün ist« oder »wer der grünste Grüne ist«, dass wir uns nicht in Spiegelgefechten zwischen Gesinnungs- und Verantwortungsethikern verlieren, über Binnenasteriske in Genderfragen streiten und dabei den Bezug zu dem verlieren, was wirklich unter den Nägeln brennt. Das müssen wir jetzt anbieten. Das ist die Aufgabe für uns. Und es ist eine neue Aufgabe. Ein drittes Zeitalter für die Grünen ist herstellbar. Nicht mehr Protestpartei, nicht mehr Projektpartei, sondern Orientierungspartei.

Der demokratische Diskurs funktioniert dann, wenn die Grundannahmen der jeweiligen Überzeugung offengelegt und so auch hinterfragt werden können. Wenn man sich zum Beispiel den Fragen der Integration von Geflüchteten stellt, dann vor dem Hintergrund der Annahme, dass es unseren Werten entspricht, Menschen in Not aufzunehmen. Nazis müssen Fragen nach Integrationslotsen nicht beantworten.

Dass es solche Grundwerte bei allen gibt, ja geben sollte – zumal bei jedem Politiker –, ist die Voraussetzung für einen offenen, pluralen, lösungsorientierten Diskurs. Aber auch Werte müssen reflektiert und im Verhältnis zu anderen gesehen werden. Werte sind von Menschen definiert und damit prinzipiell relativ zu gesellschaftlichen Veränderungen. Man kann nur mit besseren oder schlechteren Argumenten für sie streiten. Man kann sie nie als gegeben nehmen oder voraussetzen. Das klingt erst mal nach wenig. Aber dieses wenige ist genau genommen der beste Grund für eine Parteiendemokratie, dafür, sich für eine Partei zu engagieren – man muss für seine Überzeugungen streiten und darf nicht darauf warten, dass andere auf wundersame Art durch sie erleuchtet werden.

MIT TSCHERNOBYL ALSO begann ich, mich politisch zu engagieren. Ich las politische Bücher, suchte nach meinem persönlichen politischen Kurs. Im folgenden Schuljahr wurde ich zum Schülersprecher gewählt, gründete eine Politik-AG, in der die Tagespolitik diskutiert wurde, damals Themen wie Vermummungsverbot, Hausbesetzungen, Apartheid. Ich übernahm zusammen mit Freunden die »Heulboje«, unsere Schülerzeitung. Ich setzte mich mit der Bundeswehr und der Frage des Einsatzes von Gewalt und des Tötens anderer auseinander, verweigerte den Wehrdienst und wählte Philosophie als Leistungskurs.

Wenn ich mich richtig erinnere, war es eine Geschichte, die mich zur Philosophie hinzog: Platons Höhlengleichnis. Der griechische Philosoph erzählt in diesem Gleichnis von Menschen, die in einer Höhle als Gefangene leben. Sie sind so gefesselt, dass sie keine anderen Menschen neben sich sehen können und den Ausgang aus der Höhle und damit das Licht im Rücken haben. Auf der Wand vor ihnen sehen sie nur ihre eigenen Schatten. Von der Welt draußen sehen sie nur die Schatten von Gegenständen, hören aber Geräusche und Stimmen. Sie müssen also glauben, die Gegenstände könnten sprechen. Was sie auf der Wand sehen, ist für sie die Wirklichkeit. Und würden sie jemals befreit und ans Licht kommen, sie würden die Welt weder verstehen noch akzeptieren können, sondern sich wieder in das Dunkel ihrer Höhlenwelt zurückwünschen. Philosophie sollte nach Platon eine Art Anleitung zum Ausbrechen aus dieser Höhle sein. Da musste ich mit 16, 17 nicht lang überlegen, welchen Leistungskurs ich belegen wollte.

Heute lese ich etwas anderes in dem Gleichnis. Ich frage mich, wie und ob Menschen außerhalb und innerhalb der Höhle zu einer gemeinsamen Weltsicht kommen können.

Wessen Welt ist wahrer? Vor allem: Was ist heute Höhle und was draußen? Und wie halten wir die Neugierde für das Draußen wach?

Das Höhlengleichnis beschreibt eben auch, dass für Menschen ihre jeweiligen Weltsichten die absolute Wahrheit sind und nichts als die Wahrheit. Es steht somit auch für eine Alternativlosigkeit als Weltsicht. Und die Alternativlosigkeit ist die Bankrotterklärung des Politischen. Sie ist die andere Seite der Klage darüber, dass wir, die Politiker, die Menschen nicht mehr erreichen, eine Art Höhlenpolitik betreiben. In der Politik der Alternativlosigkeit endet das Gespräch der Regierenden mit den Regierten. Regierende können die Regierten nicht mehr erreichen, wenn sie selbst keine Handlungsspielräume mehr sehen, vor deren Hintergrund sie ihre Entscheidungen erläutern. Alternativlosigkeit meint im weiteren Sinn eben nicht nur, dass es keine andere Entscheidung gibt, sondern dass man es gar nicht erst zur Entscheidung kommen lässt. In der Politik geht es aber eben gerade nicht um das Selbstverständliche, sondern um Probleme, die noch nicht gelöst sind.

Meine Abiturprüfung legte ich später über Immanuel Kants »transzendentale Ideen« ab. Die sind so etwas wie die abstrakte Theorie der Saint-Exupéry'schen »Sehnsucht nach dem Meer«. Denn nachdem Kant vernunftkritisch Begriffe wie »Seele«, »Welt«, »Gott« als nicht real verworfen hat, schafft er sie als »transzendentale Ideen« oder »Vernunftideen« neu. Diese Begriffe erfüllen nach Kant ihren Sinn in einem positiven, regulativen Gebrauch. Sie geben unserem Leben im Alltag und der Empirie eine Richtung. Logisch begründen lassen sich viele Glaubenssätze nicht unbedingt. Aber es macht manchmal Sinn, an ihnen festzuhalten. Denn wenn wir die regulative Kraft von Ideen nicht aufrechterhalten, dann versinken wir in völligem Relativismus.

Was ich mit achtzehn las, bestätigt sich für mich heute mehr denn je. Denn im Kern fordert Kants Philosophie das unermüdliche Hinterfragen von behaupteten Wahrheiten, den Zweifel als Grundmotiv von Politik – und dass man Unvernunft mit Vernunft stellen kann.

Wir setzen bei Wahlen Vertrauen in Menschen und hoffen, nicht enttäuscht zu werden

Auch die Stücke unserer Theater-AG wurden damals politischer. Wir spielten Arthur Millers »Hexenjagd« und Bertolt Brechts »Dreigroschenoper«. Ich war der Bettlerkönig Jonathan Jeremiah Peachum. Peachum ist ein mit allen Wassern des Zynismus gewaschener Machtmensch, Sinnbild des skrupellosen Kapitalismus. Es war großartig, diese Rolle zu spielen, und noch heute holen mich Textfetzen von damals ein, wenn es auf Parteitagen, vor Listenaufstellungen, bei Koalitionsverhandlungen oder dem Ringen im Bundesrat nicht mehr um Inhalte geht, sondern nur noch um Macht. Kaltschnäuzigkeit gehört auch zum Polit-Theater.

Vor allem aber musste ich damals in der Dreigroschenoper singen. Und ich konnte nicht singen. Ich konnte auch keine Noten lesen. Ich kaufte mir eine Langspielplatte und übte die Lieder, indem ich sie nachsang wie Depeche-Mode-Songs. (Die Platte habe ich noch, sie hat alle Umzüge überlebt, eine grandiose Aufnahme mit Lotte Lenya als Seeräuberjenny.)

Als ich aber das erste Mal auf der Bühne stand, wusste ich, dass ich es nicht können würde, und löste dieses Wissen prompt ein. Ich war total verkrampft und bekam keinen Ton raus. Nein, das stimmt nicht. Ich bekam viele Töne raus, aber keinen richtigen. Die Klavierbegleiterin brach ab, sang mir meine Passage noch mal vor, setzte sich wieder an ihr Instrument – und ich sang schlechter als zuvor. Das wiederholte sich drei, vier Proben, drei, vier Wochen lang. Ich war kurz davor, die Rolle zu verlieren. Aber sie bedeutete mir inzwischen etwas. Ich muss zugeben, dass ich mich mit dem Machtmenschen Peachum zu identifizieren begann. Dazu passte es nun so gar nicht, öffentlich zu scheitern.

Auf einer Strandparty traf ich Mackie Messer, gespielt von meinem Freund Jan. Ich prostete ihm zu, fragte, wieso er das so super hinbekam mit seiner Rolle und dem Gesang. Er könne doch auch keine Noten lesen und eigentlich auch nicht singen. »Das stimmt«, sagte er. »Aber im Unterschied zu dir lasse ich mir das nicht anmerken. Du musst dir vornehmen, selbstbewusst zu sein, um selbstbewusst zu werden.« Ich probierte es – und es ging.

Ich weiß das noch so genau, weil ich heute noch manchmal dran denke. Denn immer wieder erlebe ich Situationen, die ich nicht geübt habe, die neu sind, in denen ich nicht weiß, ob ich sie bestehe. Auch Politik ist eine Bühne. Auch dort stellt man immer etwas dar. Auch Politik ist oft nur durch die richtige Ansprache, durch Tonalität und die richtigen Worte – manchmal auch durch das richtige Schweigen – erfolgreich. Und am Ende will man, dass Leute klatschen.

Meine erste Rede im Landtag von Schleswig-Holstein zum Beispiel. Sie war die Antwort auf die Regierungserklärung des damaligen Ministerpräsidenten Carstensen. Ich hatte noch nie im Landtag geredet, hatte als Parlamentserfahrung nur den Kreistag vorzuweisen und häufiger Lesungen als Debatten bestritten. Und jetzt im Landtag gleich eine Dreiviertelstunde Grundsatzrede im Duell mit Wolfgang Kubicki und Ralf Stegner. Es gibt leichtere Sparringspartner zum Warmboxen. Entsprechend war ich angespannt. Aber ich ließ es mir nicht anmerken. Ich machte es, wie Jan mir vor Jahren geraten hatte. Erste Reden im Bundesrat, wenn einem Horst Seehofer und Winfried Kretschmann und Hannelore Kraft aufs Maul schauen, Parteitagsreden, die in der Tagesschau gezeigt werden, Fernsehinterviews – und immer kann sich Scheitern tausendfach potenzieren. Ich habe mich dabei ertappt, dass ich vor wichtigen Terminen Marotten wie ein Fußballspieler entwickelt habe, der immer mit dem linken Fuß den Platz zuerst betritt. Ich habe immer im gleichen Hotel übernachtet, immer einen Kaffee ohne Milch, aber mit Zucker getrunken. Ich hatte bestimmte Hemden, von denen ich glaubte, sie würden mir Glück bringen.

Mit der Routine der Politik legte sich der Aberglaube dann. Aber die Aufgabe blieb: Wie wird man Politiker und doch nicht austauschbar? Mit Freunden konnte ich zwar darüber reden, wie man als Minister zu sein hat und was überhaupt einen Politiker ausmacht. Und Interviews oder Parteitagsreden konnte ich mit diesen Freunden immer durchgehen. Aber wie es ist, Politiker zu sein, lernt man eben nicht vorher. Man muss es tun. Meine Peachum-Erfahrung hat mich gelehrt, dass man sich trauen muss, wenn man etwas durchsetzen will. Es gibt keine Garantie, dass es gelingt. Aber dass es nicht gelingt, wenn man sich nicht traut, das ist nun mal sicher.

Und das gilt nicht nur fürs Redenhalten. Das Sich-Trauen im Sinne von »Ich stell mich jetzt da vor die Leute hin und lass mir nicht anmerken, dass ich Angst habe« und das Sich-Trauen im Sinne von »Ich wage es, auch anzuecken« bedingen einander. Denn auch wenn das theatralische Moment zur Politik gehört, so ist es doch nicht alles. Wie ich etwas sage, ist wichtig – aber immer noch nicht wichtiger als das Was. Etwas Neues, etwas Eigenes zur Debatte zu stellen, sich auch das zu trauen, macht erst Politik aus.

Alle, die sich um ein politisches Amt bewerben, bewerben sich ja faktisch um das Mandat, die Wirklichkeit zu verändern. Es ist bestenfalls die halbe Wahrheit, wenn Politiker den Bundeswehr-Werbespruch zitieren und wie Merkel 2005 behaupten, dass sie »Deutschland dienen« wollen. Denn »dienen« heißt ja, dass sie einem gegebenen Willen gehorchen wollen. Das stimmt aber nicht. Faktisch wollen Politiker Deutschland nach ihren Vorstellungen entwickeln. Ja, sie sollten es wollen. Denn das ist nichts Schlimmes. Im Gegenteil. Schlimm wäre es, wenn Politiker keine Vorstellung von der Gesellschaft, der Wirklichkeit und ihren eigenen Werten hätten.

Selbstverständlich nehmen Politiker gesellschaftliche Wünsche, Vorstellungen, Entwicklungen oder Probleme auf – oder eben auch nicht. Immer gibt es eine Wechselwirkung mit den Positionen anderer. Aber am Ende muss man sich entscheiden und einen eigenen Standpunkt vertreten und den zur Wahl stellen. Zur Politik gehört nachgerade der Anspruch, die eigene Vorstellung umzusetzen. Entsprechend wird der eigene politische Wert nach dem Erfolg bei der Mehrheit taxiert. Ob man ein guter oder ein schlechter Politiker ist, entscheidet sich daran, ob man seine Positionen mehrheitsfähig machen kann.

Ich zum Beispiel bin Minister für Energiewende, Landwirtschaft, Umwelt und ländliche Räume einer Partei, die 16 % bei Umfragen in meinem Bundesland hat. 84 % der Befragten wählen nicht meine Partei. Ich habe keine Chance, meine Überzeugungen durchzusetzen, wenn ich nicht so argumentiere, dass die Mehrheit der Menschen auch außerhalb des grünen Spektrums der Meinung ist, dass zum Beispiel Tierschutz einen ethischen Grund hat, dass Gewässer geschützt werden müssen und die Energiewende fortgesetzt werden soll.

Nach der alten Lehre der Machtpolitik kann man in Koalitionen auch Minderheitenmeinungen durchsetzen. Denn nach einer Regierungsbildung wird die Bevölkerung ja nicht mehr gefragt. Es gibt einen Koalitionsvertrag, und solange die Fraktionen in den Parlamenten sich daran halten, werden die Verabredungen umgesetzt und abgearbeitet. Aber genau dieses einfache Verständnis von Macht funktioniert meinen Erfahrungen nach nicht mehr. »Ich hab die Macht und damit das Recht« war gestern. Durch Umfragen, dauernde Wahlkämpfe und soziale Medien muss Politik immerzu ihr Tun erläutern. Und zwar so, dass eine Mehrheit der Menschen es versteht und gutheißt.

Politiker zu sein heißt heute, öffentlich über Lösungen nachzudenken. Es heißt nicht unbedingt, jederzeit fertige Konzepte zu haben. Ich habe oft genug erlebt, dass ich keine Antworten hatte, und habe das auch oft genug zugegeben. Immer mal wieder musste ich sagen: Weiß ich noch nicht genau, ich weiß nur, dass wir neue Antworten geben müssen. Wenn es gut lief, habe ich Zeit bekommen, mögliche Lösungen und ihre Voraussetzungen und Konsequenzen aufzuzeigen und den Menschen ein Angebot zu machen, sich zwischen den Lösungen zu entscheiden oder meinetwegen auch eine weitere zu entwickeln. Wenn es gut lief, haben sie das als Einladung genommen mitzudenken.

Aber Politik ist natürlich keine demokratiepädagogische Übung. Sie verändert Wirklichkeit. Auch wenn das mehr und mehr in Vergessenheit zu geraten scheint und Fakten immer weniger zählen in einem Hagel aus Tweets und Empörungskommentaren. Politik entscheidet über Krieg und Frieden und wie viel Eltern für die Kita ihrer Kinder bezahlen müssen. Soldaten werden entsandt oder Flüchtlinge verteilt, Schulen geschlossen, Straßen gebaut, WLAN in Zügen eingeführt – oder eben nicht. Und auch nicht getroffene Entscheidungen sind Entscheidungen und verändern die Lebensumstände von Menschen.

Die Menschen, die wir eben noch im Fernsehen auf den griechischen Inseln gesehen hatten, standen Tage später auf unseren Bahnhöfen, in unseren Städten und Dörfern. Sie waren und sind unsere Angelegenheit. Die Zeiten, in denen man mit genüsslichem Schauer die Tagesschau guckte, weil all das ja weit weg war und abstrakt, sind vorbei. Und die Menschen, die wir jetzt auf den griechischen Inseln sehen und die wir nicht mehr reinlassen, bleiben doch unsere Angelegenheit. Wir können nicht mehr *nicht* handeln, wir können nicht mehr *nicht* politisch sein.

Politik definiert unsere Gesellschaft, indem sie Werte in Gesetze umsetzt. Und deshalb ist Politik nur relevant, wenn sie eine Idee hat von Gesellschaft und Zukunft.

Entscheidungen sind kein programmierbarer Automatismus, kein Ergebnis mathematischer Rechnungen. Sie werden von Menschen getroffen und setzen deshalb voraus, dass Menschen als Personen mit ihren Werten, Ideen, Haltungen verstanden werden und sich einbringen. Die, die uns in Vergangenheit und Gegenwart faszinieren, jedenfalls mich, das sind die, die als Personen wahrnehmbar sind, diejenigen, die ihren eigenen Kopf haben. Die Unangepassten.

In den Jahren der Kanzlerschaft Merkels war es jedoch dominante politische Kultur, das Persönliche mehr und mehr zu reduzieren. Die Sprache wurde floskelhaft, die Emotionen verschwanden aus der Politik. Zunächst war das wohltuend, nach den rot-grünen Schröder-Fischer-Jahren mit all ihren Gefühlsausbrüchen und auch ihrer Unberechenbarkeit. Aber wenn improvisiert werden muss, wenn Politik sich in unvorhergesehenen Situationen beweisen muss, dann werden sprachliche Leere und demonstrative Leidenschaftslosigkeit schnell zu einem reinen Ritual, das die Menschen nicht mehr erreicht und mitnimmt. Nach den Landtagswahlen des Frühjahrs 2016 und den Wahlsiegen von Winfried Kretschmann und Malu Dreyer stellten viele Polit-Kommentatoren erstaunt fest, wie wichtig die Person in der Politik ist. Erstaunlich daran ist nur, dass das erstaunlich sein soll. Denn politische Herausforderungen kommen oft ungeplant, sind also nicht durch programmatische Parteitagsbeschlüsse abgedeckt.

Schon die deutsche Einheit war nicht vorhersehbar, so wenig wie die Anschläge von 9/11 in New York oder 13/11 in Paris. Die Finanzkrise, die Flüchtlinge, die Spannungen in Osteuropa und die Kriege im Nahen Osten, all diese Ereignisse sind analysierbar und wären vielleicht sogar vermeidbar gewesen – rückblickend. Faktisch haben diese Großereignisse die Politik unvorbereitet getroffen. Und in diesen Situationen werden altmodische Begriffe wie Vertrauen und Verantwortung wieder wichtig.

Wahlentscheidungen, die wir treffen, sind eben immer auch ein Kredit, ein Vertrauensvorschuss, den wir Personen vorab gewähren. Natürlich haben Parteien Programme und programmatische Aussagen. Und wir wählen Parteien, von denen wir glauben, dass sie unseren Grundwerten nahestehen. Aber wir hoffen auf Politikerinnen und Politiker, die auch und gerade in unvorhergesehenen Situationen stellvertretend für uns Verantwortung übernehmen. Eben das ist der Kern einer Republik – delegierte Macht. Wir statten Menschen mit Macht auf Zeit aus. Recht zu setzen und auf der Grundlage des Rechts gesellschaftliche Antworten zu verabreden, in der Annahme und entlang des Versprechens, dass sie sie zum Wohle der Allgemeinheit ausüben und sie ihren Kredit durch gute Politik zurückzahlen, das ist der Kern der demokratischen Verabredung. Und diese Verabredung findet immer zwischen Menschen statt.

Politik ist kein Kaufhauskatalog, bei dem man auswählt, was andere vorproduziert haben. Politik ist mehr als Erwartungsmanagement der Wählerinnen und Wähler. Es sind Ideen und Menschen, die Menschen begeistern und mitreißen. Ideale formen eine Gesellschaft. Und Politik ist der Wettstreit darüber, wer die besten Argumente für seine Ideale hat. Daraus entsteht im besten Fall ein »überlappender Konsens«, wie es der amerikanische Philosoph John Rawls in seinem Buch »Politischer Liberalismus« einmal formulierte. Aus dem Pluralismus der vielen Meinungen und Stimmen formt sich ein Prozess, in dem sich ein Gemeinwesen über seine normativen Bedingungen klar wird.

Über Politiker, denen wir vertrauen, sagen wir, dass sie Staatsmänner bzw. Staatsfrauen sind. Sie stehen dafür, dass es in der Politik gerade nicht um das automatisch Entscheidbare geht, sondern um das Ringen um die richtige Entscheidung. Gerade jetzt, da die Herausforderungen so groß sind, die Ereignisse so schnell aufeinanderfolgen, dass Parteitagsbeschlüsse rasch überholt sind, sind die prinzipiellen Grundsätze, nach denen Entscheidungen getroffen werden, wichtiger als die inhaltliche Auflistung vieler kleiner Spiegelstriche, die Parteien oder Regierungen versprechen. Keiner weiß, was als Nächstes geschieht. Die nächste Finanzkrise, eine Naturkatastrophe, ein weiterer Krieg, ein weiterer Gau. In solchen Zeiten werden Politiker gewählt, die eine Souveränität im Umgang mit Herausforderungen ausstrahlen, die nicht als Erstes einen Beschluss ihrer Partei von vor vier Jahren lesen, der ihnen dann sagt, was sie zu tun haben. Menschen kann man Vertrauen schenken, Parteiprogramme kann man gut oder schlecht finden, aber zu Papier baut man kein Vertrauen auf.

Je länger ich Politiker bin, desto großartiger und beglückender finde ich, dass im Herzen von allen Systemen, Strukturen, Disziplinen, Strategien der Mensch ist, mit seiner Haltung, seinem Charakter, seinem Ernst und seiner Lebensfreude, und genau deshalb immer wieder die Faszination für Politik auslösen kann.

Im Zeichen der Freiheit

Das erste philosophische Buch, das ich freiwillig gelesen habe, war eine Essaysammlung von Albert Camus:»Unter dem Zeichen der Freiheit«. Es war auch das erste philosophische Buch, das ich mir selbst gekauft habe. Auf meiner Ausgabe von 1985 ist ein Bild von Camus beim Schreiben zu sehen. In sich versunken, die Zigarette im Mund. So cool wie er wollte ich damals auch sein, so denken, so ganz einer Sache verschrieben sein. Ich las den »Mythos des Sisyphos«. Darin beschreibt Camus, wie der moderne Mensch sich abrackert, sich immer mehr in Widersprüche und Absurditäten verwickelt, dieses Absurde aber letztlich bejaht und sich ihm stellt. Camus schreibt:»Wir müssen uns Sisyphos als glücklichen Menschen vorstellen.«

Ich empfinde diesen Satz bis heute als tröstlich und weise. Denn oft, eigentlich immer, lösen neue politische Antworten, die man gibt, noch viel mehr Fragen aus: Eine Steuer auf Pestizide senkt den Gifteinsatz, verringert aber die Erträge für die Landwirtschaft: Bauern verdienen weniger Geld, Getreide wird teurer. Jede Rede erzeugt eine Gegenrede. So viele Dinge und Prozesse dauern endlos lange, und der politische Fortschritt ist manchmal keine Schnecke, sondern eine Katze, die ihren eigenen Schwanz jagt. Im »Mythos des Sisyphos« beschreibt Albert Camus das so:»Sein Fels ist seine Sache. Darüber hinaus weiß er sich als Herr seiner Tage. Der Kampf gegen Gipfel vermag ein Menschenherz auszufüllen.«

Der Frankfurter Philosoph Martin Seel, bei dem ich in den Neunzigerjahren studiert habe, denkt Camus' Satz weiter, wenn er in »111 Tugenden, 111 Laster« über einen freien Menschen schreibt: »Er glaubt nicht an die Verhältnisse, wie sie nun einmal sind, sondern an die Möglichkeiten, die sich in ihnen auftun werden. Er segelt gerne gegen den Wind. Man darf ihn sich als einen glücklichen Menschen vorstellen.« Diesen Typus Freiheitsfreund nennt er Fatalist. Das klingt zunächst geringschätzend. Wer will schon gern ein Fatalist sein, wenn »der wahre Fatalist seine Nummer nicht durchzieht«? Aber die anderen Freiheitsfreunde, die Seel anführt, haben einen noch schlechteren Klang (und sind als abschreckende Beispiele lehrreich). Da ist der Tyrann, der seine Freiheit über die Freiheit aller anderen stellt und sie unterjocht. Da ist der Trotzige, der echte Freiheit mit unbegründetem Aufbegehren verwechselt. Und da ist der Fanatiker, der diesen Trotz mit Dogmatismus übersteigert und blind wird sowohl für Fehlentwicklungen wie auch für seine eigene Rechthaberei. Sie alle vergessen, dass Freiheit auch bedeutet, los- und sein-lassen zu können und trotzdem an einem sozialen Miteinander zu wirken, das Menschen Möglichkeiten eröffnet, ein reiches, gelingendes Leben zu führen. Freiheit ist vielleicht als Begriff ein Gegenpol, aber im Leben nur im Zusammenspiel mit anderen Werten sinnvoll und erträglich. Selbstbestimmung braucht die Gemeinschaft.

Ich weiß nicht, ob ich all das mit 16 verstanden habe, als ich Camus zum ersten Mal las. Eher nicht, würde ich denken. Aber von heute aus betrachtet, erfühlte ich zumindest den Sinn. Jedenfalls suchte ich, was in den Sätzen mitklang. Bindungen einzugehen und selbst über sie entscheiden zu können, arbeiten zu können und dürfen, aber auch die Möglichkeit zu haben, es nicht zu tun, sich zu bilden und fortzubilden, Arbeit, Spiel und Müßiggang – all das sollte in ein gutes Verhältnis zueinander gebracht werden. Und heute habe ich qua Jobbeschreibung die Aufgabe, Rahmenbedingungen nicht nur für mich und mein Leben und meine Familie, sondern auch für andere Menschen zu schaffen. Oft ist das nicht leicht, eigentlich nie. Meistens steht die Antwort in keinem Parteiprogramm. Oft genug bekomme ich morgens erst auf dem Weg ins Büro eine E-Mail oder lese einen Zeitungsartikel, dass eine Biogasanlage ausgelaufen ist, die Vogelgrippe ausgebrochen ist oder eine Tierschutzvorschrift nicht eingehalten wurde. Der Tag ist dann ein suchendes Tasten. Soll ich alles frei laufende Federvieh aus Sicherheitsgründen einsperren oder lieber den Tieren ihren Auslauf lassen? Muss der Bauer mit der Biogasanlage den Schaden für die Nachbarn bezahlen oder treiben ihn die Strafzahlungen in den Ruin? Und dazu all die guten oder abstrusen Ideen, die sich meine Politikerkollegen so täglich ausdenken und rausposaunen. Ist es wirklich klug, wie es Sigmar Gabriel vorgeschlagen hat, straffällig gewordene Flüchtlinge in die Gefängnisse ihres Heimatlandes abzuschieben? Soll ich darauf hinweisen, dass das bei Syrern die Gefängnisse Assads oder des IS wären? Oder halte ich lieber die Klappe?

Ich weiß, dass ich nicht alles besser weiß. Kant hat mir die Kritik beigebracht und Camus den Zweifel. Zweifeln, ob das alles richtig ist, das steht vermutlich nicht im Handbuch für politisches Selbstbewusstsein. Aber ich hoffe, man kommt auch an, wenn man gegen den Wind segelt.

Freiheit zu realisieren ist noch immer die stärkste Motivation für mich. Und das ist durchaus nicht nur altruistisch als Dienst für andere gemeint. Die Politik selbst ist schon Selbstverwirklichung. Jedenfalls für mich.

Ja, Politik bringt Zwänge mit sich. Sie birgt Enttäuschungen und Rückschläge. Aber sie bringt eben auch die Möglichkeit, die Bedingungen der Umstände des eigenen Lebens mitgestalten zu können. Politik bedeutet Einmischung. Politisches Engagement birgt die Chance, nicht nur zu behaupten, dass man recht hat, sondern tatsächlich recht zu bekommen. Politiker zu sein bedeutet auch, neue Freiheiten zu erkämpfen oder zu verteidigen. Das ist das Versprechen, das Politik gibt. Und ich finde, es ist ein grandioses. Es ist wie bei dem Mythos des Sisyphos, der als Strafe der Götter tagein, tagaus einen Fels einen Berg hochrollen muss. So ist es mit der Politik. Sie ist nie fertig. Aber man muss sich den Politiker als glücklichen Menschen vorstellen.

Barschel verstehen – wider die Vernichtung von Personen

1987, ein Jahr nach dem Tschernobyl-GAU, wurde ich Schülersprecher an einer Schule in einem Vorort von Kiel. Es war genau die Zeit, als die Barschel-Affäre eskalierte. Ich erinnere mich an die Zeitungslektüre am Morgen und die Debatten mit meinen Eltern und die Debatten der Eltern untereinander und die Häme und Härte, die alles überlagerte. Es war eine Zeit, in der es in der Politik nur noch darum ging, Menschen fertigzumachen. Und das gelang. Barschel, der damalige CDU-Ministerpräsident Schleswig-Holsteins und Bundes-CDU-Hoffnungsträger, wurde der Intrige und der Lüge überführt. Er hatte Engholm Steuerhinterziehung, Homosexualität und Aids-Infektion unterstellt. Barschel starb in Genf in einer Hotelbadewanne, wie und unter welchen Umständen, ob Selbstmord oder Mord, ist bis heute unklar. Engholm musste später als SPD-Bundesvorsitzender und Ministerpräsident zurücktreten und wurde politisch vernichtet, als rauskam, dass er von den Machenschaften Barschels gewusst hatte. Jede Grenze politischen Anstands wurde in diesen Affären überschritten. Überall wurde über Politik gesprochen. Genauer gesagt, über die Moral in der Politik, eine Moral, die es gar nicht mehr gab.

Ein halbes Jahr vor meinem Abitur 1988 wurde bei der Barschel-Engholm-Wahl dann erstmals seit 1950 in Schleswig-Holstein die CDU abgewählt. Engholm holte Künstler und Freidenker ins Land, gründete eine sogenannte »Denkwerkstatt« und plötzlich wurde anders gesprochen und regiert. Als ich Schleswig-Holstein verließ, bekam ich aus den Augenwinkeln noch mit, welche Hoffnung Politik und politische Machtwechsel bei Menschen auslösen können. Das Land war damals konservativ bis in die Knochen. Die CDU hatte ihrem Selbstverständnis nach das Land nicht nur regiert, es hatte ihr gehört, und manchmal habe ich den Eindruck, sie glaubt das heute noch. Der Einfluss von Lobbyverbänden war riesig, das Land verfilzt. Engholm weckte die Hoffnung auf ein liberaleres, freieres Land. Es wurde weltoffen gedacht und lockerer geredet. Dem Kabinett gehörten sogar Frauen an! Schriftsteller wie Günter Grass oder Peter Rühmkorf unterstützten Engholm.

Beides, die Abgründigkeit und die Euphorie, die Politik entfalten kann, vielleicht sogar ausmacht, habe ich damals sicher nicht voll erfasst. Aber ich habe sie wahrgenommen. Und als ich später in die Landespolitik ging, fiel mir immer wieder auf, wie frisch die Narben und Erinnerungen an diese Zeit waren. Den Tag der Meineidspressekonferenz von Barschel habe ich in den letzten Jahren von vielen Leuten geschildert bekommen, die dabei gewesen waren, und immer mal wieder wird auch heute noch ein Vergleich gezogen zu der Zeit Ende der Achtziger. Wenn die Staatskanzlei auch nur den Hauch von Parteipolitik entfaltet, wenn der Landtagspräsident auch nur einen Schritt von der Neutralität seines Amtes abweicht, dann geht ein Raunen durch den politischen Raum: »Wie damals« … »Das hatten wir ja schon mal«.

Vor allem aber gibt es immer wieder Intrigen und Komplotte gegen Personen, die die Vorgänge von damals, gebrochen und abgeschwächt, wie ein Echo in der Gegenwart halten. Die Nicht-Wahl von Heide Simonis in vier Wahlgängen 2005, das Ende der Großen Koalition mit einer Schmutzschlacht zwischen Peter-Harry Carstensen und Ralf Stegner 2009, der Sturz des Fraktionsvorsitzenden der CDU, Christian von Boetticher, über die Veröffentlichung einer Beziehung zu einer Minderjährigen 2010 – das ist das Milieu, in dem ich politisch sozialisiert worden bin, in dem Wahlkämpfe eher Kriegen glichen. Und immer mal wieder habe ich Angst, selbst ins Visier einer Kampagne zu geraten. Zwar gehören harte Debatten zur Politik, sie sind das Salz in der Suppe. Und wenn sie auf die Person zielen, tut das ein bisschen weh, macht aber nichts. So hat der Bauernverband in Schleswig-Holstein im Sommer 2014 entlang der A 7 mehrere Großplakate aufgestellt. Sie trugen verschiedene Botschaften, waren aber immer an mich persönlich adressiert. Eines sagte nur: »Guten Morgen, Robert«, ein anderes dann: »Robert vernichtet Höfe«. Ich habe einen stets schwelenden Konflikt mit Bauern, Jägern, Fischern, der oft böse, eruptive Formen angenommen hat. Aber auch Naturschutzverbände, Bürgerinitiativen gegen Fracking, Bürgerinitiativen gegen Schweineställe, für besseren Hochwasserschutz, für schnelleren Atomausstieg haben mich teilweise hart angegriffen. Und ja, als ehrlos, verräterisch, lügnerisch bezeichnet zu werden, trifft mich. Aber das ist nichts, was mir Angst macht, das sind die Spielarten der politischen Auseinandersetzung.

Die Angst, die ich meine, bezieht sich auf die persönliche Diskreditierung. Karl-Theodor zu Guttenberg oder Annette Schavan, die wegen falscher Doktorarbeiten zurücktreten mussten, Christian Wulff, der sein Amt am Ende wegen der Einladung eines Mäzens über 700 Euro verlor – sie alle haben ihr Amt vielleicht zu Recht verloren, vielleicht auch nicht. Aber das, was Politik mit ihnen gemacht hat, die

Häme und die Schmach, die ihnen zuteilwurde, finde ich zutiefst ungerecht. Und es macht mir Angst vor meinem Beruf, weil ich ja annehmen muss, dass es mir vielleicht auch mal so ergehen könnte.

Aber nicht nur Politiker müssen sich vor Kampagnen fürchten, genauso droht immer die Gefahr, dass einzelne Bürger bzw. Berufsgruppen von Kampagnen der Politik diffamiert werden. Entsprechend versuche ich, bei Debatten auf die systemischen Fragen, die ökonomischen Zwänge, einzugehen. Ich sage nicht: »Die Bauern sind schuld am Artenrückgang«, und schon gar nicht: »Bauer Petersen vergiftet das Grundwasser mit seiner Gülle«, sondern: »Wir müssen das Wirtschaftssystem ändern, das die Landwirte zwingt, immer billiger und immer mehr zu produzieren.« Ich ärgere mich, wenn meine Partei mit Äußerungen wie »Drogendealer im Stall« einzelne Menschen statt die Mängel im System anfeindet. Und ich glaube, dass das weder sympathisch noch erfolgreich ist. Ein Vorschlag ist nicht gleich ein Vorschlaghammer. »Man soll dem anderen die Wahrheit nicht wie einen nassen Waschlappen um die Ohren schlagen, sondern sie hinhalten wie einen Mantel, in den man hineinschlüpfen kann«, schreibt der Schweizer Schriftsteller Max Frisch. Jedenfalls sollte man es probieren.

Das Dumme ist, dass es so schwierig ist. Es ist viel einfacher, insbesondere die politischen Mitbewerber als Gegner, ja Feinde, anzusehen, auszugrenzen, sie zu isolieren und anzugreifen. Genau das ist bei Barschel in Potenz passiert. Und es ist eine Verführung, die jeder Tag für einen bereithält. Vor allem bei Parteitagen in Wahlkampfzeiten sind nicht die Zwischentöne gefragt, sondern die Lautstärke, nicht die politischen Zweifel, sondern die Beschimpfungen politischer Mitbewerber – und Selbstverständlichkeiten werden zwecks Selbstvergewisserung beschworen. Im durchschnittlichen Politikeralltag rufen oder simsen Journalisten Politiker relativ häufig an. Wenn es offiziell ist, melden sie sich über die Pressestelle. Wenn es irgendwie investigativ ist, auch direkt.

»Herr Habeck, sagen Sie was zu der Äußerung von dem und dem?«

»Nein, das möchte ich nicht.«

»Kennen Sie denn das Papier, von dem die Rede ist, und waren Sie in der Telefonkonferenz, als darüber gesprochen wurde?«

»Woher wissen Sie denn, dass es eine Telefonkonferenz gab?«

»Gab es eine?«

So ungefähr läuft das dann. Um solche Gespräche mit Journalisten einzuordnen, gibt es einen Code, der vorab die Ebene der Vertraulichkeit klärt. »Unter 1« bedeutet, alles, was gesagt wird, ist öffentlich und zitierbar, »unter 2«, dass es halb öffentlich ist. Solche Zitate tauchen dann in der Formulierung »aus Parteikreisen heißt es« auf. »Unter 3« bedeutet Vertraulichkeit. 90 Prozent der Gespräche von Journalisten und Politikern sind »unter 3«. Und in diesen Gesprächen wird nach allen Regeln der Kunst vom Leder gezogen. Vor allem wird schlecht über Parteikollegen geredet. Meist sind Konkurrenzen ja der Beginn von Feindschaften und die am nächsten liegenden Konkurrenzen finden sich im eigenen Laden. Irgendwer will Sprecher für irgendwas werden. Bevor man in den Wahlkampf ziehen kann, muss man erst einmal den parteiinternen Mitbewerber schlagen. Was ich mir bei Bauern und Fischern vorgenommen habe, ist unter »Parteifreunden« viel schwieriger: mit Anstand und Respekt vor der Person über sie zu reden. Und das nicht, weil man keinen Respekt vor ihr hätte, sondern weil fast alle Gespräche vor dem Hintergrund von Sieg oder Niederlage geführt werden, von Gewinnen oder Verlieren. Es ist eine Höllenarbeit, sich davon nicht anstecken zu lassen. Und ich muss einräumen, dass es mir bestimmt nicht immer gelungen ist oder gelingen wird. Da ich aber froh wäre, wenn sich andere nicht über mich das Maul zerreißen, nehme ich es mir doch immer wieder vor.

Wahrscheinlich ist dieses Dilemma, Respekt bewahren zu wollen und doch stets die persönlichen Pläne anderer Menschen durchkreuzen zu müssen, der Demokratie als Regierungsform eingeschrieben. Nicht nur der Mediendemokratie, der Empörungsmaschine auf Facebook und Twitter – die macht es natürlich nicht gerade besser. Aber Wahlen sind immer auch Siege oder Niederlagen von Menschen. Und gerade wenn man wie ich der Meinung ist, dass der persönliche Anteil von uns Politikern eher höher sein sollte, dass man sich als Mensch mit seiner Geschichte, seinen Hoffnungen und Verletzlichkeiten nicht verstecken soll, weil wir eben Menschen Vertrauen entgegenbringen wollen und keinen Robotern, sind es eben auch immer sehr persönliche Niederlagen. Abgeschmettert werden nicht nur Karrierepläne, sondern Träume, Selbstachtung, oft die persönliche Integrität. Wenn auf »die« Politiker und das parteipolitische Geschachere geschimpft wird, wird zu oft nicht gesehen, dass das auch immer die Person und den Menschen meint.

Politik verschiebt die Maßstäbe für das, was man sich traut und was nicht. Politik droht immer, Menschen anzupassen. Sie zerrt an einem, versucht, einen auf Linie zu bringen, ins System zu trimmen. Im schlimmsten Fall verschiebt Politik sogar die moralischen Maßstäbe. Und zwar gerade nicht, weil Politiker korrupt wären, sondern paradoxerweise, weil sie leidenschaftlich sind und für ihre Sache das beste Ergebnis wollen. Aber aus der Leidenschaft heraus erwächst ein institutioneller Zwang des politischen Systems, sich an das zu halten, was alle tun, die geschriebenen Regeln und die ungeschriebenen. Wie in jedem System erkennt man die Regeln, nach denen man agiert, oft selbst nicht. Es gibt keine Nulllinie der Moral, die man irgendwann überschritten hätte.

Wenn aber anderen widerfährt, was man selbst auf keinen Fall erleben möchte, dann lohnt das Innehalten. Ich bezweifle, dass Barschel, als er Reiner Pfeiffer anstellte, um Björn Engholm fertigzumachen, ein Unrechtsbewusstsein hatte. Moral zerfällt schleichend. Und ich bezweifle, dass wir Politiker, die wir andauernd Fehler machen, immer genau wissen, dass und wann wir sie machen. Ich befürchte, würde uns jemand ein Tonband vorspielen mit all den Aussagen, die wir über andere getätigt haben, wir würden vor Scham erröten und abstreiten, dass wir so viel Gerede zustande bringen können, dass wir zu so etwas überhaupt in der Lage sind. Sind wir aber. Und zwar nicht, weil wir schlechtere Menschen sind als andere, sondern weil wir Macht wollen, um das Beste zu erreichen.

Die Freiheit Europas

1989 habe ich eine Interrail-Tour gemacht. Es war ein unglaublicher Sommer und ich hatte das unbändige Gefühl, dass mir die Welt gehört. Ich hatte das Abi in der Tasche, das Leben vor mir, Freiheit im Herzen und das Interrailticket als Freifahrtschein durch Europa im Rucksack. Parallel zu meinen Nächten auf dem Bahnsteig in Korinth, dem wilden Zelten über Skopje und den Nachtfahrten nach Cannes fand die dritte Wahl zum Europaparlament statt. Vor allem der SPD-Slogan von damals ist mir noch im Gedächtnis. Er hieß: »Wir sind Europa«. Ich habe sogar noch die Musik des Wahlwerbespots im Kopf.

In diesen Sommermonaten wurde ich europäischer Patriot. Ich verliebte mich in den alten Kontinent und in die Möglichkeiten, die er mir bot und die dieser Sommer bereithielt. Es ging nicht nur um Reisefreiheit und Romantik. Europa, das war schon damals der Inbegriff der Erfahrung des Fremden, von Solidarität, als wir ohne Essen im damaligen Jugoslawien feststeckten und uns die Mitreisenden mit hart gekochten Eiern und Schnaps versorgten, die Lust, sich in Sprachen zu unterhalten, die man nicht verstand. Das einzig Traurige war, dass man mit dem Interrailticket von Griechenland aus nicht weiter in die Türkei, nach Syrien und Jordanien konnte. Und rückblickend ist es traurig, dass ich nicht ahnte oder spürte, was sich da zusammenbraute, dass ich in Skopje und Sarajevo unbekümmert auf dem Bahnhof schlief, während nur wenige Jahre später

51

Krieg, Scharfschützen und Mörder Leid, Tod und Not über die Menschen brachten und meinen Freiheitstraum an genau jenen Orten durchlöchern würden.

Deutschland war für mich damals der Gegenbegriff zu Freiheit. Es stand für feste Regeln, Erwartbares, für das, was ich gerade verlassen hatte. Ich meinte damit noch überhaupt nicht all die politischen Fragen nach doppelter Staatsbürgerschaft, nach dem deutschen Staatsbürgerrecht insgesamt, nach völkischen oder nationalen Traditionen. Ich fand einfach nur, dass Europa cool war und Deutschland nicht so richtig.

Nun bin ich 25 Jahre älter und Europa hat eine einheitliche Währung, es gibt Erasmus-Studienplätze (ich hatte 2002/03 selbst einen), Freizügigkeit und jede Menge Verbindungen über soziale Netzwerke. Die jungen Menschen, die ich kenne, nehmen diese Freiheiten selbstverständlich wahr, auch wenn die jüngsten europäischen Krisen zeigen, dass sie das nicht sind.

Auch Deutschland hat sich verändert. Es ist wiedervereinigt und wir haben mehrere Party-WMs mit Fahnenschwenken hinter uns, die Fußballnationalmannschaft spielt einen sehr attraktiven Fußball. Und Deutschland ist zu einem Sehnsuchtsland für die Menschen geworden, deren Länder ich damals bereist habe oder bereisen wollte. Ihre »Sehnsucht nach dem Meer« ist eine ganz reale, eine der Lebensgefahr und des Ankommens. Ihre Hoffnung ist existenziell im extremsten Wortsinn. Sie hat nichts Spielerisches. Das Meer bedeutet für viele dieser Menschen den Tod. Sie gehen die Todesgefahr ein, weil ihre Sehnsucht nach einem besseren Leben so groß ist.

Im Sommer und Herbst 2015 liefen Bilder von deutscher Hilfsbereitschaft um die Welt, die man diesem Land früher nicht zugetraut hätte. Die CDU und die BILD sammelten nicht Unterschriften gegen die Überfremdung Deutschlands, sondern verteilten »Refugees welcome«-Plakate. Die FDP widerstand dem Populismus und eiferte nicht der österreichischen FPÖ nach, obwohl sie damals um das politische Überleben kämpfte. Dass sie nicht nach rechts schwenkte, rechne ich ihr hoch an.

Auch wenn die politischen Debatten in der Flüchtlingsfrage inzwischen sehr viel rauer sind: Dass Deutschland sich unter dem Strich vorbildlich und besser verhielt als die meisten europäischen Nachbarn, wird man trotz Mistgabeln und Galgen auf Pegida-Demos kaum abstreiten können. Deutschland hat insgesamt zu einer entspannten Offenheit gefunden. AfD und Pegida passen schlecht zu diesem Deutschland, das gut und hilfsbereit sein will. Sie symbolisieren etwas Vergangenes, ein Deutschland der alten weißen Männer. Das Deutschland der Gegenwart ist viel lässiger als deren klaustrophobische Spießigkeit.

DIE OFFENHEIT FÜR FREMDES, die Toleranz und Hilfsbereitschaft und die Leidenschaft für eine politische Idee von Deutschland, die mich damals bei meinen Reisen durch Europa beflügelt haben, sind mir heute Ansporn, vielleicht mehr denn je. Ich finde, wir haben Europa etwas zurückzugeben. Das Lebensgefühl der Interrail-Reise muss sich heute als Verteidigung der Grundlinien und Grundannahmen der europäischen Politik bewähren. Jetzt, wo Europa droht, auseinanderzufallen, ist die Zeit für all die gekommen, die diesen Kontinent ganz selbstverständlich als eine Einheit wahrgenommen haben, diese vermeintliche Selbstverständlichkeit abzuschütteln und sich einzumischen.

Ich meine das ganz wörtlich. Wie viele Studierende verlieben sich wohl während der Erasmus-Studienjahre im Ausland? Und wie viele Erasmus-Babys sind aus diesen Lieben wohl schon entstanden? Über die Zukunft Europas wird nicht das Europäische Parlament entscheiden, nicht der Rat oder die Kommission, sondern die alltäglichen Klein- und Großartigkeiten. Das große Problem Europas ist, dass die vielen Verbände, die Parteien, die Kirchen, die Gewerkschaften zwar alle in irgendeiner Form europäisch zusammenarbeiten, aber diese Zusammenarbeit keine politische Durchschlagskraft hat. Politik wird eben immer noch nicht europäisch gedacht. Sie wird national gedacht und dann versucht man, das national Gedachte europäisch umzusetzen. Im Herbst 2015 war dies am deutschen Verhalten in der »Flüchtlingskrise« sehr deutlich zu sehen. Seit der Finanzkrise diktiert Deutschland den anderen Ländern seine politische Vorstellung von Haushaltsführung. Jugendarbeitslosigkeit und Armut sind die Konsequenz. Als Italien und Griechenland in den Jahren vor 2015 baten, ihnen bei den Flüchtlingen in Lesbos und Lampedusa zu helfen, zeigte Deutschland keinerlei europäische Solidarität. Erst als sie bei uns ankamen, forderten wir von anderen, was wir zuvor verweigert hatten. Und wir fluchten über die anderen Länder, dass sie uns nicht so halfen, wie wir es erwarteten. Aber im Guten wie im Schlechten: Europa wird nicht daran genesen, dass es Deutschlands Probleme löst. Das ist auch nur eine nationale Variante der Verlotterung der europäischen Idee. Es ist gerade nicht der europäische Gedanke, der im Moment zu viele Verlierer produziert, es ist die Tatsache, dass gerade *nicht* europäisch gedacht wird. So unterminiert der schäbige Zustand Europas permanent die europäische Idee.

Wenn wir Europa stets als »Wertegemeinschaft« überhöhen, während diese Werte gleichzeitig andauernd missachtet werden, in Deals mit der Türkei, durch wachsende Ungleichheit in den europäischen Gesellschaften und zwischen den europäischen Staaten, die sich mit Steuerdumping und dem Kampf um die sogenannte Wettbewerbsfähigkeit gegenseitig ausspielen, dann produziert das Verdruss und Misstrauen. Kein Politiker darf sich wundern, wenn mit Europakritik auch ein Angriff auf diese Werte erfolgt, da sie ja ohnehin schon ramponiert sind.

Eigentlich dürften die meisten Politiker wissen, dass der Kontinent eine ganz gute Größe hat, um Wirklichkeit sinnvoll gestalten zu können. Finanzkonzerne agieren überstaatlich, der Klimaschutz lässt sich nur durch eine internationale Anstrengung bewerkstelligen und wenn Deutschland dafür die USA oder China überzeugen will, dann muss es europäisch agieren. Aber die nationalen Regierungschefs haben eben gerade nicht das Mandat, europäisch zu denken und zu handeln, sondern sollen die Interessen ihrer Länder vertreten. Und das tun sie – bis zum Erliegen der europäischen Idee. Die Ungleichheit zwischen den Staaten und in den Staaten wächst. Das kann eine politische Idee nicht lange überleben. Zu viele werden zu Verlierern. Und damit zu Gegnern der EU und zur leichten Beute von nationalen Populisten, die mit einem Früher-war-alles-besser hausieren gehen. Früher war aber eben nicht alles besser. Und die Zukunft kann man schon gar nicht mit den Mitteln der Vergangenheit gewinnen.

Reichtum und Armut in Europa werden nicht zuletzt durch den Binnenmarkt gesteuert. Allein, es gibt keine ausreichende europäische Möglichkeit der demokratischen Einflussnahme auf diesen Binnenmarkt. Amazon, Starbucks,

Google, Apple, IKEA, und auch die Familien des industriellen Hochadels – sie alle müssten ihren fairen Anteil an der Finanzierung des Gemeinwesens leisten – tun es aber nicht. »Steuerwettbewerbe« nennt man euphemistisch diesen europäischen Verschiebebahnhof von Steuerpflichten – so lang, bis fast keine Steuern mehr zu zahlen sind. Gegenüber einem Steuerausfall von zehn Milliarden Euro durch kriminelle Steuerflucht entgehen dem deutschen Staat durch die legale Steuerflucht jährlich zwanzig Milliarden, hat der französische Ökonom Gabriel Zucman errechnet. Gegen diese unanständige und ganz legale Steuerflucht sind die Panama Papers nur Fußnoten. Man versteht schlicht nicht, warum die Staaten dagegen nicht vorgehen.

Aus dem Geist der Nationalstaaten kann kein geeintes Europa entstehen. Die große politische Auseinandersetzung in Europa dreht sich derzeit letztlich darum, ob wir uns als europäische Gesellschaften aus der internationalen Verantwortung zurückziehen, indem wir nur noch nationale Politik machen, oder ob wir bereit sind, Größeres zu denken und entsprechend zu handeln. Globale Ungerechtigkeit bei der Verteilung der Ressourcen, Finanzdeals, die keine Grenzen mehr kennen, Terrorismus sowieso nicht – die nationale Antwort hieße, all dies in Kauf zu nehmen. Über den Nationalstaat hinauszudenken ist also die Voraussetzung dafür, echten Einfluss zu gewinnen. Die Profiteure der Globalisierung schützen ihren Profit eben auch, weil es keine globalpolitischen Gerechtigkeitsforderungen gibt. Die Verteidigung der Nationalökonomien stellt keine Machtfrage, sondern zieht sich aus der eigentlichen politischen Debatte zurück – und verkauft damit die Menschen für dumm. Transnationale Institutionen zu Orten der Demokratie und Gerechtigkeit zu machen – das ist der politische Weg, der erstritten werden muss. Wie wäre es denn, internationale Kapitalertragssteuern einzuführen und damit ein Hilfs- und Aufbauprogramm für die vielen armen Menschen in den armen Ländern zu machen? Das geht nur europäisch, als kleinste Einheit. Und es wird nur europäische Politik, wenn Menschen mitbestimmen. Weil sie aber nicht mitbestimmen können, verkommt Europa zu einem Elitenprojekt. Die Währungsunion gibt es und auch einen gemeinsamen Wirtschaftsraum, aber die Rechte für uns Bürger sind nicht entsprechend mitgewachsen. Markt und Staat haben sich getrennt und das heißt im Klartext, dass sich das Marktgeschehen der demokratischen Kontrolle der Bürgerinnen und Bürger entzieht. Damit Europa eine Zukunft hat, muss es wieder ein Primat seiner Bürger über den Markt geben, nicht umgekehrt. Die Europäische Union braucht Institutionen, die den Menschen gegenüber rechenschaftspflichtig sind. Sie muss sich den Bürgern gegenüber verantworten. Europa ist moralisch überfrachtet und die Wirklichkeit der Politik ist weit weniger europäisch und noch weniger moralisch. Diese Kluft muss geschlossen werden. Der Vertrauensverlust, die vielen Krisen, die ewigen Blockaden entfernen die »Idee Europa« immer weiter von der Wirklichkeit. Eine europäische Republik, eine, die den Menschen gleiche soziale Rechte, gleiche Mitbestimmung, gleiche Freiheit gibt, ist ein grandioses Ziel. Ein patriotisches Ziel, in dem Sinne, dass es für diese Republik echten Bürgersinn und gar kein Volk braucht. Der Weg zu diesem Ziel, der Weg aus der Abwärtsspirale, kann nur durch neue, konkrete, gemeinsame und vor allem erfolgreiche Projekte erfolgen. Eine europäische Mindestbesteuerung für all die Konzerne, die gar keine Steuern zahlen, könnte zum Beispiel viele Menschen überzeugen, dass die EU eben nicht nur ein neoliberales Projekt ist. Verstärkte militärische Zusammenarbeit könnte die nationalen Haushalte enorm entlasten. Für welche Einsätze braucht Deutschland neue Leopard-Panzer? Und ist es gut, wenn zwei Prozent des Bruttoinlandsprodukts in den Verteidigungsetat und 20 Prozent des Haushaltsetats in Rüstung fließen sollen, aber nur 0,7 % in Entwicklungshilfe?

Eine gemeinsame Klimaschutzpolitik würde helfen, Vertrauen zurückzugewinnen, und möglicherweise sogar die nächste Stufe der europäischen Einigung einleiten können. Mehr Interrail, weniger Insignien! Europa muss konkret werden, wenn es was werden soll.

Die vielen jungen Leute insbesondere im Süden, die Europa als Drangsal erleben – sie dürfen für Europa, für ein freies und progressives Europa, nicht verloren gehen. Sie, nicht die Banken und Großfirmen, sind diejenigen, auf die eine Europapolitik zielen muss.

Widersprüchliches Deutschland

Deutschland ist in einem merkwürdigen Zustand. In einem ambivalenten Zustand. Für die meisten Menschen ist es okay, in Deutschland zu leben, sehr okay sogar. Die Zeiten sind vorbei, in denen man in besetzten Häusern hausen musste, um zu beweisen, dass man auf der richtigen Seite steht. Man kann heiraten oder es sein lassen. Junge Eltern mieten sich Schrebergärten. Die Hecken müssen nicht mehr im rechten Winkel geschnitten werden, die Laube darf ein bisschen windschief sein und es dürfen auch ein paar Würmer in den Äpfeln leben. Alles etwas lockerer. Das private Glück ist eben doch ein schönes Elixier fürs Glücklichsein. Auch ich lebe solch ein Leben. Sogar einen Apfelbaum habe ich schon mal gepflanzt. Und obwohl das alles sicher sehr bürgerlich ist, mindestens so aussieht, fühlt es sich von innen noch immer frei und ungebunden an, genau so, als würde ich noch immer Interrail machen. Das ist das Besondere, meine ich. Deutschland ist tatsächlich ein anderes Land geworden. Ein Land, mit dem jemand wie ich etwas anfangen kann.

Vor ein paar Jahren habe ich dieses Gefühl auf den Begriff eines »linken Patriotismus« gebracht. Ich argumentierte damals, dass man schwerlich Verantwortung für eine Gesellschaft oder einen Ort übernehmen kann, wenn man eigentlich nicht dazugehören will. Und das gilt jetzt erst recht. Für Deutsche wie für Flüchtlinge. Ich glaube, dass meine Interrail-Erfahrung und die von zehntausend anderen dazu geführt haben, dass Deutschland ein besseres Land geworden ist, zu dem wir jetzt auch Ja sagen können. Viele wirtschaftliche Daten sind grandios. Die Arbeitslosigkeit ist so niedrig wie seit 1992 nicht mehr, die Wirtschaft boomt, der Bundeshaushalt ist seit 2014 ausgeglichen und die Finanzplanung sieht auch weiterhin keine weitere Neuverschuldung vor, die Exporte sind groß und selbst die Binnennachfrage wächst. Auf der anderen Seite erodiert die Mittelschicht, haben zu viele Menschen keine Chance, können sich kaum eine Wohnung leisten, haben keine Hoffnung mehr darauf, selbst aufzusteigen oder ihre Kinder aufsteigen zu sehen, bleiben unten, weil ihre Eltern unten waren. Im OECD-Durchschnitt machen 32 % der Kinder einen höheren Bildungsabschluss als ihre Eltern – in Deutschland sind es nur 19 %. Aber es sind interessanterweise nicht in erster Linie die ökonomischen Fragen oder Ängste, die die Menschen umtreiben, nicht Klassenkampf ist der Hauptantrieb, noch nicht einmal Rente, Kopfpauschale oder Bürgerversicherung, es ist die Frage der Weltanschauung, der Identität. Deutschland ist zerrissen. Die Volksparteien binden die Pole nicht mehr zusammen, die Individualisierung sprengt die politischen Milieus. Die CSU droht mit einem eigenen Wahlkampf gegen die CDU und auf AfD-Parteitagen wird vom »links-rot-grün versifften 68er-Land« gesprochen. Gemeint sind alle Fortschritte der letzten Jahrzehnte: von der Energiewende über die Geschlechtergleichstellungen bis hin zur europäischen Einigung. Jemandem wie mir stellen sich dabei die Nackenhaare auf. Woher kommt dieser Zorn? Wieso vermisst jemand Zucht und Ordnung, Patriarchat, Kirche oder einen autoritären Staat und wählt sich Putin oder die DDR zum Vorbild? Warum sind die liberalen Freiheiten, die mir so selbstverständlich erscheinen, für so viele so anstößig? Dass man in Europa reisen kann, wohin man will, dass religiöse Toleranz etwas Gutes ist, dass man entspannt umgeht miteinander, warum provoziert das so viele? Nun, vermutlich, weil es *zu* selbstverständlich ist. Weil wir uns zu selten den Fragwürdigkeiten gestellt haben. Die »Flüchtlingskrise« hat so gesehen viele Fragen nach oben gespült, die lange nicht gestellt wurden, auch nicht von mir oder den Politikern, die ich schätze. Fragen nach Sicherheitsbedürfnissen, nach sozialer Teilhabe, nach der Regulierung des Arbeitsmarktes, des sozialen Wohnungsbaus und eben vor allem auch nach der »Identität«, einer nationalen oder europäischen. Über die politische Auseinandersetzung müssen diese Fragen beantwortet werden. Und die Verteidiger der Moderne müssen sich diese Fragen selbst zumuten. Wir selbst müssen wissen wollen, wer »wir« sein wollen. Und ich meine, wir sollten eben nicht mehr nur ein Volk sein wollen, das sich um sich selbst kümmert, sondern eine Nation in der Globalisierung, die Verantwortung auch für andere Menschen außerhalb des engen Eigenen übernimmt.

Niemand sollte behaupten, dass dieser überfällige Diskurs einfach sein wird. Aber er ist bitter notwendig und noch nicht zum Scheitern verurteilt. Und um ihn nicht scheitern zu lassen, muss man sich jetzt einmischen. Denn diejenigen, die in Donald Trump oder Marine Le Pen ein Vorbild sehen, die mischen sich ein.

Die Scheiße von anderen

So wenig, wie ich 1989 im damaligen Jugoslawien gespürt habe, dass die Leute, die mir so viel Freundlichkeit entgegenbrachten, sich nur wenige Jahre später auf Marktplätzen gegenseitig erschießen würden, dass Nachbarn ihre Nachbarn bei ethnischen Säuberungen vertreiben würden und es Massenexekutionen geben würde, so wenig war ich auf die deutsche Wiedervereinigung vorbereitet. Ich leistete damals meinen Zivildienst beim Hamburger Spastikerverein und betreute zusammen mit zwei anderen Zivis acht Menschen mit Schwerstmehrfachbehinderung in Hamburg-Bergedorf. Ich hatte, ehrlich gesagt, damals keine besondere Lust, Zivildienst abzuleisten. Aber ich hatte noch weniger Lust, zur Bundeswehr zu gehen. Heute bin ich froh, dass ich wenigstens knapp zwei Jahre in meinem Leben Menschen konkret geholfen habe. Ich habe damals Körper eingecremt, wie ich nie wieder welche gesehen habe. Und ich habe so viel Körperexkremente abgewischt und abgeduscht, dass ich mir fünf Jahre später, als ich Vater wurde und wieder Windeln wechseln musste, vorkam wie im Paradies. Ich habe seitdem einem Riesenrespekt für Menschen, die diese Arbeit ein Leben lang tun. Oft möchte ich vor Scham versinken, wenn jemand meinen derzeitigen Beruf als besonders anstrengend bezeichnet. Ich finde, irgendwie gehört es zum Leben dazu, schon einmal Scheiße an den Händen gehabt zu haben, die nicht seine eigene ist.

Am Abend des 9. Novembers 1989 kam ich gegen 18 Uhr

zum Schichtwechsel in meine Wohngruppe, aß mit den Bewohnern zu Abend, brachte sie ins Bett, deckte den Frühstückstisch, wischte einmal durch, las noch ein wenig und schlief dann auf meiner Nachtcouch, bis der Wecker um vier Uhr dreißig Uhr klingelte. Ich weckte die Bewohner, machte sie startklar für die Werkstatt, half, die Rollstuhlfahrer in den Bus zu bringen, deckte den Frühstückstisch ab und kochte mir einen Kaffee. Dann fing ich an, Wäsche zusammenzulegen, und machte dazu den Fernseher an.

Da sah ich die deutsche Wiedervereinigung. Ich sah die Bilder aus der Nacht, wie Menschen durch das Brandenburger Tor gezogen waren. Und ich weiß noch, dass ich so müde war, dass ich mich nicht recht auf das besinnen konnte, was ich sah, und gleichzeitig wusste ich, dass ich gerade etwas verpasste. Irgendwann kam meine Ablösung, ich kann mich nicht erinnern, dass wir über die Ereignisse der Nacht sprachen, ich fuhr mit der S-Bahn nach Hause, kramte noch ein wenig rum, schlief dann bis nachmittags und machte mich erneut auf zur nächsten Nachtschicht.

Ich las in den darauffolgenden Tagen nach, was passiert war. Ich begriff die politische Bedeutung natürlich, aber sie blieb für mich irgendwie abgedimmt. Ich verfolgte in den Wochen und Monaten danach die Ereignisse, die Einführung der D-Mark, die 2-plus-4-Verhandlungen, die erste gesamtdeutsche Wahl. Das war die erste Bundestagswahl, an der ich teilnehmen durfte. Aber das Gefühl jenes Morgens, irgendwie Gast zu sein, das Ganze zwar zu verfolgen, aber nicht Teil dieses Ganzen zu sein, konnte ich nicht überwinden. Woran lag das?

Ich war damals 19 Jahre alt und Kohl war bereits seit sieben Jahren Bundeskanzler, fünf Jahre weniger als Angela

Merkel 2017. Für mich und viele Leute meiner Generation bedeutete Politik damals die Wiederkehr des Ewiggleichen, Langeweile und Inspirationslosigkeit, eine leidenschaftslose Administration des Nötigen bestenfalls, konservative Erstarrung schlimmstenfalls. Ich wollte dem damals so gern einen Idealismus entgegensetzen, für den Atomausstieg mindestens stimmen, aber immer wurde Kohl wiedergewählt mit seiner verfluchten »geistig moralischen Wende«.

Ich suchte etwas anderes, ich dachte oder fühlte, es müsse doch möglich sein, anders zu reden, anders zu denken und zu handeln. Ich hatte nicht das Gefühl, dass mich jemand ansprach, dass mir jemand die Wirklichkeit erklärte. Und ich bekam zu der deutschen Wiedervereinigung keine rechte emotionale Bindung, weil ich sie nur vermittelt durch die Politikerreden verstand. Ja, ich war damals auch an der Mauer und schlug ein Stückchen heraus, ja, ich fuhr nach Ostberlin und nach Mecklenburg-Vorpommern und ich registrierte irgendwann, dass das alte Ortsschild meines Geburtsortes, auf dem »Zonenrandgebiet« gestanden hatte, ausgetauscht worden war. Erst als das Wort gestrichen war, begriff ich, dass es sich auf die deutsche Teilung bezogen hatte. Dass mit dem Zusammenbruch des Kommunismus und der großen europäischen Wiedervereinigungen sich neue geopolitische Ordnungsrahmen bildeten, dass die Welt sich neu ordnete, begriff ich genauso wenig.

Was ist die Matrix für politisches Verständnis und Entscheidungen? Warum hatte ich kein Gespür, kein Sensorium für das Politische, weder in Jugoslawien noch beim Zerbrechen der DDR?

Ich glaube, es liegt daran, dass ich mir damals einfach nicht vorstellen konnte, dass etwas Aufregendes passiert, dass ich nicht wahrhaben wollte oder konnte, dass Politik mich angeht. Und das, nehme ich an, unterscheidet mich grundsätzlich von der Generation vor meiner politischen Generation, das ist der Gegensatz von 68ern und 89ern. Die 68er-Generation ist mit dem Bewusstsein aufgewachsen, auf der richtigen Seite der Geschichte zu sein. Das Wort »Masterplan« steht in der Politik für diese Weltsicht. Es sagt: Ich weiß, wie es geht, und die Wirklichkeit muss sich nach meinem Plan richten. Die Wahrheit sucht sich ihre Basis. An der politischen Wiege standen die Empörung und das Aufbegehren. Protest trug seinen Sinn in sich.

Das ist heute nicht mehr so. Der Protest hat seine Unschuld verloren. Man muss sehr genau zwischen Protestformen unterscheiden und die politische Herausforderung der Zeit ist eher, sie in institutionelles Handeln zu übersetzen. Die 68er-Generation von Politikern hatte eine weltanschauliche Sicherheit, die ich und die Politiker meiner Generation nie haben werden. Sie hatten den Optimismus, dass man sein Studium abbrechen und trotzdem Außenminister werden konnte. Wir 89er hatten den Pessimismus, dass selbst ein Einser-Abitur keine Garantie für irgendetwas ist. Schon gar nicht wussten wir, was in der großen postmodernen Welt, in der der Kommunismus untergegangen war und alle Erzählungen, sogar die ganze Geschichte, für beendet erklärt wurden, Sinn stiften konnte. Die 68er hatten ihre politischen Irrungen, Mao und Ho Chi Minh, wir hatten den materiellen Wohlstand der Generation Golf. Wir mussten unseren Idealismus aus dem großen Kuddelmuddel heraus erst erfinden. Wir werden das Gefühl, dass sich vielleicht nie etwas ändern wird, wohl unser Leben lang nicht ganz loswerden, auch wenn wir inzwischen längst selbst Veränderungsprozesse gestalten können.

Für mich bedeutet Einfluss zu haben, Dinge zu überprüfen und zu hinterfragen. Deshalb poche ich darauf, aus kritischer Selbstreflexion heraus Mehrheiten zu erringen. Und ich glaube, dass dieses Zweifeln, dieses Politikverständnis, das ich mit vielen meiner Generation gemeinsam habe, und zwar unabhängig von der Parteizugehörigkeit, sich fundamental von dem der Generation der 68er unterscheidet.

Wir müssen uns Geschichten erzählen

Vielleicht liegt es an meinem ersten Beruf als Schriftsteller, dass ich immer versuche, in Ereignissen die Geschichte zu finden. Ich glaube aber, dass dies noch einen anderen Grund hat. Geschichten sind Verbindungslinien zwischen sonst singulären Ereignissen. Sie stiften Sinn. Nur durch solchen Sinn entsteht Orientierung. Wenn unser Leben nur ein willkürliches Sammelsurium von Zufällen und Momenten wäre, dann wüssten wir im Grunde gar nicht, was unser Leben eigentlich ausmacht. Und tatsächlich meine ich, dass die Sinnsuche am Anfang von Geschichten und Erzählungen steht. Von den ersten Mythen bis zu postmodernen Romanen versuchen Menschen, sich, ihre Zeit, ihre Gesellschaft zu verstehen, indem sie Verbindungslinien ziehen. Was taten unsere Urväter in den Wäldern Germaniens, wenn sie sich um das Feuer versammelten? Sie erzählten Geschichten, Legenden von Helden und Untergängen, von Siegen und Niederlagen. Und was machen wir heute, wenn wir uns um den Fernseher oder den YouTube-Kanal versammeln? Wir verfolgen Geschichten. Sie haben sich verändert, die Art des Erzählens hat sich geändert, die Wirklichkeit ist fragmentierter und komplexer geworden – alles richtig. Aber Ereignisse und Entscheidungen werden noch immer nur sinnhaft durch das Raster und Muster unserer Erzählungen. Literatur und Kunst und Kultur sind Selbstvergewisserungsformen unserer Gesellschaft. Darin liegt die grundsätzliche Verbundenheit von Literatur und Politik, gerade auch, wenn Literatur sich, wie viele Formen moderner Kunst, der Sinneinverleibung entziehen will. Gesellschaftlich wirkt sie dennoch als Korrektiv.

Wenn aber Politik sich dieser Sinnsuche entzieht, wenn sie nicht versucht zu erklären, was gerade passiert, was die Verbindung zwischen A und B ist, wenn sie in Zahlen verharrt, ohne die gesellschaftliche Gesamtrechnung aufzumachen, dann geht das nur eine begrenzte Zeit gut. Denn als Menschen wollen wir mehr als nur den Augenblick und Ist-Zustand. Und auch als Bürger wollen wir über den Tag hinaus erklärt bekommen, was gerade passiert, wohin die Reise geht, was der Sinn von Entscheidungen ist, was die Idee hinter den verschiedenen Prozessen ist.

2005 erlebte ich meinen ersten Wahlkampf in verantwortlicher Position. Ich war gerade Landesvorsitzender in Schleswig-Holstein geworden. Wir Grünen gaben eine Parole aus: »Wir gewinnen die Wahl mit drei Zahlen!« (Ich glaube, es waren 30 % erneuerbare Energien, 20 % natürliche Gewässer und 15 % Vorrangflächen für Naturschutz.) Wir verloren die Wahl. Und zwar wenig überraschend. Man gewinnt keine Wahlen mit Zahlen. Wir haben Zustände kommuniziert, keine Erzählung. Ohne eine politische Erzählung kann keine gesellschaftliche Idee entfaltet werden. Nur mit einer solchen aber gewinnt man Wahlen. Und das gilt auch umgekehrt für die Idee der zufriedenen Gesellschaft, mit der Merkel 2013 gewann, während Grüne und SPD mit ihren Steuerprozenten jonglierten.

Ideen und die leidenschaftlichen Erzählungen von Ideen sind das, was Menschen beflügelt, Wähler überzeugt, eine Gesellschaft weiterbringt, ja, was letztlich der Sinn von Politik ist. Niemand, den ich kenne, ist in eine Partei eingetreten, weil sie irgendwann mal die richtige Zahl angegeben hat, sondern immer waren die Idee und die Leidenschaft für sie das Ausschlaggebende.

Was 2005 das Problem im Wahlkampf war, ist heute zum allgemeinen politischen Problem geworden. Die Politik unserer Zeit schafft es nicht mehr, die verschiedenen Diskurse zu bündeln und große Ideen zu kommunizieren. Die Zukunft Europas, eine Friedensordnung für den Nahen Osten, vielleicht eine Renaissance der Vereinten Nationen und ein neues Völkerrechtsregime, eine neue Fassung unseres Wohlstandsverständnisses: Alles verhakt sich sofort in Zahlen hinter Kommastellen, Paragrafen und dem Klein-Klein der Gegenwart.

Dabei ist mir wohl bewusst, dass die Forderung nach und die Verweigerung von politischer Sinnstiftung selbst ein politisches Schlachtfeld sind. Denn auch Debatten *nicht* zu führen, Geschichten *nicht* zu erzählen, kann eine politische Waffe sein – immer dann nämlich, wenn man keine Idee hat oder Angst, dass die Idee des politischen Mitbewerbers die stärkere oder attraktivere ist. Bei der Eurokrise, bei der klaren Benennung von Fluchtursachen oder dem Zusammenhang von Klimaveränderungen, Agrarpolitik und Kriegen hat es der Bundesregierung genützt, Erklärungen nicht zu liefern und die Linienziehung zwischen A und B zu verwischen. Wenn Analysen unbequem sind, weil sie zu viel infrage stellen, dann ist das Verharren in lauter Momentaufnahmen auch eine politische Strategie, um über die Runden zu kommen. Und es ist der Opposition bisher nicht gelungen, dies zu entlarven.

Gerade bei dem Flüchtlingsthema sieht man allerdings auch, wie schwer es in unserer Gesellschaft heute ist, Entscheidungen als begründet darzustellen und Ideen hochzuhalten. Die aufgeklärte, liberale, digitale Gesellschaft ist komplex und die Dinge sind nie aus sich heraus richtig, sondern müssen immer in einem Zusammenhang gesehen werden, abgewogen, ausgehandelt sein. Pluralität ist ein zivilisatorischer Fortschritt. Sie ist die Bedingung dafür, dass aus Meinungen Argumente werden, dass uns bewusst wird, dass Werte Voraussetzungen haben und von Kontexten abhängig sind, dass einmal postulierte Wahrheiten als Unwahrheiten entlarvt werden können. Aber unser Leben wird dadurch eben auch immer komplexer und vielfältiger. Alles verändert sich: Partnerschaften, Konsumverhalten, Lebensmuster – viele etablierte Kulturnormen lösen sich auf. Diese vielschichtige Freiheit ist ein riesiger Gewinn. In einer Welt allerdings, die immer komplexer wird, wird auch die Konkurrenz der Themen immer größer. In Zeitungen und Nachrichtensendungen herrscht ein harter Wettbewerb zwischen Politikern, die um den knappen Raum öffentlicher Wahrnehmung konkurrieren. In der Nebenwelt der »sozialen« Medien bricht dagegen ungefiltert und unbegrenzt Hass und Böswilligkeit aus. Im einen wie im anderen, in der Welt der Tweets und Posts wie in der Welt der begrenzten Zeitfenster, zählen die behutsame Argumentation, die ausführliche Erklärung und der begründete, abgewogene Kompromiss wenig. Da der Wert von Politikern vor allem in der Währung der öffentlichen Wahrnehmung gemessen wird, neigen daher alle Politiker zu Simplifizierung, Zuspitzung und Polemik. Die mediale Erfahrung lehrt uns ironischerweise, vorsichtig zu sein mit abgewogenen, bedächtigen Reden. Wenn sich die Opposition gegenüber der Regierung einmal für einen guten Vorschlag bedankt, dann wird daraus schnell die Schlagzeile, dass die Opposition aufgibt und keine eigene Idee hat. Aber wenn man ordentlich austeilt und die Ellenbogen rausfährt, dann schafft man es schnell in die Talkshows. So gelingt es weniger und weniger, Politik zu erklären, die Sinnfrage hinter allem Tun zu stellen.

Zu oft kommen in den politischen Debatten die Enden nicht zusammen, bewegt sich die Handlung nicht vorwärts, sondern hüpft bestenfalls auf der Stelle. Eine längere Lebensarbeitszeit wurde von einer Großen Koalition erst eingeführt und dann wieder abgeschafft; erst wurde die Laufzeitverlängerung der Atomkraftwerke von der CDU beschlossen, dann wieder aufgehoben; wir liefern Waffen an Saudi-Arabien und versuchen, den IS von Waffenlieferungen abzuschneiden, und so weiter und so fort.

All diese Widersprüche entstehen auch, weil uns die langen Linien abhandengekommen sind. Politik ist nur noch eine Rechnung, keine Geschichte mehr. Und mit der Geschichtserzählung fehlt die Sinnstiftung, die Orientierung, mindestens das Ringen darum. Und letztlich damit das grundlegende Verständnis des Politischen, seines Sinns.

Das Unvorhergesehene zulassen

Als Schüler oder Student hatte ich keine Ahnung, dass ich später einmal politische Verantwortung für den Schutz der Natur tragen würde. Woher auch? Aber das Erlebnis von Natur hat mich geprägt. Den Sommer meines letzten Schuljahres habe ich quasi am Strand in Heikendorf, meinem Heimatort an der Kieler Förde, verlebt. Wir haben da Feuer gemacht, übernachtet und sind mit Sand zwischen den Zähnen und salzpappigen Haaren direkt in den Englischunterricht gefahren, nur um danach am Strand weiter fürs Abi zu üben. Ein Leben in kurzen Hosen und mit Schlafsack. Mein erster Gedichtband, den ich als Schüler mit einem befreundeten Fotografen herausgab, hieß »Das Land in mir«, aus heutiger Sicht arg innerliche Gedichte, die mein damaliges Leben und Erleben mit Naturmetaphern beschrieben. Später schrieb ich meine Doktorarbeit über die »Natur der Literatur« und versuchte mich in einer Theorie der Ähnlichkeit von Sprache und Natur: Sprache und die Vorstellungen, die sie beim Leser erzeugt, bilden nicht Bedeutungen ab, sondern Sinn und Zusammenhänge formen sich immer nur in der Gegenwart des Verstehens, so meine These. Ihre Natur ist die Gegenwärtigkeit, die Zeit (und Literatur bedeutet, Vorstellungswelten, also Räumlichkeit, im zeitlichen Fluss zu schaffen). Und wie die Sprache ist eben auch die Natur nicht an sich da oder gar bedeutsam.

Das klingt für Ökologen wie ein verstörender Befund. An Formulierungen wie »Mit dem Klima kann man nicht

verhandeln«, »Eigenwert der Natur« oder einer »Natur-
würde« (Hans Jonas) neben der Würde des Menschen orientiert sich der ökologische Diskurs schließlich meist. Dass
die Natur einen »Wert an sich« habe, gilt bei vielen Menschen als unstrittig. Die uns aufgetragene »Bewahrung der
Schöpfung« beruft sich ebenfalls auf einen höheren Grund,
eine dem Alltag entzogene Begründung. Nur dass es einen
»Wert an sich« schon begrifflich nicht geben kann. Werte
sind stets gesellschaftliche Verabredungen. Liest man alte
grüne Wahlprogramme, stellt man nämlich fest, dass sich
die ökologischen Letztbegründungen, die Gründe für die
Bewahrung der Schöpfung, immer wieder geändert haben.
Früher waren es die angeblich zur Neige gehenden Ölvor-
räte, heute ist es das Zwei-Grad-Ziel bei der Klimaerwär-
mung, immer dabei war die atomare Bedrohung. Die Warnungen vor ökologischen Krisen sind stets dramatisch, aber
da sich die Krisenszenarien ab und an ändern, können sie
eben nicht eine »Wesenhaftigkeit« der Natur begründen.

Wenn wir Natur schützen, schützen wir nicht das Ur-
stromtal, wir schützen eine Kulturlandschaft. Wenn wir
Moore wieder vernässen, greifen wir in die Natur ein. Wir
baggern, wir bauen Dämme, wir stauen Gewässer. Der
Schutz von Naturräumen ist kein mystisches Raunen ewi-
ger Erhabenheit, sondern planerischer Umgang der Gesellschaft mit ihrer Landschaft. Sicher, dieser Umgang ist ein
anderer als der der Kolonisation und Urbanisierung. Es ist
der Schutz der durch Menschen geprägten Natur durch
Menschen. Er geschieht aus gesellschaftlichen, zivilisato-
rischen Gründen. Eine »Natur an sich« gibt es nicht. Alles,
was wir vorfinden, jede Wildnis, ist immer schon eine his-
torisch geformte. Es gibt »keine plausible Nulllinie zur Mes-
sung der Welt, die durch Kultivierung verloren gegangen

wäre«, schreibt der englische Wissenschaftler David Black-
bourne. Und der Frankfurter Philosoph Martin Seel verallgemeinert den historischen Befund:»Der Mensch ist nicht
der Mittelpunkt, die Krone oder der Garant der Natur. Er
mag sie hegen oder ausbeuten, in Regie zu nehmen vermag
er sie nicht. Hätten die Menschen ihre Lebensbedingungen
vollends zerstört, was übrig bliebe, wäre – Natur.«
    Wir brauchen die Natur, der Natur sind wir egal. Natur ist
kein Gegenbild zu aller Zivilisation, reiner oder besser als die
Gesellschaft, wie es eine romantische Denkschule will. Und
die Natur hat auch kein Eigenrecht, wie Hans Jonas mit dem
»Prinzip der Verantwortung«, seinem »Versuch einer Ethik
für die technologische Zivilisation«, argumentierte. (Das
war das zweite philosophische Buch, das ich mir kaufte.) Jonas schrieb, aus der menschlichen Verantwortungsfähigkeit
erwachse der ökologische Imperativ, so zu handeln, »dass
die Wirkungen deiner Handlungen verträglich sind mit der
Permanenz echten menschlichen Lebens auf Erden«. Die
Permanenz echten menschlichen Lebens! Was ist wohl ein
echtes menschliches Leben? Für mich verbindet es sich vor
allem mit dem Begriff der Freiheit, mit Selbstbestimmung
und Glück. Der ökologische Imperativ ist für mich demnach
einer, der mit dem Schutz der Natur auf die Freiheit und
das Glück menschlichen Lebens zielt. Naturschutz ist kein
Selbstzweck. Er macht unser Leben reicher.
    Natur zu erleben, in der Natur zu sein, sind für mich
die Nächte unter dem, wie Immanuel Kant formulierte,
»bestirnten Himmel«, alle Wanderungen, die ich jemals
gemacht habe, in Schottland, Portugal und Irland, das
Schwimmen in kalten Bergflüssen, das Surfen in der Bran-
dung von Fuerteventura, wenn man die Macht des Ozeans
so unmittelbar spürt, kurzum: die Sensation der Freiheit.

Natur zu bejahen heißt frei zu sein. Aber Natur wie Freiheit können mitunter verstörende Formen annehmen. Sie haben eben buchstäblich eine schiere Unfassbarkeit. Mit dem Wort »Erhabenheit« versuchten dies die alten Philosophen auf den Begriff zu bringen. »Kühne überhängende, gleichsam drohende Felsen, am Himmel sich auftürmende Donnerwolken, mit Blitzen und Krachen einherziehend, Vulkane in ihrer ganzen zerstörenden Gewalt, Orkane mit ihrer zurückgelassenen Verwüstung, der grenzenlose Ozean, in Empörung gesetzt, ein hoher Wasserfall eines mächtigen Flusses und dergleichen machen unser Vermögen zu widerstehen, in Vergleichung mit ihrer Macht, zur unbedeutenden Kleinigkeit«, so beschreibt Kant die Wirkung einer erhabenen Natur auf uns Menschen.

Am Nikolaustag 2013 traf eine der stärksten und lang anhaltendsten Sturmfluten die Nordseeküsten. Als Küstenschutzminister fuhr ich nachmittags raus an die Westküste. Vor Büsum wurde gerade der Deich verstärkt, die Baustelle war noch nicht geschlossen, der Deich noch nicht grasbewachsen. In einem Sturm, der einem die Luft aus den Lungen presste, kämpfte ich mich mit den Männern vom Küstenschutz bis an die Brandungslinie. Gischtflocken stoben um uns, der Orkan heulte und das Meer war, wie Kant schreibt, »in Empörung gesetzt«. Die Sturmflut nagte an der nackten Kleie und die Männer zeigten mir ein paar schadhafte Stellen, die sie mit Sandsäcken stopften. Die Deiche, die wir bauen, sind große Erdungetüme. Aber in dieser Nacht waren sie nur dünne Linien gegen die entfesselten Naturgewalten. Die Nacht war bedrohlich. Sie war wild, sie war ungetüm und erhaben.

Im heutigen Naturschutz heißt Erhabenheit Wildheit. Und Deutschland wird immer wilder. Denn die Erfolge des

Naturschutzes bringen Arten zurück, die einstmals ausgerottet waren: Biber, Fischotter, Seeadler, Seehunde, Luchse, Schakale – und vor allem den Wolf.

Mit der Rückkehr der Wölfe wurde ich erstmals konfrontiert, als wir 1999 in Lüneburg lebten. Ich schnappte einen Bericht darüber auf, dass die Wölfe zehn Jahre nach dem Ende der deutschen Teilung wieder nach Deutschland kämen. Die Selbstschussanlagen, Zäune und Minen der innerdeutschen Grenze waren weg. Die Rückkehr der Wölfe war ein Ergebnis der deutschen Wiedervereinigung und symbolisierte damit eben auch Freiheit in einem besonderen Maß. Damals waren gerade zwei meiner Söhne geboren. Und um der zwillingsstillenden Mutter etwas Ruhe zu gönnen, kaufte ich eine Zwillings-Joggingkarre, verpackte die Kinder und lief damit zwei Stunden am Tag durch die Gegend. Es war Winter, der Weg führte durch einen schwarzen Wald und die alte Elbfurt der Wölfe bei Lüchow-Dannenberg war nicht weit weg. Ich konnte mir gut vorstellen, einem solchen sagenumwobenen Tier zu begegnen, abends im Wald, mit meinen Zwillingen in der Kinderkarre. Meine Vorstellung mündete damals in einem Jugendbuch, »Wolfsspuren«, das die Furcht der Menschen vor dem mythisch Bösen konfrontiert mit dem Wunsch, eine faszinierende Kreatur zu retten.

16 Jahre später begegnete ich als Minister meiner Fantasie von damals in der Realität und musste mich dazu politisch verhalten. Kaum war ich Naturschutzminister, wurde Schleswig-Holstein vom »Wolfserwartungsland« zum Wolfsland. Nach 150 Jahren wurde erstmals wieder ein Wolf gesichtet und fotografiert. Inzwischen sind es ein paar Dutzend, die das Land durchwandert haben. Immer mal wieder werden Schafe gerissen, einmal hat ein Wolf ein

regelrechtes Massaker auf einer Koppel angestellt. Ich war abends bei dem Schäfer und seiner Familie und sah die aufgereihten Kadaver. Insgesamt waren es 50 Schafe und Lämmer. Die Kinder waren verstört und weinten, die Frau hatte Angst um ihre Existenz. Danach riefen täglich besorgte Eltern an und fragten, ob sie denn ihre Kinder noch in den Waldkindergarten schicken könnten. Die Politik entschädigt zwar für die toten Tiere, nicht aber für die Tränen der Kinder oder eine schlaflose Nacht.

Dennoch denke ich noch immer, dass eine Gesellschaft, die Wildheit und Freiheit zulässt, eine bessere Gesellschaft ist. Und natürlich denke ich auch heute an Wölfe, wenn ich meine jetzige Strecke in der Marienhölzung in Flensburg abends im Dunklen laufe, auf schwarzen Wegen unter schwarzen Baumkronen und gefrorenen Stämmen, am Wolfsmoor vorbei. Unheimlich ist das manchmal. Erhaben. Ich ahne in meiner Angst, wie tief die Furcht der Menschen vor Wölfen sitzt.

Wildnis und Wildheit sind eine Herausforderung der Kultur. Wir haben den Umgang mit Wildheit verlernt – so wie die Wölfe den Umgang mit Menschen verlernt haben, die sie nicht gleich totschießen. Alle unsere Annahmen und politischen Maßnahmen im Rahmen eines »Wolfsmanagements« beruhen auf Erfahrungen aus einer anderen Zeit, in denen die Tiere gejagt wurden. Jetzt werden sie es nicht mehr, und wenn es leichtere Beute gibt, holen sie sie sich von der Schafskoppel oder beschnuppern die Schäferhündin vom Bauernhof.

Die politische Herausforderung, Wildheit zuzulassen, ist immens und eine stets neu zu überprüfende Aufgabe. Es muss sich dabei gar nicht um Wölfe handeln. Wiedervernässte Moore mit ihrer die Orientierung nehmenden Ödnis,

Naturwälder, in denen die abgestorbenen Bäume kreuz und quer liegen und Modergeruch verbreiten, Auenwälder, die bei Flussübertritten überflutet werden, weil es keine Deiche mehr gibt, Wildkräuter, einige giftig wie das Jakobskreuzkraut: Sie alle fordern unser Denken und Gefühl von Sicherheit und Ordnung heraus. Die Frage, die sich stellt, ist, wie viel Toleranz wir Lebensformen gegenüber aufbringen, die unseren Alltag infrage stellen. Natur in ihrer Wildheit stellt die radikale Frage nach der Freiheit. Sie befreit uns buchstäblich von allen Normen des Handelns, der Orientierung, der Ordnung, einer festen Sicht auf die Welt, einer klaren Sinngebung. Und Natur zu schützen bedeutet, ein Leben zu verteidigen, das ein so viel ärmeres Leben wäre, wenn es nur aus rechten Winkeln, der vermessenen Welt, Zahlen und Ökonomie bestehen würde.

Natur zu erleben und Natur zu erfahren bedeutet das nicht Planbare, das Unvorhergesehene zuzulassen, ja, zu wollen. Im ästhetischen Spiel von Licht und Bewegung auf dem Meer, in der Konturlosigkeit des Watts, in den Baumkronen der Wälder spiegelt sich eine größere Dimension, als der Alltag sie je stellen kann. Ich hoffe nur, dass ich dieses Wissen auch im politischen Alltag nie verliere. Ich habe Glück, weil mir mein Ressort ermöglicht, viel draußen zu sein: in Mooren, Wäldern, an Stränden oder im Watt. Aber im politischen Alltag ist man von der Natur oft genug abgeschirmt und damit auch der Erfahrung von Freiheit beraubt.

Das Schwarzbrot meiner Politik

Nach dem Zivildienst schrieb ich mich in Freiburg im Breisgau zum Studium der Germanistik, Philosophie und alter Philologie ein. Ich lernte Mittelhochdeutsch, Althochdeutsch und sogar kurz Gotisch. Ich las Descartes und Wittgenstein und Schelling. Ich wollte das, was ich in dem Foto von Albert Camus gesehen hatte, die »Geistigkeit«, die »Denktiefe«, jetzt einlösen. Ich tauchte so tief ein in die Gedankenwelt von Hegel und Kant, Heidegger und Derrida, Novalis, Kleist und Schlegel, wie ich imstande war. Ich las stundenlang die gleiche Seite, bis ich endlich glaubte, sie verstanden zu haben. Weil in meiner WG immer Lärm und Aktion war, arbeitete ich in den Fakultäts- oder Universitätsbibliotheken. Weil dort die Neonlampen so laut summten, kaufte ich mir Ohropax. Dieses Gefühl, abgeschirmt zu sein von der Außenwelt, dieses Alleinsein im eigenen Kopf, das man hört, wenn man sich Wachskügelchen in die Ohren steckt, das war das Sinnbild für mein Studium. Und wenn ich dann meine Aufzeichnungen einpackte, weil die Bibliothek schloss, das Ohropax aus dem Gehörgang zog und in die Nacht dieser süddeutschen Stadt trat, deren weiche Luft, deren Gerüche und deren Biergartenstimmensummen für mich als Norddeutschen so unbekannt war, dann trat ich buchstäblich in eine neue Welt. Auch die war schön, mit lauen Nächten, wie ich sie zuvor nicht kannte. Aber Hauptsache war, man kam rechtzeitig wieder zu seinen Büchern.

Ich engagierte mich ein bisschen in dem unabhängigen AStA und schrieb ein bisschen für eine Fachschaftszeitung. Ich meine mich zu erinnern, dass ich sogar einmal bei den Grünen reinschnupperte. Aber das alles war eher ein Abschiednehmen vom vorherigen Engagement als Schüler denn ein Neuanfang. Während meines Studiums in Freiburg, dann später in Dänemark und Hamburg, ging es mir, wenn ich ehrlich bin, gar nicht um die Gesellschaft oder irgendein politisches Engagement. Ich war auf ein paar Demos gegen den Irakkrieg und gegen einen Autobahnbau durchs Dreisamtal, aber eher als Mitläufer. Ich las und lernte. Und die Philosophie und die Literatur waren eigentlich nur für mich da, nicht für jemand anderes und schon gar nicht Mittel für irgendeinen Zweck oder gar Beruf. Rückblickend erscheint es mir merkwürdig, dass all die Entscheidungen, die ich eigentlich nur für mich, ja fast egoistisch, getroffen habe, im Nachhinein so etwas wie Karriere oder Erfolg befeuert haben sollen.

IN FREIBURG hatte Martin Heidegger gelehrt. Und wenn man in Freiburg Philosophie studierte, dann kam man an ihm nicht vorbei. So war die Lektüre von »Sein und Zeit«, seinem ersten Hauptwerk, für mich in doppelter Hinsicht eine verstörende Erfahrung. Erstens war sie unglaublich schwierig, denn Heidegger war der – wie ich heute finde – falschen Auffassung, dass die Art des Denkens auch die Art der Sprache verändern muss, und schrieb in einer irgendwie altfränkisch anmutenden Form. Zweitens ließ ich mich durch sie und seine Gedanken verführen, seine Philosophie in meinem Leben auszuprobieren. Und das war erst recht falsch. Heidegger denkt den Menschen als Teil eines Sinnzusam-

menhangs, der dem individuellen Dasein immer schon vorgegeben ist. Der Mensch ist bei ihm geprägt durch die Welt,
die er vorfindet. Die Wahrheit der Existenz ist vorgegeben
durch den Umgang mit der Welt, wie sie ist. Man muss sie
nur erkennen. Sich anders und frei zu verhalten ist nur in
dem Rahmen möglich, wie die vorhandene Welt uns das
gestattet. Wenn man wie ich damals Philosophie als Abstieg zu den Urgründen der Weltzusammenhänge versteht,
wenn man sich mit Ohropax in den Ohren abschließt und
das, was man liest, nur für sich selbst liest, dann ist solch
ein Gedankengerüst verführerisch. Es ist in einem gewissen Sinn kompromisslos. Und damit schlägt es um in eine
Ausrede: Ich kann ja meine Handlung gar nicht voll verantworten, wenn mich die Welt vorherbestimmt. Die Suche
nach dem Grund des Seins führt letztlich zu einem asozi-
alen Verhalten. Man kann vielleicht asozial philosophieren,
aber asozial leben ist etwas anderes. Die Tränen, die in der
Wirklichkeit flossen, zeigten mir, wie weltfremd, ja weltver-
achtend ein Gedankenuniversum ist, das nur um sich selbst
kreist.

Dieses Erschrecken über meine damalige Rigidität hält
bis heute an. Ich hoffe, ich habe meine Lektion gelernt,
und werde auf ewig skeptisch gegenüber allen Welterklä-
rern und Besserwissern sein, vor allem, wenn sie im moralischen Gewand einer höheren Wahrheit daherkommen.

Auch im ökologischen Diskurs der Naturschutzbewe-
gung des 19. und frühen 20. Jahrhundert gibt es diese Nähe
zu Heideggers Philosophie – gerade bei Denkern, die den
Grünen nahestehen. Und in den alten Gründungs- und
Vorgründungsschriften der Partei, in den Texten von Hans
Jonas, Herbert Gruhl, Rudolf Bahro oder auch Joseph
Beuys, findet sich ein Ökofundamentalismus, der – von ei-

nem Wesen und Eigenwert der Natur ausgehend – nicht zu hinterfragende Maximen für eine bessere Welt formuliert. Im Rückgriff auf Heidegger wird so eine Art ökologischer Volonté Générale entworfen. Die Behauptung, es gebe diesen allgemeinen Willen, ist aber zumindest tendenziell totalisierend, in jedem Fall jedoch moralisierend. Er führt damit zu einer grünen Erzählung, die ich für falsch halte.

Der Kulturhistoriker Hans-Ulrich Gumbrecht hat 2013 in einem Heft des Philosophie-Magazins eine Affinität der Grünen zu Martin Heideggers Existenzphilosophie nachgewiesen. Technikskepsis und Sorge um die Welt würden die Grünen mit dessen Denken verbinden. Gumbrecht folgert aus dieser Heidegger-Nähe der Grünen, dass Schwarz-Grün in Baden-Württemberg die logische Konsequenz sein werde. Doch das ist eine falsche Folgerung. Denn erstens gab es Schwarz-Grün zuerst in Hamburg, später dann in Hessen: eine Großstadt bzw. ein Land mit Flugplätzen, Chemiewerken und Kohlekraftwerken, weniger mit Waldeinsamkeit und Hüttenromantik. Noch wichtiger: Es ist falsch zu glauben, politische Bündnisse würden einer höheren Wahrheit unterliegen. Keine Partei, erst recht nicht die Grünen, sollte für sich eine Art »seinsgeschichtliche« Wahrheit beanspruchen. Die Wahrheit der demokratischen Politik sind einzig und allein Aushandlungsprozesse. Parteien formen sich im Streit der Meinungen. Und Politikfähigkeit zeigt sich gerade darin, dass man nicht seine eigene Sicht verabsolutiert, sondern der Meinung von anderen auch ein Recht zugesteht.

Ja, bei den Grünen gibt es einen starken Theoriestrang der Anti-Moderne, der meine Partei zum Teil anfällig dafür macht, Werte und Wahrheit zu verwechseln. Werte kann und muss man begründen. Wahrheiten entziehen sich der Kritik. Demokratische Politik ist aber das Abwägen von Werten, nicht die Durchsetzung von übergeordneten Wahrheiten: Menschen verbrauchen Ressourcen, und für das Klima wäre es vermutlich am besten, es gäbe gar keine Menschen. Aber Menschen wollen auch ein gutes Leben, sie wollen Bildung, Kultur, Freizeit, Freiheit und Gesundheit, sie wollen Freiheit von Mühsal, Krankheit und Leid. Das wurde durch Arbeitsteilung, Befreiung von körperlicher Arbeit und Zugang zu Bildung und technischem Fortschritt eben auch ermöglicht. Fortschritt hat soziale, gesundheitliche, emanzipatorische Effekte. Ökologische Reinheitslehren hingegen münden, wenn man nicht aufpasst, in einem erzkonservativen Weltbild aus Regionalismus, Anti-Kapitalismus, in einer Absage an den Wohlfahrtsstaat, an Arbeitsteilung und Bildung – und letztlich in der Förderung von Ungleichheit.

Eine Verklärung der Vergangenheit, wie sie manche Kritiker des Kapitalismus und des technologischen Fortschritts heute betreiben, ist unhistorisch und blendet aus, dass sich nur wenige feudale Herren Luxus und Muße leisten konnten – zum Preis der Ausbeutung der vielen. Früher war eben nicht alles besser, das meiste war schlechter. Das Leben heute ist für sehr viele Menschen besser als das vor 100 Jahren. Und dass das nicht für alle Menschen gilt, ist ein politischer Auftrag für weitere Anstrengungen, Hunger und Armut zurückzudrängen. Wenn der Postwachstumsökonom Niko Paech sagt:»Auch Bildung führt zu neuen Produkten, die das Leben vollrümpeln und die Umwelt zerstören«, dann ist der Schritt nicht mehr weit zu fordern, dass wir Bildungsstandards zurückfahren und die Menschheit verarmen lassen sollten, um das Klima zu retten. Es ist politisch grenzwertig, nicht zu sehen und nicht auszusprechen, auf

welche schiefe Bahn man gerät, wenn man Wachstums-
probleme, Umweltverschmutzung und Ausbeutung in den
Entwicklungs- und Schwellenländern mit einer Absage an
die Moderne, demokratische Rechte oder die Marktwirtschaft kontert. Es geht fraglos darum, anders und ressour-
cenärmer zu wirtschaften und eine klimafreundliche technische Entwicklung voranzubringen. Es geht nicht darum,
gar nicht zu wirtschaften. Zerstörerische Prozesse zurückzudrängen heißt nicht, insgesamt weniger innovativ oder
entwicklungsfreudiger zu werden.

Was also Schwarz-Grün nicht war oder ist, weder in Hamburg, Hessen noch Baden-Württemberg, ist Technikskepsis und Absage an den Fortschritt. Wenn die Grünen eine
historische Aufgabe haben – um einmal pathetisch zu werden –, dann ist es die, die Epoche einer ökologischen Moderne vorzubereiten: die Entkoppelung von Wohlstand und
Ressourcenverbrauch hinzubekommen, ein Zeitalter ohne
die Verbrennung von Öl und Kohle, eine offene, internationale Gesellschaft in einem übernationalen Europa zu schaffen und für faire globale Handelsbeziehungen zu sorgen,
die nicht wegen kurzfristiger Profite langfristig Fluchtursachen produzieren. Worum es jetzt gehen muss, ist, Zielvor-
stellungen dieser ökologischen Moderne zu definieren und
die Politik nicht aus dem Streit zu entlassen, wie sie sie umsetzen will. Will ich andere von meiner Sicht überzeugen,
muss ich argumentieren, nicht nur behaupten. Toleranz bedeutet nicht, allen recht zu geben, sondern für seine Meinung einzustehen und zu werben und zu streiten – und ist
so die beste Verteidigung der Republik. Und ich muss ausreichende Mehrheiten bekommen, um handeln zu können.
Nur schnacken macht die Welt auch nicht besser.

DAS, WAS ICH DAMALS im Studium las, las ich nur für mich. Ich wollte verstehen – und später stellte sich heraus, dass meine Lektüre und das Nachdenken darüber ein essenzielles politisches Rüstzeug wurden. Heute lese ich anders und anderes. Aber noch immer versuche ich, ab und an philosophische Bücher zu lesen, um meine Alltagsentscheidungen besser zu verstehen. So etwa bei der Tierethik, um der Frage nachzugehen, welche Rechte Tiere haben und wie wir sie begründen können oder wie die Abwägung zwischen Selbstbestimmung und Sicherheit beim Umgang mit Atommüll gelöst werden kann. Als ich Philosophie studierte, dachte ich, dass das brotlose Kunst sei. Das machte gerade ihren Reiz aus. Heute denke ich, Philosophie ist das Schwarzbrot meiner Politik.

Drache und Schnur

Unsere Familie basiert auf einer Mutprobe. Ich lernte meine spätere Frau in Freiburg in einer Theatergruppe kennen. Über das Schwarze Brett an der Uni suchte ich Leute, die mit mir Theater spielen wollten. Und tatsächlich formte sich eine Theatergruppe und ein Jahr später führten wir Dürrenmatts »Panne« auf. Ich saß einem Mädchen aus Hannover gegenüber, das sich gerade die Hälfte ihres Ponys abgeschnitten hatte und die andere Hälfte nachwachsen ließ. Irgendwann sprachen wir darüber, dass Italien nicht weit weg und Pfingsten bald da sei. Dann verabredeten wir, dass derjenige, der zuerst nach Italien fahren würde, den jeweils anderen anrufen müsse, und man müsse auf jeden Fall mitkommen und dürfe nicht kneifen.

Das klang wild und frei. Aber als der Anruf kam, war Andrea in Luzern, zwei Autostunden von Freiburg entfernt. Am nächsten Morgen habe sie eine Mitfahrgelegenheit nach Pisa und jetzt sei es an mir, mein Versprechen einzulösen.

Ich packte meinen Rucksack und stiefelte morgens gegen vier zum Autobahnzubringer mit einem Pappschild, auf dem »Luzern« stand. Um fünf hatte noch kein Auto gehalten, gegen sechs rannte ich zum Bahnhof, um zu schauen, ob ein Zug fahren würde. Aber es fuhr keiner. Ich rannte zurück. Um halb sieben stand ich wieder an der Autobahn. Niemand hielt. Ich fluchte über die Ungerechtigkeit der Welt. Um sieben Uhr fünfzehn hielt ein weißes Cabrio mit zwei sehr stark geschminkten und – in meiner Erinnerung –

trotzdem sehr schönen Frauen. Sie strahlten mich an und fuhren direkt nach Luzern. Während der Fahrt flatterten mir dauernd blonde Haare ins Gesicht.

Zehn Minuten nach neun Uhr sprang ich aus dem Auto und lief zur angegebenen Adresse. Als ich ankam, stand ein alter R4 vor dem Haus, Andrea grinste mich an und sagte: »Oh hey, wir wollten gerade los.« Und dann fuhren wir nach Pisa, trampten nach Siena und Volterra, tagsüber spielte Andrea Querflöte vor alten Marmordomen, um den Wein des Abends zu finanzieren, nachts schliefen wir in Plantagen außerhalb der Städte. Und irgendwie, trotz des Alltags, trotz all der Bürgerlichkeit, Haus, Auto, zwei Katzen und vier Söhnen, die jetzt auch schon einer nach dem anderen erwachsen werden, ist die Freiheit geblieben.

1996 wurde unser erster Sohn geboren. Wir hatten unser Studium in Dänemark und Hamburg fortgesetzt, im Sommer unsere Magisterarbeiten geschrieben, aber noch nicht das Gefühl, mit der Universität fertig zu sein. Wir hatten beide Angebote für Stipendien für eine Doktorarbeit. Das war eine gute Perspektive. Also beschlossen wir, Eltern zu werden. Zu promovieren und ein Kind zu bekommen, Elternschaft und Akademie zu teilen, das klang für uns beide gut und glücklich machend. Das war es auch. Jedenfalls für uns. Unser Freundeskreis fand es merkwürdig, dass man sich freiwillig von Party und Rausch verabschiedete, und weil sich unser Tagesrhythmus völlig verschob, kostete uns das Elternsein unsere alten Freundschaften. Dafür fanden wir neue. Wir zogen aus unserer Zwei-Zimmer-Bude im Univiertel nach Lüneburg, weil wir uns eine größere Wohnung in Hamburg nicht leisten konnten, und teilten uns Kind, Küche und Karriere, so gerecht es ging.

Das klingt romantischer, als es war. Denn natürlich waren auch wir dauernd müde, stellte sich das ganze Leben plötzlich anders dar, war man ab und an genervt. Freiheit bedeutete vor allem Disziplin. Die Tage wurden strikt eingeteilt. Vormittags vier Stunden Arbeitszeit für den einen, dann gemeinsames Essen und Kinderübergabe, dann von 14 bis 18 Uhr Arbeitszeit für den anderen. Und es ist verblüffend, wie viel man in vier Stunden konzentrierter Arbeit schafft, wenn man seinen Tag nicht mit Kaffeetrinken vertrödelt. Wir zogen vier Monate nach London, weil Andrea in der British Library recherchierte. Ich hing mit unserem Ältesten auf Fußballplätzen ab und schrieb ein Drehbuch, das zwar Geld brachte, aber nie verfilmt wurde. Parallel zum Promovieren übersetzten wir Lyrik aus dem Englischen ins Deutsche. Damit hatten wir schon vor der Geburt unseres ersten Sohnes begonnen. Und als wir Nächte noch zu Tagen gemacht hatten, konnten wir stundenlang über Worte streiten. Gereimte, gebundene Sprache kann man nicht so mir nichts, dir nichts ins heutige Deutsch übertragen. Also gab es Rohfassungen, Versuche der Annäherung. Und die lasen wir uns immer wieder vor.

Als dann unsere Doktorarbeiten auf der Zielgerade waren, kam der Moment für die nächste Entscheidung. Und sie fiel in doppelter Hinsicht doppelt aus. Wir entschieden uns gegen mögliche Berufsangebote und dafür, einen Roman zu schreiben. Und wir fanden, dass unser Erstgeborener ein Geschwisterchen bekommen sollte. Letztlich waren die Jahre gelebtes Glück. Und es gab keinen Grund, es aufzugeben. Geboren wurden dann Zwillinge. Wir hatten noch Restersparnisse unserer Stipendien, dreimal Kindergeld und zweimal Erziehungsgeld, wie es damals hieß. Ungefähr 2000 Mark bekamen wir, nur weil wir Eltern waren, für die nächsten zwei Jahre. Und am Anfang kosten kleine

Kinder ja noch nicht viel. 2000 Mark einfach so, das war unser Grundeinkommen. Und es gab uns Mut und Risikobereitschaft. Seitdem halte ich viel von Grundeinkommensmodellen. Und ich finde es schade, dass sich Deutschland (oder Europa) an solche Formen nicht herantraut. Klar, es gibt skeptische Stimmen, die sagen, dass bei leistungslosem Geld niemand mehr arbeiten würde. Aber wir werden es nie herausfinden, wenn wir es nicht ausprobieren. Wir könnten zum Beispiel zehn Testkommunen suchen, die dann, sagen wir, für fünf Jahre verschiedene Grundeinkommensmodelle erproben. Gleichzeitig werden die sozialen Auswirkungen, die Arbeitsmoral, Beschäftigungsverhältnisse und das Zusammenleben evaluiert. Und wenn alles schlechter wird, dann wissen wir es und lassen es in Zukunft sein. Aber wenn es gute Effekte hätte und wir es nie herausfinden, dann werden wir es nie besser machen können.

Andrea und ich hatten jedenfalls zwei Jahre eine Art Grundeinkommen und diese zwei Jahre schenkten wir uns. Im ersten Jahr wollten wir unser Buch schreiben, in den Monaten danach einen Verlag suchen und – falls das alles nicht klappen würde – im letzten Halbjahr einen »Brotberuf« suchen. Und wir wollten den Roman zusammen schreiben. Zusammen zu schreiben war eine bewusste, gleichsam politische Entscheidung, Familie und Beruf nicht zu trennen. Und so übertrugen wir unsere gemeinsame Übersetzungserfahrung auf das eigene Schreiben, machten Vorstudien, lasen sie uns vor und formten daraus eine virtuelle Autorenstimme, die mehr und anders war als die Summe unserer beiden Stimmen. Nur dass inzwischen drei Kinder da waren und man nicht mehr nächtelang um vier Worte streiten konnte. Wir mussten arbeiten, wenn die Kinder schliefen oder in der Kita waren. Nie wieder habe ich in meinem Leben so starken Kaffee getrunken. Und wenn einer den Mittagsschlaf zu früh beendet hatte, dann packten wir ihn in den Kinderwagen, stellten den in die Küche und wippten beim Reden an der Karre, um wenigstens noch ein bisschen arbeiten zu können, wenn schon das Herz mit Koffein gedopt war. Ganze Kapitel entstanden so im Rhythmus des Anschubsens, mit dem Fuß auf dem Rad des wackelnden Kinderwagens.

Die Vereinbarkeit von Familie und Beruf ist eben nicht nur Freiheit, sie kann auch eine unglaubliche Last sein. Und heute, wo ich lange Tage in Büros und Besprechungen verbringe, sehe ich auch, wie sehr all die flexiblen Arbeitszeitmodelle und Wohnraumarbeiten eine Entgrenzung der Arbeitswelt bedeuten können.

AUCH DIESE PRIVATE ERFAHRUNG bekommt jetzt auf einmal wieder eine politische Bedeutung. Die Verfügbarkeit über seine eigene Zeit mindestens halbwegs zu sichern gehört zur Debatte über die Vereinbarkeit von Familie und Beruf. Einige kritisieren diese »Zeitpolitik« als modische Mittelstandsdebatte. Dabei ist es umgekehrt. Verringerung der Arbeitszeit, Schutz des Privaten, das waren von Anfang an immer auch Kernforderungen von Gewerkschaften und sozialen Bewegungen. Sie sind allerdings in jüngster Zeit vergessen worden und Gewerkschaften kämpfen vor allem für Lohnerhöhungen, sicher auch, weil die Arbeitnehmer Geld brauchen und sich Zeit nicht leisten können. Zeitpolitik muss deshalb immer auch eine Antwort auf die Lohneffekte geben.

In der Umweltpolitik, in der Klimapolitik, in der Energiepolitik, in der Landwirtschaftspolitik reden wir stets davon, die externen Kosten stärker zu berücksichtigen, wie CO_2-Ausstoß, Flächenverbrauch, Atommüll, Wasserbelastungen. Wir geben Dingen einen Preis, die scheinbar kostenlos sind. Bei der Arbeitspolitik machen wir das nicht. Zeit ist der externe Faktor von Produktivität. Menschen verkaufen ihre Lebenszeit. Doch wir unterschlagen den Preis von permanentem Zeitdruck: Unzufriedenheit, Stress, Krankheit. Insofern ist Zeitpolitik für die Arbeitspolitik das, was Umweltpolitik für die Wirtschaftspolitik ist. Die vertraglich vereinbarte Arbeitszeit hat zwar einen vertraglich vereinbarten Preis, mindestens den Mindestlohn pro Stunde. Produktivität wird allgemein definiert als Produktion pro eingesetzte Arbeitskraft. Dieser vereinfachte Ansatz verkennt aber, dass zunehmend viele Überstunden nicht vergütet werden.

Die tariflich ausgehandelte Arbeitszeit beträgt im Durchschnitt in Deutschland 35,5 Stunden. Damit gehört sie zu den niedrigsten in ganz Europa. Aber die Abweichungen zwischen nomineller Tarifarbeitszeit und tatsächlicher sind in Deutschland im Vergleich der Euro-Länder am größten. Und nur jede zweite Überstunde wird bezahlt. Nach den Daten der Europäischen Statistikbehörde Eurostat beträgt die tatsächliche Wochenarbeitszeit von Vollzeitbeschäftigten im Jahr 2013 in Deutschland 41,7 Stunden. Pro Jahr werden in Deutschland etwa eine Milliarde Überstunden unbezahlt geleistet. Dies führt dazu, dass Arbeitsproduktivität rein rechnerisch steigt. Tatsächlich geht dies jedoch zulasten der Gesundheit, Familie, Freizeit etc. Würden alle Überstunden bezahlt werden, also die externen Kosten internalisiert, dann würde mit der Ressource Arbeitskraft = Mensch wahrscheinlich sorgsamer umgegangen werden.

Die Einbeziehung des Faktors »Zeit« würde eine moderne Definition von Arbeit und Arbeitsverhältnissen erlauben, die die sozialpolitische Dimension eines weiteren Wohlstandsbegriffs beschreibt. Zeit wäre quasi eine zweite Währung, die die gesellschaftliche Drucksituation entlastet. Arbeitszeitpolitik, politisch verstanden, wäre ein Hebel, das zu tun, was wir sonst immer bei der Klimapolitik oder im Öko-Bereich machen: die externen Kosten von Arbeit deutlich zu machen.

OHNE ES DAMALS im Einzelnen zu wissen, bin ich nicht zuletzt durch die gesammelten Erfahrungen von Tschernobyl bis zu meinem Leben als Hausmann und Schriftsteller zu dem Politiker geworden, der ich heute bin. Die Leitmotive waren wohl von Anfang an Freiheit und Selbstbestimmung. Die habe ich immer wieder gesucht und gefunden, im Denken und in der Philosophie, im Erlebnis der Natur und in meiner Beziehung zu Europa und als Vater und Schriftsteller. Freiheit heißt dabei gerade nicht, dass man keine Pflichten und Verantwortung hat, sondern dass man sich selbst für diese Pflichten entschieden hat.

Bei der Konfirmation meines jüngsten Sohnes schenkte die Pastorin ihm und allen anderen Konfirmanden einen Drachen zum Steigenlassen. Sie erzählte die Geschichte eines Jungen, der seinen Drachen steigen ließ, höher und höher. Und weil er so schön flog und die Drachenschnur irgendwann ganz abgerollt war, schnitt der Junge die Schnur durch, um den Drachen freizulassen. Aber ohne Schnur trudelte der Drache und stürzte ab. Die Pastorin bezog diese Geschichte auf den Glauben und die Kirche, die das Band sein sollen, damit der Mensch fliegen kann. Ich finde sie eher eine schöne Parabel für das Leben insgesamt und sogar für die Politik. Drache und Schnur sind aufeinander angewiesen.

Insofern waren die Jahre des gemeinsamen Schreibens, des Waagehaltens zwischen Kindern und Lesereisen, des engen, geteilten Lebens mit permanentem Zeitmangel die intensivsten, anstrengendsten und aufregendsten meines Lebens. Und was immer noch kommen mag, ich hoffe, das werden sie auch bleiben.

Teil II Amt:
Freischwimmen

Am Rand Deutschlands

Unser erstes Buch, »Hauke Haiens Tod«, hatte sich gut verkauft, unser Grundeinkommen-Kinder-Bücher-Lebensmodell schien aufzugehen. Wir hatten erstmals Geld verdient, aber unsichere Aussichten auf ein geregeltes, sicheres Einkommen. Deshalb war es ironischerweise für uns leichter, ein Haus zu kaufen, als regelmäßig Miete zu bezahlen. Es musste nur preiswert sein, groß genug für sechs Personen und Platz zum Arbeiten bieten. Und schön sollte es auch sein, gerne alt.

Solche Häuser gibt es in Deutschland nur auf dem Land, da, wo Leute wegziehen und nicht hinziehen. Wir scannten die Angebote. Dass wir uns für das Haus und den Ort an der dänischen Grenze entschieden, hatte verschiedene Gründe. Einer war sicher, dass ich in Freiburg gelernt hatte, dass ich ein Norddeutscher war. Zuvor war mir das egal gewesen und ich wollte eigentlich nichts lieber, als wegzuziehen aus dem schlechten Wetter und der Randlage in Deutschland. Aber kaum, dass ich in Süddeutschland war, identifizierte ich mich mit dem zurückgelassenen Raum, versuchte meinen badischen Freunden klarzumachen, dass Detlev-Buck-Filme lustig sind, fing an, Dänisch zu lernen und nicht – wie alle in Freiburg – Italienisch.

Der zweite Grund, warum wir uns für den Norden entschieden, war seine Zweisprachigkeit bzw. das Zusammenleben von deutscher Mehrheitsbevölkerung und dänischer Minderheit. (Auf der anderen Seite der Grenze ist es umgekehrt.) Dieser Landesteil zwischen Eider im Süden und Königsau im Norden war über Jahrhunderte von dem Konflikt zwischen Dänen und Deutschen geprägt. Blutige Kriege, Anfeindungen nach Grenzabstimmungen, Eifersucht über staatliche Unterstützung der jeweiligen Minderheiten fraßen sich tief in das kulturelle Gedächtnis dieser Region ein. Erst allmählich lösten sich Vorurteile und Hass. Als wir unser Haus kauften, kauften wir auch einen Fahnenmast mit, der im Garten zur Straße hin stand. In einem Baumarkt erwarb ich einen dänischen Wimpel, weil der so schön aussah und an Urlaube erinnerte. Ich saß auf dem Rasen und spielte mit den Kindern, da hörte ich Passanten sagen:»So, Dänen sind das also.« Es hatte nichts Spielerisches. Es klang wie:»Igitt. Dänen?« Ich fand es zwar ganz gut, von der deutschen Identität etwas wegzurutschen, aber ich hatte nicht vor, sie gegen eine dänische einzutauschen.

Zwölf Jahre später hielt ich die große Festrede auf dem Tag der Deutschen in Appenrade. Ich redete über linken Patriotismus und die Leute klatschten. Die Menschen im Grenzland begriffen so langsam, dass sie mit dem Zweikulturland eine Perle in der Hand haben.

Diese Lockerungsübung begann mit den sogenannten Bonn-Kopenhagener Erklärungen von 1955. Schon der Abschluss dieser Erklärungen taugt als Modell für andere Krisenregionen heute. Denn die Dänen und die Deutschen konnten sich damals partout nicht vorstellen, einen gemeinsamen Vertrag auszuhandeln, so wenig wie heute Russen und Ukrainer oder Palästinenser und Israelis. Also erklärten die jeweiligen Regierungen in souveräner Eigenständigkeit fast wortgleich das Gleiche. Die Erklärungen sicherten jeweils das freie Bekenntnis zur jeweiligen Volkszugehörigkeit zu, schrieben die Gleichbehandlung aller Staatsbürger fest, verankerten das Recht der jeweiligen Minderheit, eigene Kultur-, Sprach-, Bildungs- und Sporteinrichtungen zu betreiben. So gibt es heute im Norden Schleswig-Holsteins dänische Schulen, dänische Bibliotheken, dänische Kirchen, dänische Sportvereine, dänische Pfadfindergruppen, dänische Altenheime etc. Im Süden von Dänemark gibt es das alles – auf Deutsch. Sie werden jeweils von den Hauptstädten finanziell unterstützt – und stehen allen offen. Denn das Bekenntnis zur dänischen Minderheit ist frei. So wurden wir Teil dieser Minderheitenkultur. Meine Kinder sind auf dänische Schulen gegangen, die wie in Skandinavien das gemeinsame Lernen bis zur 10. Klasse verfolgen, und das mit großem Erfolg; sie segelten im dänischen Segelverein und ich selbst war ein paar Jahre lang »Spejderleder« der dänischen Pfadfinder.

WIE EINE GESELLSCHAFT mit Minderheiten umgeht, ist ein Gradmesser dafür, wie tolerant sie insgesamt ist. Wenn sich eine jeweilige Mehrheitsgesellschaft traut, Minderheiten zuzulassen, mit all ihren Rechten, vielleicht sogar Vorrechten, macht sie das reicher, vielfältiger, bunter, auch widersprüchlicher. Auch das gesellschaftliche Wissen und Verständnis verändert sich, wenn man mit zwei Sprachen lebt. Dass jede Sache, jedes Ding und jedes Gefühl auch anders gesagt werden kann, wird zum integralen Bestandteil des Lebens. Man weiß, dass man Übersetzungsleistungen erbringen muss, wenn man sich verstehen will.

Im Ressortzuschnitt der Bundesregierung gehört Minderheitenpolitik in den Bereich des Innenministeriums. Dass sie nicht im Außenministerium angesiedelt ist, zeigt, dass nicht erkannt wurde, was Minderheitenpolitik auch sein kann: nämlich ein Friedensprogramm. Im deutsch-dänischen Grenzland ist etwas erwachsen, das die Menschen dort der Welt – oder mindestens Europa – anbieten können. Das hier entwickelte Modell kann auch anderen Regionen der Welt Beispiel sein, wie man mit einer friedlichen und reichhaltigen Koexistenz Versöhnung schaffen kann. Wenn ich überlege, was diesen Raum so attraktiv macht, was mein Lebensgefühl hier oben ausmacht, dann ist es erstaunlicherweise die Tatsache, dass es eine Grenze gibt. Sie öffnet den Raum. Die Grenze symbolisiert die kulturelle Vielfalt. Und deshalb ist es doppelt schlimm, wenn Dänemarks Rechts-Regierung die Grenze wegen der Flüchtlinge neuerdings wieder schließt.

Die Grenze ist eben keine Trennungslinie mehr, sondern eine Linie des Verbindenden. Der schönste Ort in unserer Region sind die alten Kanonen von Düppel, »auf Düppel«, wie man in Dänemark sagt, wo 1864 die blutigste Schlacht des deutsch-dänischen Krieges geschlagen wurde. Wenn man an einem Sommertag mit den Kindern auf den Rohren der Feldhaubitzen sitzt, die vor der Düppeler Mühle stehen, und wenn man dann auf die Flensburger Förde hinunterschaut, dann ist schon allein die Körperhaltung ein Symbol. Man wendet sich der Grenze zu, dreht sich nicht weg und zeigt dem Ausland eben nicht den Rücken. Auf einmal ist dort, wo das Trennende verlief, die Anziehungskraft. Da will man hin. Da will man nicht weg. Der Ort des Krieges von damals ist heute für mich der attraktivste Ort in unserem Grenzland.

All das wusste ich natürlich nicht, als wir vor der Entscheidung standen, ein Haus zu kaufen. Den Ausschlag gab etwas anderes. Wir hatten im Jahr zuvor ein Stipendium in Svendborg in Dänemark bekommen und lebten ein paar

Monate in dem Haus, in dem Bertolt Brecht 1933 bis 1939 sein Exil verbracht hatte. Es ist ein umgebauter Kuhstall, reetgedeckt, mit großem Garten, zauberhaften Nachbarn, direkt am Sund gelegen und mit eigenem Steg. Vier Monate lebten und arbeiteten wir dort, brachten unseren Ältesten dort in den Kindergarten, machten Lagerfeuer am Wasser, schrieben »Hauke Haiens Tod« fertig und lebten mit den Legenden des Hauses. Irgendetwas passierte dort mit mir. Es war ein gutes Lebensgefühl, nicht mittendrin zu sein, sondern am Rand, außerhalb. Nicht geflohen wie Brecht, aber doch ausgesetzt. Dieses Lebensgefühl nahmen wir mit zurück. Immer, wenn ich auf die Seekarte schaute, die eine Zeit lang im Treppenaufgang unseres neuen Hauses hing, dachte ich: Es sind nur zehn Kilometer bis zur Grenze und nach Berlin ist es weiter als nach Schweden. Der Gedanke kommt mir auch heute noch hin und wieder. Und ich glaube, auch deshalb zogen wir in den Norden, ganz an den Rand Deutschlands.

Größer als die Summe lauter Ichs

Im Winter 2001/02 lebten wir in einer Baustelle. Und ich war glücklich damit beschäftigt, Wände einzureißen und Sand auszuheben, um das Fundament zu vertiefen. Als alle Wände verputzt und die Zimmer gestrichen waren, die Familie nachgekommen, die Kinder in der Kita angemeldet waren, bereitete sich ein Gefühl von Angekommensein aus. Ich wusste zum ersten Mal seit Jahren, dass ich an diesem Ort länger als nur drei Jahre leben würde. Und es fühlte sich sehr gut an.

Weil es so schien, als würden wir die nächsten Jahre da wohnen bleiben, weil es sich anfühlte, als würde ich zur Ruhe gekommen sein, dachte ich zum ersten Mal darüber nach, in eine Partei einzutreten. In Hamburg, Freiburg und Lüneburg hatte ich Mitgliederabende der Grünen besucht, aber irgendwie war mir immer klar, dass ich an keinem dieser Orte länger leben würde. Und dass ich für den Ort auch nicht wirklich Verantwortung übernehmen konnte oder auch wollte. Ich war auf der Durchreise. Die endete dann in einem kleinen Dorf an der dänischen Grenze und mit unserem Einzug ins endlich renovierte Haus.

In eine Partei einzutreten ist etwas anderes, als in einen Reitverein oder in die freiwillige Feuerwehr einzutreten. Es bindet einen anders. In einem gewissen Sinn legt man für sich eine Weltsicht fest. Parteien objektivieren das, was wir zuvor nur für uns gedacht oder für richtig befunden haben. Sie stellen einen Weltbezug her. So war es jedenfalls für mich und ist es bis heute. Vom Sommernachtstraum über

Interrail bis zu meiner Vaterschaft, das war alles subjektiv und mein Leben. Es ging letztlich niemanden etwas an. Mit dem Eintritt in eine Partei änderte sich das.

Ich überlegte, mich beim SSW, der Partei der dänischen Minderheit, zu engagieren. Aber die Erfahrung beim Hissen des dänischen Wimpels wiederholte sich hier. Man war beim SSW nicht einfach so Mitglied, und auch nicht, weil man das Zweikulturland besonders attraktiv fand, sondern die Mitgliedschaft bedeutete ein Bekenntnis zum Dänentum. Das war nun genau das Gegenteil dessen, was ich wollte. Also besuchte ich eine Kreismitgliederversammlung der Grünen. Erst mal musste ich allerdings rausfinden, wo die denn stattfand und wann. Das war nicht so leicht, denn sie war nicht in der Zeitung angekündigt und die Homepage des Kreisverbandes war ebenfalls nicht aktuell. Ich hinterließ eine Nachricht auf einem Anrufbeantworter. Und tatsächlich rief mich bald jemand zurück.

Als der besagte Tag gekommen war, machte ich mich an einem regnerischen Abend im Frühjahr 2002 auf den Weg. Ich war voller Erwartung. Obwohl die Grünen seit vier Jahren in der Bundesregierung waren, Fischer und Trittin Dreiteiler trugen und sie dem Kosovo- und dem Afghanistan-Krieg zugestimmt hatten, hatte ich, als ich zu dem Treffen fuhr, das Bild von coolen, Robin-Hood-ähnlichen Vorkämpfern für eine bessere Welt im Kopf. Platons Anleitung zum Ausbrechen aus der Höhle meiner Privatheit, die hoffte ich bei den Grünen zu finden.

DIE LETZTEN JAHRE mit den Kindern hatten zu einer merkwürdigen Veränderung geführt. Ich hatte mein Leben so gut ich konnte in die eigene Hand genommen, hatte ein

Haus renoviert und für die Kinder eine gute Kita gefunden. Wenn wir genug Geld mit unseren Büchern verdienten, kauften wir ökologisch ein und eine Ecke für den Gemüsegarten war auch reserviert. Aber irgendwie schien es mir, dass dieses Leben auch ein Rückzug war. Mit dem Spruch, das Private sei politisch, eine der Theorien der 68er und Gründungsthesen der Grünen, bin ich aufgewachsen und hatte die letzten Jahre danach gehandelt. Aber ist er eigentlich richtig? Manchmal sorgt das Private ja gerade für das Gegenteil von Politik. Ich spürte eine Unzufriedenheit, einen Zweifel, ob ich es mir nicht in einer Nische des Selbstgesprächs zu bequem gemacht hatte. Reichte es in Sachen Klimaschutz, wenn ich die Kinder morgens mit dem Rad zur Kita fuhr? War ich nicht gerade dabei, mich in meinem eigenen kleinen Biotop einzuigeln? Setzte ich mein Ohropax-Leben nicht auf andere Art und Weise fort? Und ließ die große böse, unverständliche Welt nicht mehr rein? Als Nächstes würde ich wohl über die blöden Politiker schimpfen, die alle keine Ahnung haben. Ich war an dem Punkt angelangt, mich einmischen zu wollen. Ich suchte nach einem Resonanzraum, der größer war als eine Bibliothek oder ein Buch.

Heute sehe ich klarer, dass dies ein Grundmechanismus ist, den man vermutlich etwas unpräzise »Macht der Gewohnheit« nennt und der eigentlich genauer die »affirmative Kraft des Faktischen« betitelt werden müsste und der sich auch in der Politik stets wiederholt. Der Selbstbestätigungsdiskurs wird schnell zum Selbstgespräch. Und wenn man mit sich selbst redet, hat man ja eigentlich immer recht. Vielleicht spüre ich das so besonders deutlich, weil die geografische Randlage, das Schriftsteller-Leben in unserem kleinen Dorf, immer auch ein Biotop war.

Wer die politischen Fragen nur noch in seinem Milieu diskutiert, der hat es bequem und ist meistens auch mehrheitsfähig. Im Biomarkt dürfte die Zustimmung zum ökologischen Landbau bei 100 % liegen. Wenn der Bauernverband auf Bauernverbandsversammlungen behauptet, die konventionelle Landwirtschaft mache alles richtig, klatschen alle. Vor allem ist man so immer auf der richtigen Seite. Aber man gibt auch den Anspruch auf, über das eigene Milieu hinauszuwirken. Mit dem Eintritt in eine Partei wird das möglich. Man muss sich auseinandersetzen mit der Welt der anderen. Das muss man in Verbänden oder Vereinen nicht. Dort gibt es keinen Einigungszwang. Vor allem verliert man dort das Wissen, wie es jenseits der eigenen Welt eigentlich zugeht, wie gedacht wird, was die Leute umtreibt, denen Biolebensmittel beispielsweise zu teuer erscheinen, die vielleicht auch gar nicht die Guten sein wollen, denen gesunde Ernährung, veganes Essen, zuckerfreie Joghurts schlicht wurscht sind. Das sind dann schnell die, die nicht kapiert haben, worum es geht, diejenigen, die zu ihrem Glück gezwungen werden müssen. Und wenn man so weit ist, ist es nur noch ein kurzer Weg zur moralischen Entrüstung, dass die anderen die eigenen Anliegen nicht verstehen, ja schlimmer noch, die eigentliche Wahrheit nicht sehen wollen.

Als ich zu meiner ersten Mitgliederversammlung fuhr, war ich womöglich gerade selbst auf den Weg dahin gewesen. Ich kam aus einem selbstgenügsamen, selbstzufriedenen Leben. Und es war ein sehr gutes. Aber »gut« ist nicht ausreichend. »Gute Lebensführung« verfehlt die politische Dimension. Es geht im Politischen nicht darum, das »gute Leben« mit alternativen Gesundheitspraktiken, Fairphone, green IT, Reisen ohne ökologischen Fußabdruck, neuen

Hybrid-Modellen oder Tesla auszubuchstabieren, sondern die politischen Spielregeln so zu verändern, dass der Verkehr seine CO_2-Bilanz endlich verbessert, dass Pestizide und Antibiotika in der Landwirtschaft verringert werden, elende Arbeitsbedingungen in den Schwellenländern überwunden werden.

Das einzelne Verhalten der Verbraucher ist ein zentraler politischer Faktor als Impuls. Menschen engagieren sich gegen Fracking oder für die Agrarwende und irgendwann kann Politik dem nicht mehr ausweichen. Aber einen Ersatz politischen Handelns durch Marktverhalten, der Bürgerinnen und Bürger durch den Konsumenten, den darf es nicht geben. Denn so gut sind wir als Verbraucher nicht. Aber als Bürger sind wir sehr wohl in der Lage, von der eigenen Situation zu abstrahieren und Gesetze zu begrüßen, die uns auch einschränken oder belasten, weil wir wissen, dass ein Gemeinwesen größer ist als die Summe lauter Ichs. Das ist der Grund für politisches Engagement und für den Eintritt in eine Partei. Man verpflichtet sich, über die unmittelbar eigene Welt hinauszudenken.

Wir müssen nicht bessere Menschen sein, um eine bessere Politik zu machen

Ich habe keine Ahnung, zu welchen Bedingungen die Hose, die ich gerade trage, produziert wurde oder mein Laptop, auf dem ich gerade schreibe. Wenn ich Hosen kaufe, achte ich auf alles Mögliche, Schnitt, Farbe, Form, Marke, Preis, nur nicht, ob sie Fair Trade sind. Und beim Laptop achte ich auf Gewicht, Preis, Speicherkapazität. Sollte es morgen jedoch eine Volksabstimmung geben, die die Frage stellt, ob wir in Deutschland nur noch Hosen oder Laptops verkaufen wollen, die nicht in asiatischen Arbeitslagern unter miserablen Bedingungen hergestellt wären, auch wenn sie dann zehn Prozent teurer sind, dann würde nicht nur ich, sondern die überwältigende Mehrheit der Deutschen dem zustimmen.

Anderes Beispiel: Unsere Meere sind in einem erbärmlichen Zustand. Neben dem Nitrateintrag aus der intensiven Landwirtschaft und der Überfischung ist Plastikmüll ein Hauptproblem. Die Menge des Plastikmülls in den Meeren wird heute anhand der Mageninhalte von Seevögeln gemessen. Sie fressen sich mit Plastik voll und verhungern mit vollen Bäuchen. Ja, die gemessene Menge des Plastiks im Bauch verhungerter Seevögel ist sogar die offizielle Maßeinheit zur Feststellung der Müllbelastung der Meere. Es wurden verschiedene politische Initiativen gestartet, wenigstens dünnwandige Plastiktüten mit Gebühren zu belegen. Und obwohl ich das absolut richtig finde, weiß ich doch, dass ich, wenn ich im nächsten Urlaub in Südeuropa zwei Flaschen Wein, Baguette und Käse kaufe, keinen Jutebeutel dabeihaben und alles in einer Plastiktüte nach Hause tragen werde – obwohl ich es eigentlich für falsch halte.

Dass Leute sich privat anders verhalten, als sie politisch sprechen, wird in der Debatte um Tierschutz und Landwirtschaft als Argument wieder und wieder vorgebracht. Verbraucher würden mehr Platz für Schweine, mehr Ökolandbau, weniger Pestizide fordern und doch das billigste Angebot kaufen.

Und dieser Vorwurf der Widersprüchlichkeit von Konsumenten wird ja zu Recht erhoben. Ich gebe den Widerspruch für mich zu. Es ist eben sauschwer, konsequent zu sein. Ich schaffe es selbst sehr oft nicht, meinen eigenen Vorsätzen zu genügen. Und so geht es uns doch allen, Hand aufs Herz. Wir sind Menschen, wir sind nicht perfekt. Wir sind müde, faul, gestresst, vielleicht geizig, von der Werbung verführbar. Beruf, Familie, Schwiegereltern, alles soll unter einen Hut. Wir sind fehlerhaft, inkonsequent, widersprüchlich und manchmal sogar traurig oder geknickt. Aber das heißt nicht, dass wir als Menschen in dieser Zustandsbeschreibung aufgehen und sich Menschsein darin erschöpft. Wir wollen eben auch anderes, Besseres. Und ich glaube, wir wollen es, gerade *weil* wir nicht perfekt sind. Eben *weil* wir fehlerhaft sind, wächst in uns der Wunsch nach einer besseren Welt und der Wunsch, für eine solche zu kämpfen. Das ist es, was den Raum des Politischen absteckt! Das macht den Sinn von Politik aus! Und es grenzt ihn vom Privaten ab. Das Private ist gerade nicht politisch. Es ist privat. Im Privaten sollen wir gut und gern auch mal fünfe gerade sein lassen können, ja sogar unsinnige Dinge tun, ohne schlechtes Gewissen. Aber umgekehrt wird kein

Schuh daraus: nämlich das private Verhalten für die politische Tat zu nehmen.

Politik handelt von einer besseren Welt, obwohl Politik faktisch oft für eine schlechtere Welt sorgt. Und dieser Wunsch wird von vielen Menschen geteilt, selbst von denen, die wollen, dass alles so bleibt, wie es ist. Aber manchmal ist die politische Ansprache so, dass sich all diese Menschen schlecht fühlen, wenn sie wählen gehen (das gilt besonders häufig für meine Partei), weil sie eben nicht dem politischen Ideal entsprechen, genauso zu leben, wie es zum Beispiel ökologisch vorbildlich wäre. Müssen sie aber auch nicht! Wir müssen nicht bessere Menschen sein, um eine bessere Politik zu machen. Wir brauchen keine Umerziehung oder moralische Klonung. Moralismus, der nicht nur um Richtig und Falsch streitet, sondern zwischen Gut und Böse unterscheidet, blockiert eine freie Gesellschaft. Eine ethische Orientierung und eine moralische Lehre sind nicht das Gleiche. Die eine gibt der Politik eine Richtung und Orientierung, die andere will nicht die Politik verändern, sondern die Menschen. Die eine ist eine Errungenschaft der Aufklärung, die andere ihre Perversion, die unweigerlich zu Widersprüchen führt. Katholische Ministerpräsidenten, die Enthaltsamkeit und Tugendhaftigkeit predigen, haben uneheliche Kinder, grüne Moralisten werden mit harten Drogen erwischt – eben weil sie auch Menschen sind, verführbar und widersprüchlich gestresst, süchtig.

Die Konsequenz daraus ist, dass wir uns stärker auf das Politische und weniger auf das Private, auf den »Lifestyle«, konzentrieren müssen. Wir müssen den Menschen nicht vorschreiben, wann sie kein Fleisch essen sollen, nämlich donnerstags nachmittags, sondern wir müssen die Agrarpolitik strukturell ändern, indem europäisches Geld für

Tierschutz und Umwelt eingesetzt wird. Es ist gut, wenn wir Ökostrom beziehen, aber letztlich müssen wir für die Energiewende die Infrastruktur der Energiepolitik ändern, für die Beteiligung von Bürgerinnen und Bürgern bei der Energiewende kämpfen, ihren demokratischen Geist stärken. Und wir müssen nicht den Mittelstand mit Steuern drangsalieren und Leute ab 60 000 Euro Jahreseinkommen als reich titulieren, wenn die Superreichen Milliardenvermögen vererben, ohne auch nur einen Cent Steuern zu bezahlen.

Der Widerspruch zwischen Privatem und Öffentlichem spricht eben nicht gegen eine wertegebundene Politik, wohl aber gegen eine moralinsaure. Warum ist der Krimi ein so beliebtes Genre in Deutschland? Warum guckt die halbe Republik am Sonntag Tatort? Nun, die einfachste Beschreibung eines Krimis ist, dass es darum geht, Gerechtigkeit herzustellen. Der Krimi ist so gesehen die profane Form der Hoffnung auf Ideale. Denn was machen denn Ermittler anderes, als das Böse zu bekämpfen und das Gute herzustellen und an es zu glauben? Und sie tun es oft aus einer Haltung des eigenen persönlichen Scheiterns heraus. All die kaputten Typen, diese Bullen, geschieden, trinkend, rauchend, sind überzeichnete Bilder unserer Seelenlage. Diese Kommissare agieren in einer eigentümlichen Mischung aus Staatsferne und Staatshörigkeit. Sie sind ja Beamte und Staatsdiener, gleichzeitig verstoßen die guten Polizisten permanent gegen irgendwelche Machtworte ihrer Vorgesetzten und oft genug auch gegen Gesetze und Vorschriften. So soll Demokratie sein. Aufbegehrend, aber der Idee von Gesellschaft verpflichtet.

WAS ICH DAMALS im Frühjahr 2002 auf der Fahrt zu der Kreismitgliederversammlung der Grünen spürte, war, dass mir
die Bindekraft meines Alltags, meines privaten Binnenkos-
mos, nicht mehr genügte. Die »Macht des Faktischen« suggeriert, dass wir nicht mehr weit denken dürfen, keine großen Ideen mehr haben sollen, weil unser Alltag ja so eng
und voll ist. Dabei macht es die Qualität einer Gesellschaft,
unserer Gesellschaft, doch eigentlich erst aus, dass wir
Ideen formulieren, die über die Befriedigung der elemen-
taren Bedürfnisse hinausgehen. Es macht unser Leben arm,
wenn wir uns nicht mehr zutrauen, Probleme zu lösen. All
die großen Herausforderungen, von denen wir uns angewöhnt haben, sie als Schwierigkeiten und Komplikationen
zu sehen, sie können doch auch Ansporn sein. Zum Beispiel die Energiewende – sie ist ein schwieriges Unterfangen.
Aber in nur 35 Jahren werden wir eine Gesellschaft sein, die
nicht mehr dazu beiträgt, die Erde zu erwärmen, und die
keinen Atommüll mehr produziert. Was für ein Vorsatz! Er
ist Ansporn für Kreativität und Fortschritt.

Zum Beispiel Europa – Europa ist kompliziert, Osteuropa wählt ultrakonservative Regierungen, der Süden Europas ist tief verschuldet, rechte Parteien möchten die EU abwickeln. Aber trotz allem: Nach Jahrhunderten Krieg und
Vernichtung war und ist die Europäische Union ein Versöh-
nungswerk. Unseren vernarbten Kontinent zu einen, muss
ein Ansporn bleiben, all die kleinen und großen Fragen auf
dem Weg dahin zu beantworten, damit wir in Zukunft nie
wieder über neue Soldatenfriedhöfe wie die von Verdun gehen müssen.

Zum Beispiel der Nahe und Mittlere Osten: Der Krieg in
Syrien scheint ohne Lösung. Der IS trägt Terror mit mittelalterlicher Menschenverachtung in unsere Städte. Die

militärischen Interventionen in Afghanistan und Irak haben keinen Frieden gebracht. Sie haben die Lage nur noch unübersichtlicher und häufig noch schlimmer gemacht. Und trotzdem müssen wir daran arbeiten, dass es in fünf Jahren keinen Krieg und keine Vertreibung und Flucht mehr gibt. 2012 ging der Friedensnobelpreis an die EU. Es wäre nicht schlecht, wenn man sich daran mal erinnern würde. Es wirkt heute fast wie ein Hohn, dass diese Gemeinschaft mit diesem Preis ausgezeichnet wurde. Er ist eine längst obsolete Erinnerung an den Zusammenhalt und die Verpflichtung zur Hilfe.

POLITIK IST EIGENTLICH das Versprechen, einen Sinn zu suchen. Und sie lädt zur Projektion ein. Weil wir um den Ist-Zustand unserer Leben ringen, wollen wir etwas Besseres, ja vielleicht sogar Perfektion, auch wenn wir wissen, dass sie nie erreicht werden wird. Politik sollte mehr sein als Mittelmaß, weil wir Menschen gerne mehr sein wollen als Mittelmaß, weil wir Ideen und Ideale und Visionen haben und eigentlich genau wissen, dass unser Leben im Alltag unseren wahren Vorsätzen nicht genügt.

Dass die Freiräume des Persönlichen in der Politik so eng sind, ja vielleicht gänzlich verloren gehen, liegt nicht an einer bösen, rachsüchtigen Umwelt, skandalgeilen Medien oder kleingeistigen Wählern. Es liegt daran, dass Politikerinnen und Politiker Projektionsfiguren sind, dass sie für uns mehr sein sollen als austauschbare Schaufensterpuppen. Weil wir wollen, dass sie uns Vorbild sind, weil wir uns Menschen und nicht Sprachroboter wünschen, Typen, mit denen wir uns identifizieren wollen, achten wir so sehr darauf, dass wenigstens sie alles richtig machen.

Deshalb erwarten wir von Politikern höhere moralische Standards, deshalb überhöhen sich Parteien auf Parteitagen, deshalb müssen Bundespräsidenten zurücktreten, wenn sie sich einmal zu viel zum Essen haben einladen lassen, etwas, das wir im Privaten stets als Großzügigkeit oder Laissez-faire begrüßen würden. Aber Politiker sind nicht besser als andere. Wer das glaubt, ruft geradezu danach, enttäuscht oder belogen zu werden. Dennoch wünschen wir sie uns so. Vielleicht ist das vor allem der Ausdruck einer Hoffnung: dass es nämlich doch möglich sein soll und muss, große Ideen zu leben und zu realisieren.

Unter Grünen

Die grüne Wirklichkeit des Kreisverbandes im Jahr 2002 war allerdings weniger idealistisch oder perfekt. Im Hinterzimmer eines Landgasthofs saßen ungefähr fünfzehn Menschen, sie wirkten müde und etwas lustlos. Ich wurde als »der vom Anrufbeantworter« vorgestellt und begriff nach einer halben Stunde, dass dieser Kreisverband zwei Probleme hatte. Zum einen waren in einem halben Jahr Kommunalwahlen (davon hörte ich gerade das erste Mal) und es gab noch keine Vorbereitungen: keine Kandidaten für die Wahlliste, keine Plakate (es wurde an dem Abend auch darüber gesprochen, ob man nicht völlig auf Plakate verzichten sollte, weil sehr viele Menschen sich über Wahlkampfplakate ärgern würden. Ich wusste da noch nicht, dass sich diese Debatte vor jedem Wahlkampf in der Zukunft wiederholen sollte), keine Kampagne, kein Wahlprogramm. Zum anderen war diesem Kreisverband gerade der gesamte Vorstand wegen des grünen Beschlusses zum Einsatz in Afghanistan abhandengekommen. Die Vorstandsmitglieder hatten die Partei unter Protest verlassen und ich hatte den Eindruck, dass die verbliebenen Mitglieder das eigentlich richtig fanden und selbst nicht so ganz genau wussten, warum sie nicht ebenfalls ausgetreten waren. Das war also die Partei, die ich immer gewählt hatte und die die Welt retten sollte? Irgendetwas in der Art muss ich wohl gesagt haben. Ich weiß noch, dass mich daraufhin jemand aufforderte: »Mach du es doch!« Sie seien schon alle mal im Vorstand gewesen. Ich antwortete, dass ich ja noch nicht mal Mitglied sei und sie mich gar nicht kennen würden.

»Sag doch mal, wer du bist«, kam darauf die Aufforderung. Ich stellte mich kurz vor, und sie schienen zufrieden mit dem, was ich sagte. Jemand schob mir einen Mitgliedsantrag zu und ich wurde informiert, dass der Mitgliedsbeitrag ein Prozent des Einkommens ausmachen würde, mindestens aber fünf Euro. Ich unterschrieb und wurde zum Kreisvorsitzenden gewählt – in offener Wahl und mit negativer Fragestellung: »Ist jemand nicht der Meinung, dass Robert es machen soll?« Danach wurde auf die Tische geklopft. Es gab aber noch ein zweites Problem. Der Vorstand bestand wie immer bei den Grünen aus einer quotierten Doppelspitze. Also musste noch eine Frau gefunden werden. Am Ende ließ sich eine Frau überreden, aber nur unter der Bedingung, dass sie keine Arbeit hätte und nur formal ihren Namen hergeben musste. Daran hat sie sich später glücklicherweise nicht gehalten und ich habe in ihr eine Kollegin und Freundin gehabt, die mir sehr geholfen hat, mich bei den Grünen zurechtzufinden, und immer mit Rat und häufig auch mit Tat zur Seite stand.

Ich stürzte mich in die neue Aufgabe. Ich organisierte Wahlkampftermine mit Bärbel Höhn und Krista Sager, lernte, dass ich ein Handy brauchte, schrieb in das Wahlprogramm alles, was mir gut und grün erschien, wurde hier und da korrigiert, dass das eine zwar gut, aber nicht grün sei, anderes dafür genau andersherum, und hatte im Großen und Ganzen das Gefühl, ich würde hier eine Partei neu gründen. Es machte viel Spaß.

Nachdem die Kommunalwahl vorbei war, begann schon bald der Landtagswahlkampf in Schleswig-Holstein. Der machte weit weniger Spaß. Es war der Winter der Regierung Schröder-Fischer. Der Lack war ab, das Wetter war schlecht, der Frost nahm kein Ende (was beim Plakatekleben ein echtes Elend ist), die Arbeitslosenzahlen wurden nicht besser – trotz der Agenda-Politik –, die Proteste dafür umso lauter. Die Schröder-Fischer-Selbstgewissheit war zu Überheblichkeit geworden und die Realität passte nicht zur Attitüde. In Schleswig-Holstein sollte das Blatt gewendet werden. Angeblich überredete Schröder Heide Simonis, nochmals anzutreten. Die Grünen setzten ganz auf Lagerwahlkampf und Zweitstimmenkampagne von der SPD. Ich wurde gefragt, ob ich mit ein paar anderen Leuten eine rot-grüne Wählerinitiative aus dem Boden stampfen könne, quasi ein grünes U-Boot im roten Meer, und tat das auch.

Dann fiel bei der Listenaufstellung für die Landtagswahl 2004 der damalige Landesvorsitzende durch und gab kurz danach sein Amt auf. Mitten in der heißen Wahlkampfphase war der Landesverband ohne Vorsitzenden. Und es wiederholte sich die Situation der Kreismitgliederversammlung auf größerer Bühne. Ich hielt eine Rede und wurde gewählt. Aber was wie eine Bilderbuchkarriere aussieht, war in Wahrheit mindestens zu fünfzig Prozent der Not und dem Elend der schleswig-holsteinischen Grünen geschuldet.

»Landesvorsitzender« klingt groß, aber hinter Ministern, Fraktionsvorsitzenden und Landtagsabgeordneten hatte man vergleichsweise wenig zu sagen. Ich war anfangs ein besserer Koordinator zwischen anspruchsvollen Charakteren. Das Entgelt betrug 625 Euro im Monat, später, nach einer mit Mühen durchgekämpften Parteireform, 1250 Euro. Bei 30 bis 50 Stunden Arbeit pro Woche schied der Job damals für die meisten Erwerbstätigen aus. Faktisch konnten also nur Rentner, Studenten oder Arbeitslose Landesvorsitzende werden. Oder eben Schriftsteller, die, wenn es gut lief, fünf gelungene Seiten auch in zwei Stunden schreiben konnten, ihr Geld also durch Arbeitsintensität verdienten und keine geregelten Arbeitszeiten hatten.

Zu den Widersprüchen gehörte auch, dass ich ein zweites Auto kaufen musste, weil meine Frau unseren VW-Bus, den wir damals fuhren, natürlich für ihren Tag brauchte. Ich kaufte erst einen zwanzig Jahre alten Ford Fiesta, dann, nachdem der mit Motorschaden seinen Geist aufgegeben hatte, einen fünfzehn Jahre alten Opel Corsa. Noch heute denke ich, dass die Nachtfahrten zwischen Lübeck und Flensburg, zwischen Itzehoe und Niebüll zu dem Gefährlichsten gehörten, was ich in meinem Leben je gemacht habe. Die Autos waren an der Grenze zur Verkehrssicherheit, und ich fuhr wie ein Henker, um halbwegs pünktlich zu sein, dazu musste ich dauernd telefonieren und war abgelenkt. Abends war ich so müde, dass ich mir auf den Fahrten nach Hause dauernd ins Gesicht schlug, um nicht einzuschlafen. Viele der politischen Fehler, die ich damals machte, machte ich auch wegen der Autofahrerei. Weil ich unkonzentriert und erschöpft in irgendwelche Pressetermine hetzte und nicht vorbereitete Statements abgab. Entsprechend weiß ich heute um das Privileg, einen Fahrer zu haben, und bin wirklich dankbar dafür!

Der Widerspruch zwischen hehrem Anspruch und realer Wirklichkeit ist bei den Grünen schon manchmal krass. Und auch die Gegenwart ist nicht frei davon. Die Grünen machen sich ihr Leben oft selbst schwer. Eifersüchtig und mitunter missgünstig wird in den engeren Parteigremien darüber gewacht, dass niemand auch nur einen halben Meter mehr Geländegewinn erzielt als sein Konkurrent. Die Partei ist geprägt durch ein Regelwerk, das aus dem Misstrauen gegen Macht und personellen Einfluss geboren wurde. Aus Gründen der Gleichstellung der Geschlechter gibt es Doppelspitzen, aus Gründen des Machtmisstrauens gibt es die strikten Trennungen zwischen Mandatsträgern und Parteistrukturen. Dazu kommen ausgeprägte Flügel, die die jeweiligen Machtansprüche austarieren sollen (bzw. absichern, was nicht ganz dasselbe ist).

Solange alles gut ist und gut geht, ist das System der Grünen ein schönes System, das politische Verantwortung breit streut und vielen Leuten die Möglichkeit gibt, teilzuhaben und sich zu beweisen. Wenn aber die Dinge in die falsche Richtung laufen, ist schwer festzustellen, wer eigentlich verantwortlich ist. Alle und niemand. Die Beschlüsse über das steuerpolitische Bundestagswahlprogramm 2013, die uns ganz maßgeblich das Ergebnis verhagelten, wurden unter dem Eindruck der weltweiten Finanzkrise der Jahre 2008/2009 vorbereitet, in Arbeitsgruppen durchdekliniert, die sich aus Länderministerinnen und finanzpolitischen Experten der Bundestags- und Europafraktion und Landtagsfraktionen zusammensetzten, vom Parteirat akzeptiert, vom Bundesvorstand eingebracht, 2011 auf einem Parteitag beschlossen und dann 2012 ins Wahlprogramm aufgenommen. Bei all dem Aufwand an demokratischer Flankierung merkten wir gar nicht, dass die Beschlüsse, die 2009 vermutlich genau richtig gewesen wären, 2013 überhaupt nicht mehr zur Wirklichkeit passten, weil die Steuereinnahmen sprudelten. All die Voten machten uns blind für die Realität.

Umgekehrt wurde der Veggie-Day – der Vorschlag also, in öffentlichen Kantinen einmal pro Woche nur fleischloses Essen anzubieten – nie auf einem Parteitag diskutiert. Der Vorschlag war eine sogenannte »modifizierte Übernahme«

eines Änderungsantrags zum Wahlprogramm. Derer gibt es etwa 3000 pro Wahlprogramm. Einen Antrag kann man auf einem grünen Parteitag stellen, wenn man 20 Unterstützer hat, jüngst wurde das Quorum auf 60 Stimmen erhöht. Diese Regel stammt aus der Gründerzeit. Damals musste man für seinen Antrag seinen Kreisverband überzeugen. 20 Leute mussten erst mal zusammengetrommelt und beredet werden. Heute, wo jede Mailing-Liste aus 200 Adressen besteht, ist es gar kein Problem, 20 oder 60 Unterschriften zu besorgen. Es ist nur ein Knopfdruck. Ob die Anträge dadurch besser werden und die Verfahren tatsächlich demokratischer, ist allerdings eine andere Frage.

Und während die CDU ihr Wahlprogramm von einer Schreibgruppe, bestehend aus den Vertrauten der Kanzlerin, kurz vor dem Wahlkampf auf der Basis der abgefragten Interessen der Deutschen zusammenzimmert und nach einer Dreiviertelstunde Grundsatzrede der Vorsitzenden ohne Debatte beschließt, diskutieren die Grünen drei Tage über ihr Wahlprogramm. Aber auch in drei Tagen kann man bestenfalls 40 Änderungsanträge vernünftig beraten. Bei 3000 bedeutet das, dass 2960 irgendwie verschwinden müssen, also modifiziert werden müssen, sodass sie übernommen oder zurückgezogen werden können. Das ist ein Geschäft, wo man nicht zimperlich sein darf. Nächtelang ringen Emissäre des Bundesvorstands mit den Antragstellern. Verbissen wird um jedes Wort gerungen. Ein Großteil des Parteitags findet hinter den Kulissen statt – und gebiert dann manchmal so etwas wie den Veggie-Day.

Nun sind die Grünen keine amorphe Einheit, sondern als Menschen und als Partei viel zu reflektiert, um die Probleme nicht mindestens zu spüren. Die Regierungskoalitionen und die Arbeit in der Bundestagsfraktion laufen professionell und deutlich strukturierter als in manchen anderen Parteien. Zehn Regierungsbeteiligungen haben die Partei pragmatisch und kompromissfähig gemacht. Alle wissen, dass es nicht darum geht, von allem hundert Prozent durchzusetzen, und dass die Welt mitunter komplizierter ist als ein Parteiprogramm. Was bei CDU und SPD selbstverständlich ist, nämlich ein gewisser Pragmatismus, ist bei den Grünen aber noch immer mit jeder Menge Kämpfen, Schmerzen und Tapsigkeiten verbunden.

Doch wenn es die Rolle der Grünen ist, staatliche Verantwortung und Republikanismus einerseits und Freiheitssehnsucht, Zivilgesellschaft und Individualismus zusammenzubringen, dann ist das Ringen mit der eigenen Zerrissenheit nichts Schlechtes, sondern kann ein permanentes Bewusstmachen der eigenen politischen Rolle bedeuten. Mich nimmt immer noch mehr ein, wenn eine Partei sich das Leben schwer macht und mit sich ringt, als klare Hierarchien und Machtwort-Kulturen. Lieber drei Tage über ein Bundestagsprogramm diskutieren, das vermutlich nur die politischen Gegner lesen, um uns unsere Fehler danach auf das Butterbrotpapier der Bild-Zeitung zu schmieren, als zwei Stunden Kanzlerreden hören und klatschen als Ausweis der Parteimitgliedschaft.

Eitelkeit und Republikanismus

Wie bei meinem Eintritt in die Grünen 2002 hatte ich auch bei meiner Wahl zum Landesvorsitzenden 2004 keine genaue Ahnung, worauf ich mich einließ. Aber anders als zwei Jahre zuvor hatte ich einen Gegenkandidaten, genauer, war ich selbst der Gegenkandidat. Der Mitbewerber war seit ein paar Jahren Beisitzer im Landesvorstand, gewohnt, auf Parteitagen zu reden, hatte die Wahlkampfvorbereitungen mit begleitet und war eigentlich der geborene Nachfolger. Auf den Parteitagen der Grünen ist es üblich, dass den Bewerbern für Ämter Fragen gestellt werden dürfen. Ich wurde gefragt, ob ich auch mal Schlips tragen würde. Und ich sagte, dass ich das nicht vorhabe. Ich erzählte folgenden Witz: »Was ist der Unterschied zwischen einem Schlips und einem Kuhschwanz? Der Kuhschwanz verdeckt das ganze Arschloch.« Diese Episode erinnern noch ziemlich viele in meinem Landesverband und ich werde ab und zu darauf angesprochen. (Ich selbst hätte inzwischen durchaus Lust, manchmal einen Schlips zu tragen, aber ich fühle mich an meine Zusage gegenüber meinem Landesverband gebunden …)

Heute frage ich mich manchmal, wieso ich damals antrat, wieso mein Gegenkandidat antrat, was Menschen überhaupt dazu bringt, sich um politische Ämter zu bewerben. Und es war ja nicht nur diese Kandidatur. Gewonnene und verlorene Bewerbungen gab es in den Jahren danach immer wieder, wie bei so vielen anderen Menschen, die sich zur Wahl stellen. Warum nur?

Sicherlich sind Selbstdarstellungslust, vielleicht auch Eitelkeit oder gar Ruhmsucht, ein Motiv. Politik löst Leidenschaft aus, ist faszinierend. Adrenalin wird ausgeschüttet, wenn man vor über zweitausend Menschen redet. Sowohl die Niederlagen bei Wahlen und die Ohnmacht in Wahlkämpfen als auch das Glück, das innere Feiern, wenn man einen großen Erfolg errungen hat, sind Empfindungen, die eine Intensität haben, wie man sie sonst vielleicht nur im Sport kennt. Dass die Öffentlichkeit plötzlich der Echoraum der eigenen Ideen wird, ist Ansporn. Dass Menschen einem applaudieren, macht einen stolz. Komplimente zielen immer direkt auf die Person – Kritik aber auch. Wenn man als »Höfevernichter«, als »Verbrecher, Verräter, Lügner« bezeichnet wird oder auch nur der falschen Entscheidungen bezichtigt wird, dann kann man sich zehnmal sagen, dass es nicht persönlich gemeint ist, man nimmt es persönlich, ärgert sich, ist enttäuscht. Und persönlich nimmt man auch, in einem stehend applaudierenden Saal seine Rede zu halten, Begeisterung auszulösen kann begeistern. Niemand, der sie erlebt hat, wird abstreiten können, dass solche Momente einen berauschen können. Und niemand, der einmal Minister gewesen ist, wird verneinen können, dass es eine besondere Erfahrung ist, wenn das Land sich sichtbar nach seinen Entscheidungen verändert.

Also ja, es gibt einen narzisstischen Anteil bei politischen Bewerbungen. Auch bei mir. Aber es darauf zu reduzieren greift zu kurz. Denn Demokratie lebt von den Menschen, die sie tragen. Was aus der Innenperspektive mit Intensität und Leidenschaft zu erklären ist, ist aus der Außenperspektive die notwendige Voraussetzung für gesellschaftlichen Fortschritt. Klar geht es um die Sache. Aber die Sache wird nie vorankommen, wenn sich ihr nicht Menschen mit Leidenschaft verschreiben. Der zynische Spruch »Minister kommen und gehen, Verwaltung bleibt bestehen«, die Behauptung, dass der Mensch in der Maschine Politik verschwinde, ist nicht meine Erfahrung. Meine Erfahrung ist das Gegenteil: dass Menschen einen Unterschied machen, dass Menschen eine Idee prägen. Ob und wie Stromnetze gebaut werden, das ist unauflösbar mit den Menschen verbunden, die die Planungen durchführen und sie begründen. Dass Tierschutz zu einem Thema wurde, liegt daran, dass Menschen es dazu gemacht haben. Und wie wir die Flüchtlingsherausforderung bestehen, liegt auch daran, wie uns die politischen Entscheider die Herausforderungen vermitteln.

Das ist nicht nur so dahingesagt. Die Objektivität der Demokratie ist der eigentlich entscheidende Moment. Ich weiß, dass der persönliche Beitrag nur als Angebot formuliert werden kann, über das andere – Wähler, Bürger, Medien – entscheiden. Erfolgreiche Politik, Lob und vielleicht sogar Ruhm und Berühmtheit können Konsequenzen und auch Antrieb sein. Aber man stellt sich nicht ihretwegen zur Wahl. Nicht Zuschauer sein zu wollen, einen Unterschied auszumachen, einen Beitrag zu leisten, *seinen* Beitrag zu leisten – so sehr Hochmut immer eine Versuchung ist, so sehr ist Demut das eigentlich Entscheidende.

Die Undankbarkeit der Politik

»Einen Beitrag zu leisten, seinen Beitrag zu leisten« – das schreibt sich so leicht. »Politik lebt von persönlichem Einsatz und Risikobereitschaft«, ja schon. Aber die politische Wahrheit ist härter und die Demokratie oft grandios undankbar. Drei Geschichten mögen als Beispiel dienen, sie alle handeln von Frauen. Ich bin mir nicht sicher, ob das Zufall ist.

Heide Simonis wollte 2005 eigentlich nicht nochmals Ministerpräsidentin werden. Sie war müde. 2002 war bei ihr Krebs diagnostiziert worden, sie musste immer noch Tabletten nehmen. Aber sie stellte sich erneut zur Wahl, weil sie glaubte, sie müsse ihrer Partei helfen, die Wahl zu gewinnen. Nach einem langen, harten Wahlkampf folgten lange und harte Koalitionsverhandlungen. Es waren meine ersten – und nach diesen Erfahrungen schwor ich mir: Sollte ich jemals wieder Koalitionsverhandlungen führen, würden wir nicht abends beginnen, sondern konzentriert und gut gelaunt am Morgen, was wir dann 2012 auch taten. Ich erinnere mich, wie Heide Simonis, als wir grünen Unterhändler einmal mehr eine Sitzungsunterbrechung forderten, furchtbar erschöpft zu uns kam und sagte, wir seien Menschenschinder. Da war es wohl morgens gegen 3 Uhr. Sie konnte nicht mehr. Aber sie biss sich durch, durch den Wahlkampf, durch die Verhandlungen, ertrug Schmäh und Kritik und plante eine Minderheitenregierung. Und dann wurde sie nicht gewählt. Eine Stimme wurde ihr versagt.

Die Fotos von jenem Tag zeigen eine Frau mit leerem Blick im Kieler Landtag.

Ich war an jenem Tag ebenfalls im Landeshaus in Kiel. Das Entsetzen der Menschen, die ihr letztes Jahr vollständig dem demokratischen Wettstreit geopfert hatten, entstammte keiner rein politischen Enttäuschung. Es berührte den Kern des Selbst.

2012 FÜHRTEN DIE GRÜNEN ihre erste Urabstimmung zur Findung der Spitzenkandidaten für die Bundestagswahl durch. Der männliche Kandidat, Jürgen Trittin, hatte keinen ernst zu nehmenden Gegenkandidaten. Claudia Roth war zu diesem Zeitpunkt bereits insgesamt 13 Jahre Parteivorsitzende. Dennoch wurde sie nicht als Spitzenkandidatin gewählt. Der persönliche Einsatz, die Mühe, die man sich gibt, die viele Zeit, die man investiert, die Nächte auf Kreismitgliederversammlungen, die vielen Termine, von denen man sich einredet, dass man sie machen muss, am Ende zählen sie nichts. Der persönliche Einsatz steht oft in einem krassen Missverhältnis zum Erfolg. Als Politiker kann man sehr viel Macht erlangen und ist gleichzeitig sehr verletzlich. Ich meine, dass das letztlich gut so ist und unsere Demokratie mit diesem System ganz gut über die letzten Jahrzehnte gekommen ist, aber es ist eben manchmal auch sauungerecht.

Besonders in Erinnerung ist mir geblieben, was Claudia Roth aus dieser Niederlage, die sie als persönliche Schmach empfunden haben muss, gemacht hat. Sie blieb im Amt. Sie kämpfte gegen die Wahlniederlage der Grünen an. Die Umfragewerte sanken immer weiter in den Keller und sie rackerte wie blöde. Am Freitag vor der Bundestagswahl hatte mein Landesverband seinen Wahlkampfabschluss.

Eine Handvoll von Funktionären wartete vor der Veranstaltungshalle auf sie. Sie kam mit einem Van angebraust, wir umarmten uns kurz, dann gingen wir in den Saal. Und es entstand einer der seltenen Momente, in denen der Mensch ganz ungeschützt ist. Sie kam aus Bayern, war sieben Stunden hoch zu uns gefahren und wollte danach gleich wieder los, um am nächsten Morgen in Magdeburg zu sein. Ich spürte ihre Erschöpfung – die allerdings nicht allein den Reisestrapazen geschuldet war. Ich weiß nicht, was Claudia Roth damals dachte, aber was ich dachte, weiß ich: Es gibt auch eine Erschöpfung an der Demokratie.

Wie soll man nicht daran verzweifeln, wenn man alles gibt, seine Seele, sein Ich, und ja auch durchaus persönliche Zustimmung findet, aber öffentlich abgestraft wird, keine Anerkennung findet? Unverdiente Niederlagen sind das aus der Sicht der Politikerinnen und Politiker allesamt. Müssen es sein, sonst würde man sich ja selbst infrage stellen. Und man darf sich nicht infrage stellen, weil einen spätestens dann das System frisst.

DIE DRITTE GESCHICHTE ist die meiner ehemaligen Kollegin im Kabinett Albig, Wara Wende. Sie wurde als anerkannte Präsidentin der Universität Flensburg geholt, um den Bildungsbereich zu reformieren. Und das tat sie, auf eine unkonventionelle, manche Leute überfordernde, aber zupackende Art. Dann verabschiedeten wir ein Gesetz, das handwerkliche Fehler hatte, aber vor allem sehr schlecht kommuniziert war. Die Debatte um das Hochschulgesetz wurde zu einer Debatte, ob es geheime Deals über ein Rückkehrrecht Wendes an die Universität gegeben habe, und aus einer politischen Fachdebatte wurde eine veritable Regierungskrise.

Während dieser Regierungskrise schwor Ministerpräsident Albig das Kabinett darauf ein, nicht den Kopf in den Sand zu stecken, durchzuhalten, denn man wisse ja, dass die Hatz wieder vorbeigehen werde. Aber die Bildungsministerin war nun wahrlich kämpferisch und dachte nicht daran zurückzutreten. Später musste sie es doch. Sie hatte aber schon damals jede Menge schlechte Presse und dreckiges Gerede einstecken müssen. Und ich dachte und sagte es auch, dass ich mich nicht darauf verpflichten lassen möchte, immer alles auszuhalten und zu ertragen. Es müsse möglich sein zu gehen, wenn man das politische Geschäft nicht mehr aushält. Das ist nicht nur Feigheit, denke ich, das ist auch das Offenhalten eines Freiheitsraumes, das Verteidigen seiner Person und seiner Würde. Sich einmischen zu wollen bedeutet eben auch, Fehler machen zu dürfen. Verantwortung übernehmen zu wollen muss einschließen, dass man sie wieder loswerden darf, sei es für Momente oder Stunden, sei es, indem man auch irgendwann nicht mehr Politiker ist.

Wir haben eine politische Kultur etabliert, die es schwer macht, sich Freiräume zu erhalten. Aber wenn wir Politiker aus Angst, Fehler zu machen, uns nicht mal mehr trauen, die eigene Fehlerhaftigkeit und mitunter Widersprüchlichkeit zuzugeben – wie wollen wir dann je eine Gesellschaft da abholen, wo sie steht?

Wenn sich grüne Politiker zum Beispiel nicht trauen, bei Discountern einzukaufen, aus Angst, dass das skandalisiert wird (»Grüne jetzt mit Aldi« titelte die taz mal, als ich in einem Interview genau das thematisierte) – wie sollen wir dann die Debatte über die Angemessenheit von Lebensmittelpreisen vernünftig führen? Wenn wir uns nicht die Freiheit nehmen, auch mal einen Termin für die Familie abzusagen – wie sollen wir dann ernsthaft über die Vereinbarkeit von Familie und Beruf reden? Und wenn wir uns nicht die Freiheit nehmen zu gehen – wie sollen wir dann ernsthaft frei entscheiden, ob unser Bleiben Sinn macht?

Nur mit Durchhalteparolen wird Politik saft- und kraftlos. Bei jedem Problem wegzulaufen macht einen zu einem Feigling. Der Grat dazwischen ist schmal. Aber darauf zu wandern ist die eigentliche Aufgabe des Politikers als Mensch.

Ich schreibe das nicht, um Mitleid für die Politiker zu wecken. Ich schreibe das, um deutlich zu machen, dass es nun mal die Aufgabe von Politikern ist, sich einzumischen, sich mit Haut und Haar und als Person zu stellen – um die Strukturen und Mechanismen immer wieder zu beleben, zu beatmen. Es ist ein Einsatz mit vollem Risiko des Scheiterns – eines Scheiterns, das dann den ganzen Menschen, nicht nur den Politiker, betrifft.

Offensichtlich ist Dankbarkeit keine politische Kategorie. Im Gehen oder Bleiben, im »Mensch-Sein« und im »Als-Mensch-Scheitern« des Politikers spiegelt sich ein zutiefst menschliches Dilemma. Aber eben auch das Bedürfnis, ja die Hoffnung, dass es immer wieder Wagemut und Aufbruch gibt. Wie geht Rebellentum und Republikanismus, Veränderungswillen und Staatsräson zusammen? Gibt es einen Königsweg? Vielleicht keinen Königsweg, aber Wege und Umwege, Pfade, Trampelpfade vielleicht nur, es zu probieren.

Die Lust auf Mut

2005 scheiterte in Kiel also die Bildung einer Minderheits-regierung von SPD und Grünen. SPD und CDU taten sich zu einer Großen Koalition zusammen. Und es bewahrheitete sich, was wir im Wahlkampf immer behauptet hatten, nur andersherum als gedacht: Die Schleswig-Holstein-Wahl sollte eine kleine Bundestagswahl werden. Innerhalb von einem halben Jahr war alles kaputt, wofür viele Menschen jahrelang gearbeitet hatten. Der Zustand des grünen Landesverbandes, ja der Bundespartei, glich dem des Kreisverbandes, wie ich ihn 2002 vorgefunden hatte. Und wie damals hatte ich auch 2005 das Gefühl, dass einige es viel besser fanden, nicht regieren zu müssen. Erleichterung und Enttäuschung mischten sich zu einer gefährlich defätistischen Melange.

Plötzlich war meine Unerfahrenheit ein Vorteil. Ich hatte in der rot-grünen Zeit keinen Part gespielt, ich stand im Wahlkampf bestenfalls in der zweiten Reihe. Und als dann im Landesverband auch noch die ehemaligen Minister Klaus Müller und Anne Lütkes ihren Rückzug aus der Politik erklärten, waren die Grünen gleichsam kopflos. Die politische Aufgabe war, die Partei neu aufzurichten und vielleicht sogar neu auszurichten. Wir hatten wahlkampffreie Jahre vor der Nase. Und wir füllten diese Lücke mit einem großen Programmprozess, den wir »Grüne Horizonte« nannten. In diesem Prozess wurden die großen Grundsatzfragen nochmals gestellt und über Themen auf Parteitagen wurde abgestimmt, die im Regierungsgeschäft keinen Raum hatten: bedingungsloses Grundeinkommen oder bedarfsgerechte Grundsicherung? Sozialerbschaft und verpflichtender Freiwilligendienst für Jugendliche? Elternwahlrecht oder Absenkung des Wahlalters? Löschen oder zensieren im Internet oder gar nichts? Sollen wir uns an den Klimawandel anpassen oder ihn bekämpfen?

Wir reformierten die Satzung, schufen einen Parteirat, um die Debatte zu fokussieren, der Landesvorstand wurde neu gewählt – und statt Katzenjammer machte sich eine ungeheure Aufbruchsstimmung in der Partei breit. Menschen meldeten sich zu Wort, die zuvor geschwiegen hatten, und viele der Leute, die damals einstiegen, die in ihren Kreisen Verantwortung übernahmen oder für den Parteirat kandidierten, zogen bei der nächsten Landtags- und Bundestagswahl 2009 in die Parlamente ein. Es war wie Bettenausschütteln und Durchlüften. Und das Geheimnis des Erfolgs war, dass debattiert wurde, dass gestritten wurde und vor allem: dass es etwas zu entscheiden gab.

Der Aufbruchsgeist dieser Jahre hat mich vielleicht am stärksten von allen politischen Erfahrungen geprägt. Ich denke, in unseren Debatten wurde das Grundversprechen der Demokratie eingelöst: dass nämlich nichts in der Politik aus sich heraus richtig ist, dass alles infrage gestellt werden kann und gesellschaftliche Veränderungen uns immer neue Entscheidungen aufnötigen, dass man den Kompass immer neu eichen muss.

Denn vieles von dem, was heute normal ist, wird zukünftig überholt sein. Glaubt tatsächlich jemand, wir fahren in fünfzig Jahren noch Autos mit Verbrennungsmotoren oder heizen unsere Häuser mit Öl? Glaubt tatsächlich ein Landwirt, dass es in zwanzig Jahren noch Geld vom Staat für ihn gibt, nur weil er Bauer ist? Glaubt irgendwer, dass Europa auf Dauer seine Außengrenzen so absichern kann wie die DDR die innerdeutsche Grenze? Wenn das alles mit Nein beantwortet wird, warum ändern wir dann nicht die Politik?

Der Mut, Dinge infrage zu stellen, kommt nicht von selbst. Dafür ist die Gewohnheit zu mächtig, der Alltag zu übermächtig und seine Nöte und Zwänge zu konkret. Aber im Politischen können wir den Freiraum für solche Fragen schaffen. Wir müssen nur aufhören, Zustände für Wahrheiten zu halten. Es ist gerade ein Grundprinzip von Demokratie, Dinge, Gesetze oder Macht zu hinterfragen. Und Fragen heißt, auf Letztbegründungen und absolute Gewissheiten zu verzichten, sie weder zu reklamieren noch zu wollen. Nichts ist selbstverständlich oder aus sich heraus legitimiert. Und gerade deshalb muss argumentiert und um seine Sicht geworben werden.

Was wir damals im Landesverband Schleswig-Holsteins geradezu zelebrierten, war, sich aus vorgegebenen Denkschemata zu befreien und nicht immer nur das Denkverbot zu sehen. »Geht nicht«, »ist verboten«, »ist alternativlos« reicht eben nicht aus, um sinnhafte Lösungen zu finden. Und all die Leute, die plötzlich mitreden wollten, die vielen Neueintritte, die wir hatten, zeigten eines überdeutlich: Neugier, Freiheit, Einmischung, all das geht vom Individuum aus. An uns als jeweils Einzelne geht die Frage, ob wir uns engagieren und die Geschichte um- und weiterschreiben wollen. Wenn wir Nein sagen, verlieren wir auch das Recht, uns zu beklagen. Also sollten wir Ja sagen.

JETZT, DA ICH MICH an diese Zeit erinnere und dies schreibe, kommt mir Deutschland heute ungefähr so vor wie der Zustand der schleswig-holsteinischen Grünen 2005: ernüchtert, verängstigt, zerstritten. Deutschlands Politik war lange geprägt durch eine seltsame Mischung aus Selbstzufriedenheit und Ängstlichkeit. Die Vorzeichen einer veränderten Welt wollten wir nicht sehen. Jetzt, wo die Welt in ihrer Not direkt in unsere Leben eingreift, sind wir verwirrt und suchen eine Identität. Das letzte Jahr hat Innenpolitik zur Außenpolitik gemacht. Eine Handels-, Außen- und Sicherheitspolitik, die Umwelt-, Energie- und Agrarthemen nicht mit einschließt – ich würde sogar sagen, nicht auf ihnen aufbaut –, wird nicht mehr funktionieren. Die Menschen verlassen ihre Heimat auch wegen Dürren, Wassermangel und Wüstenausbreitung und fliehen vor Diktatoren, die ihre Waffengeschäfte mit Ölgeld finanzieren und Kriege deswegen anzetteln. Was manchmal als grünes Biedermeier verlacht wurde – Fragen der Tierhaltung oder Solarstrom im E-Mobil –, ist in Wahrheit der Nukleus konsistenter Politik. Und umgekehrt ist die Außenpolitik Innenpolitik geworden, in einem Maß und einer Konkretheit, die alles verändert hat.

Aber genau diesen Diskurs hat die Politik nicht vorbereitet – und führt ihn auch heute nicht. Die Politik wohlgemerkt, nicht die Menschen. Die sprangen im Herbst 2015 ein und beschämten die Politik mit ihrer Hilfsbereitschaft, Lebensfreude und Kreativität. Denn das gibt es ja eben auch zuhauf: Aufbruchsdenken, Share-Ökonomien, Wohnzimmerkonzerte, Kleidertauschbörsen, sodass die große Hilfsbereitschaft gegenüber den Flüchtlingen eigentlich überhaupt nicht überraschend war. Die Menschen suchen ein sinnhaftes und oft genug sinnliches Leben, weil ihnen das durchökonomisierte, berechnete und berechnende nicht genug ist. Das ist eigentlich das Traurige, dass die progressiven Parteien diese Stimmung nicht aufnehmen und zu einer Richtung zusammenführen konnten, die all die Innovationen, Transformationen, Ideen und Solidaritäten zu einer auch politischen Mehrheit werden lässt. Stattdessen übernahm der Angstdiskurs von AfD und Pegida. Aber AfD und Pegida zum Trotz: Weite Teile der Gesellschaft helfen auch nach vielen aufzehrenden Monaten ganz selbstverständlich den Flüchtlingen weiter, arbeiten für ein Land, das sein Versprechen der Humanität halten will.

GRÜNE HORIZONTE, das beschrieb damals die Lust auf Mut. Es entstand eine Atmosphäre, die einlud. Es war allen klar, dass man Fehler begehen durfte. Sie wurden begrüßt, nicht abgestraft. Streit machte Spaß. Menschen waren bereit, auch unbequeme Entscheidungen mitzutragen, Enttäuschungen zu akzeptieren. Dass eine Demokratie nur reich wird durch die Auseinandersetzung, das habe ich damals gelernt.

Grüne Eigenständigkeit heißt, herauszufordern

Aus dieser Kraft und Dynamik des Neuaufbruchs erwuchs für die Grünen in Schleswig-Holstein damals ganz logisch auch die grundsätzliche Unzufriedenheit mit den alten Antworten, den alten Strukturen, der alten Macht, also Rot-Grün. Offen diskutierten wir, ob Minderheitsregierungen aus grundsätzlichen demokratischen Überlegungen, nämlich der Aufwertung der Parlamente und des damit verbundenen Ringens um Argumente, nicht die eigentlich anzustrebenden Regierungskonstellationen seien, also keine Notlösungen, sondern gewollte Formationen. Selbstbewusst luden wir die anderen Parteivorstände zu uns ein, auch CDU und FDP. Mit Wolfgang Kubicki diskutierten wir darüber, was wohl passieren würde, wenn die Grünen den Roten und die Gelben den Schwarzen nicht immer automatisch zur Mehrheit verhelfen würden, sondern sich FDP und Grüne zuerst darüber verständigten, mit wem sie regieren wollen würden. Und auch Schwarz-Grün zu debattieren war damals noch ein Tabubruch.

All diese Überlegungen, all dieses Neujustieren, brachten wir auf die Formel »Grüne Eigenständigkeit«. Mein Freund Konstantin von Notz und ich hatten die Formel bewusst auserkoren, um die neue Haltung der Partei auf einen Nenner zu bringen. Ich weiß noch genau, wie ich in meinem Arbeitszimmer stand und mit ihm telefonierte, wie immer damals, nachdem die Kinder eingeschlafen waren. 2007 fand der Begriff dann seinen Weg als offizielle Sprachregelung des Landesverbandes in die Presse. Und irgendwann tauchte er in Reden und Beschlüssen des Bundesverbandes auf. Allerdings wurde er dort von einem Signum der Offensive zu einer Formel, um die politische Unübersichtlichkeit und das Fehlen einer eigenen Machtoption mit der SPD und das Zaudern vor einem Bündnis mit der Union zu überbrücken. Grüne Eigenständigkeit meinte und meint für mich jedoch etwas anderes, als nur »offen für ein Bündnis mit der CDU« zu sein. Es meint, dass die Grünen sich trauen müssen, die Sozialdemokratie als fortschrittsprägende Kraft abzulösen und die CDU herauszufordern.

Als es 2008 erstmals ein schwarz-grünes Bündnis in Hamburg geben sollte, reiste ich extra zu dem Parteitag der Grünen, der über das Bündnis befinden sollte. Es war ein heißer Sommertag in Hamburg-Wilhelmsburg. Für mich war Schwarz-Grün damals ein spannendes Experiment, das jede Neugier rechtfertigte. Mir waren die handelnden Akteure, Christa Götsch und Ole von Beust, sympathisch. Ich kann mich an die Dynamik der Debatte sehr gut erinnern. Vor allem wurde über die grundsätzliche Achsenverschiebung des politischen Deutschlands geredet. Viele waren von dem Bündnis elektrisiert, weil sie die Möglichkeit sahen, dass manche Reformen möglich wurden, die zuvor immer bekämpft worden waren. Wie beispielsweise in der Bildungspolitik, wo die Chance bestand, dass die CDU ein längeres gemeinsames Lernen mittragen würde. Oder dass die Energiewende auch zu einer Chemiewende führen würde, weil die Wirtschaftsverbände ihren Widerstand gegen erneuerbare Energien aufgeben könnten. Schwarz-Grün in Hessen wurde dagegen, obwohl die Akteure Tarek al Wazir und Volker Bouffier politisch viel weiter auseinanderlagen, irgendwie als normal angesehen. Und an Grün-Schwarz, das jetzt in Baden-Württemberg regiert, ist das Neue nicht, dass die Grünen mit der CDU koalieren, sondern dass sie den Ministerpräsidenten stellen. Der Koalitionsvertrag aus Baden-Württemberg hält in etwa, was der aus Hamburg versprochen hat. Die CDU macht ihren Frieden mit einem längeren gemeinsamen Lernen, Klimaschutz und eine emissionsarme Wirtschaft werden fortgeschrieben, die Industrie soll Partner einer ökologischen Transformation werden. So gut, so ungenügend, wenn man aus der Normalisierung einfach eine achselzuckende Übertragung dieser Länderbündnisse auf den Bund ableiten würde. Denn wenn Schwarz-Grün nur die B-Option der Großen Koalition wäre, weil es jeder mit jedem macht, um an die Macht zu kommen, dann hat das mit grüner Eigenständigkeit nichts zu tun. Dann wäre das das Fortschreiten der Entpolitisierung und die weitere Einebnung jeglicher Idee und jeden Mutes in dem endlosen Pragmatismus des kleinsten gemeinsamen Nenners.

NACH DEN LANDTAGSWAHLEN des Jahres 2016 ist deutlich geworden, dass keine Partei mehr damit rechnen kann, dass sie mit ihrem Wunschpartner regiert. Das, was die Grünen seit zehn Jahren lernen mussten, gilt jetzt auch für die vermeintlich ewigen Volksparteien. Dreierbündnisse werden häufiger, die Unübersichtlichkeit steigt. Aber gerade aus dem Schwinden von Blöcken und Lagern erwächst auch die Notwendigkeit, dass Parteien sich immer mehr auf sich selbst besinnen und sagen und erklären, was sie eigentlich wollen. Gerade weil der taktische Zwang abnimmt, kann die inhaltliche Freiheit größer werden. Und wenn CDU und SPD den orientierungsgebenden Diskurs nicht führen oder derzeit nicht mehr führen können, dann ist es die Aufgabe der kleineren Parteien, diese Lücke zu schließen. Volkspartei bedeutet eben nicht allein, alle gesellschaftlichen Schichten einzubinden, sondern sie über eine gemeinsame Erzählung von der Gesellschaft einzubinden. Diese wird jetzt gesucht.

Wenn Eigenständigkeit im Ursinn des Wortes beschreibt, dass eine progressive Politik die Macht der Union infrage stellt, dann hat das in Deutschland in den letzten Jahren überraschenderweise niemand so konsequent getan wie Winfried Kretschmann. Gerade auf seine ruhige, besonnene, vielleicht manchmal auch betuliche Art hat er die politische Landkarte in Baden-Württemberg vollständig verändert, erst die SPD und schließlich sogar die CDU überholt.

Meine Partei muss die Eigenständigkeit nur wollen, sich nicht von vornherein einpreisen lassen in von anderen definierte Rollen. Das meinte und meint »Grüne Eigenständigkeit«. Nicht Umwelt-App von CDU oder SPD zu sein, kein Koalitionspartner im Wartestand, für niemanden. Aber das zu schreiben scheint heute fast vermessen, in einer Zeit, in der auch meine Partei mit ihren Umfragewerten, egal, wie sie sind, zufrieden zu sein scheint.

Eine den Menschen und der Gesellschaft zugewandte, offene, aber klar konturierte Politik, das wäre eine wahre Alternative. Grüne Eigenständigkeit heißt auch, Politik aus dem allzu taktischen Korsett zu befreien. Nach der rein taktischen Logik nämlich leidet die SPD darunter, dass die Union in die Mitte gerückt ist, müsste also wollen, dass die CDU wieder rechter wird, damit die SPD linker erscheinen kann. Spätestens hier erkennt man, warum Menschen aussteigen und Politik manchmal und nur zu oft zu taktischen Fehlschlüssen führt.

Merkel dafür verantwortlich zu machen, dass sie Merkel ist, ist letztlich das finale Eingeständnis der eigenen Schwäche. Alternativen zur Regierung aufzeigen, das müssen schon andere tun als die Regierung selbst. Der Großen Koalition die Verantwortung dafür zu geben, dass sie ist, wie sie ist, bedeutet nur einzugestehen, dass man selbst nicht mehr an die eigene Relevanz glaubt.

Die politische Landschaft in Deutschland ist völlig unsortiert. Weder greifen die alten Freund-Feind-Mechanismen noch die alten Lagerbindungen der Parteien. Es ist viel schwerer, Wahlkampf 2016 oder 2017 zu führen, als 1998. Es ist eben nicht klar, ob am Ende die CDU mit der SPD, FDP oder den Grünen regiert, die SPD mit der Linken und den Grünen oder der CDU.

Mir scheint, der einzige Weg für eine Partei, zumal für eine Partei wie die Grünen, in solch einer Situation zu bestehen, ist, möglichst nicht taktisch und nicht strategisch zu agieren. Das heißt nicht, zu verschweigen, dass Parteien Bündnisse werden eingehen müssen, und zwar auch solche, die nicht wirklich gewollt sind. Das heißt nicht, künstliche Feindschaften aufzubauen oder Hindernisse als unüberwindbar darzustellen. Es heißt aber auch, sich nicht anzubiedern, sondern vor allem eine eigene Agenda zu entwickeln, an der sich die anderen Parteien abarbeiten müssen.

Ich habe keine Ahnung, ob das gelingt. Aber es könnte die Chance sein, Politik zu dem zu machen, was sie heute nicht ist – überraschend, gradlinig, widerständig. Gerade die Grünen bilden sich viel darauf ein, nicht angepasst zu sein und aus Ritualen auszubrechen. Gerade die Grünen sollten daher versuchen, ein gewisses plebejisches Element wieder zu ihrem zu machen, das dem Diskurs über die Gesellschaft wieder Frische gibt und dem »Jetzt-Wohin?«

wieder eine Idee. Deswegen bin ich jedenfalls mal in die Grünen eingetreten, um herauszufinden und zu erproben, ob Politik auch anders sein kann. Ich glaube, die Grünen sollten sich vor der nächsten Bundestagswahl genau diesem Prozess stellen, um entlang von ihm die strategischen Fragen zu klären. Sie können das beispielhaft für die Republik tun und so vielleicht attraktiv für viele werden.

Mittelpunkt der Staatlichkeit

Die Zeit zwischen 2005 und 2009 war für uns als Familie die undankbarste. Ich war zwar noch immer viel zu Hause, aber oft nicht wirklich anwesend. Ständig klingelte das Telefon, ständig musste ich aufspringen und vor die Tür gehen. Und während ich mit Claudia Roth oder Reinhard Bütikofer telefonierte, heulte drinnen mein Jüngster, weil er seinen Kakao vergossen hatte. Meine Frau, die eigentlich dran war mit arbeiten, kam genervt aus dem Arbeitszimmer, um zu sehen, was los war, sah mich mit dem Handy draußen vor der Eingangstür stehen und den Kleinen bekleckert im Wohnzimmer. Ich hielt den Hörer zu und rief ins Haus:»Ich mach das gleich.« Den Vogel, den sie mir zeigte, sehe ich noch heute.

Die Große Koalition in Kiel scheiterte 2009, anderthalb Jahre vor dem planmäßigen Datum. Auch an dem Scheitern dieses Bündnisses zwischen SPD und CDU kann man ablesen, wie entscheidend der persönliche Faktor in der Politik ist. Carstensen und Stegner, die beiden schenkten sich nichts und es ging menschlich einfach nicht zusammen. Wenn parteipolitische Strategie dann noch über die republikanische Verfasstheit siegt, dann hat eine Koalition eigentlich keine Chance. Insofern haben das Scheitern der Wahl von Heide Simonis 2005 und das Scheitern der Großen Koalition 2009 eine zweite Phase meines politischen Denkens ausgelöst.

Und noch ein Ereignis läutete die zweite, »staatsbürgerliche« Politikphase bei mir ein. 2006 hatte ich für den Beisitz im Bundesvorstand der Grünen kandidiert – und deutlich verloren. Ich hatte gedacht, ich mache es wie immer, gehe hin, halte eine Rede, der Saal liegt mir zu Füßen und ich werde gewählt. Aber ich bin grandios an meinem Hochmut gescheitert – und zog die Konsequenz, dass ich mich auf mein Land und die Aufgaben dort konzentrieren sollte. Als Reinhard Bütikofer 2008 seinen Parteivorsitz aufgeben musste und plötzlich mein Name mit gehandelt wurde, war ich mir schnell sicher, dass ich das zu dem Zeitpunkt nicht wollte.

Wie es dazu kam, dass ich damals überhaupt für den Parteivorsitz gehandelt wurde, ist eine eigentümliche Geschichte, die viel über die Dialektik von Politik aussagt. Julia Seeliger von den Jungen Grünen hatte ein Internettool geschaltet, das sie in Anlehnung an das damals hippe DSDS »Deutschland sucht den Parteivorsitzenden – DSDP« nannte. 26 Leute wurden zur Wahl gestellt, darunter auch ich. Und Wunder was, ich gewann. Die *taz* rief mich an und fragte, ob ich Parteivorsitzender werden wolle. Und ich antwortete: »Nein, man kann nicht vier Kinder zeugen und sich dann aus dem Staub machen, um Parteivorsitzender zu werden.« Und als der *Spiegel* kam und fragte, ob ich nicht Lust habe, Fischers Nachfolge anzutreten, sagte ich: »Jetzt wird der Anti-Joschka gesucht. Wir brauchen nicht den nächsten Egozentriker.« Es waren nach meiner festen Überzeugung diese beiden öffentlichen Absagen, die dazu geführt hatten, dass viele irgendwie glaubten, ich hätte nur mit den Fingern schnippen müssen und schon wäre ich Parteivorsitzender geworden.

Die Wahrheit ist eine andere. Keine zwei Jahre zuvor hatte ich es nicht einmal geschafft, Beisitzer zu werden. Niemand in Berlin wartete auf mich oder wollte mich in neuen Ämtern sehen. Es gab keine Angebote, nichts. Allerdings gab es eine Reihe von Telefonkonferenzen zwischen Leuten meiner Generation, denn irgendwer musste ja schließlich kandidieren. Die meisten hatten wie ich kleine Kinder, waren politisch gebunden oder hatten andere Gründe. So wurde das Wort von der Generation »Kann gerade nicht« geprägt. Cem Özdemir kandidierte schließlich und wahrte den Grünen meiner Generation damit das Gesicht. Interessant aber ist im Nachhinein, wie eine Absage politisch in das Gegenteil verkehrt wird. Das ist negative Dialektik at work.

Ich kündigte stattdessen an, bei der nächsten Landtagswahl in Schleswig-Holstein als Spitzenkandidat anzutreten. Das war eine Kampfansage gegen den damaligen Fraktionsvorsitzenden, Karl-Martin Hentschel. Ich weiß, wie schwer es ihm fiel, mit der Situation klarzukommen. Ich hoffe, ich habe ihm immer deutlich gemacht, welchen Respekt ich für ihn und seine Arbeit hatte. Und ich weiß, dass meine Ankündigung auch irgendwie undankbar war. Aber ich war mir sicher, was ich wollte und wie ich es machen wollte. Ich hatte ein Grundverständnis von meiner Politik entwickelt, eine Sprache gefunden, mit der ich sie erklären konnte, und drängte darauf, sie auch umzusetzen.

Das war mein Angebot. Dass es angenommen wurde, haben andere entschieden. Im Gegenzug bekommt man Vertrauen als Kredit. Die Philosophin Hannah Arendt hat einmal geschrieben, dass Macht nicht einem Menschen gehört, sondern zwischen den Menschen entsteht. Und der chilenische Neurobiologe Humberto Maturana sagt, dass man Macht nicht besitzen kann, sondern Macht nur gewährt wird. Politische Macht in der Demokratie ist jedenfalls eine Verabredung, sie ist kein Eigentum. Und wie Macht erlangt und Macht gewährt wird, ist kein gegenseitiges Tauschverhältnis. Das Faszinierende, Schwierige, oft Enttäuschende, aber eben auch das Begeisternde an der Demokratie ist, dass sie nicht auf Gegenseitigkeit beruht, sondern letztlich vom Risiko lebt. Jemand kandidiert für etwas und andere übertragen ihm die Verantwortung für eine verabredete Zeit. Ob jemand diese Macht zu Recht oder zu Unrecht übertragen bekommt, weiß man im Voraus meistens nicht. Man prüft Politikerinnen und Politiker im Wahlkampf, man macht sich ein Bild, was für Menschen sie wohl sind, welche Werte und Grundsätze sie leiten. Aber ob sie in bestimmten Situationen genauso entscheiden, wie man es sich wünscht, das weiß man nicht.

2009 HATTEN WIR dann Neuwahlen in Schleswig-Holstein, machten das beste Ergebnis, das wir je hatten, verdreifachten unsere Mandate und ich wurde Fraktionsvorsitzender. Gegen die Große Koalition in Berlin und Kiel Oppositionspolitik zu machen, war nicht so schwer. Wir mussten keine Gesetze mit Mehrheit durch die Gremien bringen, stattdessen sog die interessiertere Öffentlichkeit neue Ideen, wie beispielsweise die alternative Berechnung des Bruttoinlandsprodukts, begierig auf.

Wachstum wird herkömmlich immer relativ zu den Werten des Vorjahres betrachtet. Doch die Parameter zur Wohlstandsbestimmung sind nicht mehr richtig. Bei einem reichen Gemeinwesen wie Deutschland bedeutet 0,5 % Steigerung des BIP schon einen Zuwachs an Wertschöpfung. Die 0,5 % heute entsprechen übrigens 9 % von 1950. Die Hatz nach einem Wachstum wie in China ist also gar nicht nötig. Vor allem aber müssten die Wachstumsparameter so ausgerichtet werden, dass auch die negativen Kosten von industriellen Produktionen mit eingespeist werden. Das BIP misst die Summe aller gehandelten Güter und Dienstleistungen. Es ist qualitativ neutral. Wenn zum Beispiel eine Straße besonders unfallträchtig ist, viele Menschen und Autos zu Schaden kommen, dann »fördert« das Abschleppunternehmen, die Automobilindustrie, Krankentransporte, Krankenhäuser, im schlimmsten Fall Bestatter – und kann also gut für das BIP sein. Nach diesem Muster haben viele Umweltkatastrophen das BIP tatsächlich gesteigert, weil danach Strände oder ganze Städte saniert werden mussten. Das BIP misst nicht den Klimaeffekt, nicht den Ressourcenverbrauch und auch nicht die Lebenszufriedenheit der Menschen.

Solange etwa der Wohlstand einer Gesellschaft darüber definiert wird, wie billig ihre Lebensmittel sind, wird man die ethischen Bedingungen, zu denen Tiere gehalten oder Äcker bestellt werden, ökonomisch immer nur als Wohlstandsbremsen beschreiben. Doch jeder weiß, dass gerade beim Essen Wohlgefühl auch viel mit den Herstellungsbedingungen der Lebensmittel zu tun hat. Für das BIP hingegen wäre es am besten, wenn wir viel kaufen, viel wegschmeißen, schnell essen und zügig weiterarbeiten. Weder Zeit zum gemeinsamen Zubereiten und Verzehr von Mahlzeiten kennt es noch den Wert von Lebensmitteln in seiner wörtlichen Bedeutung. Sonntage, Freizeit, Nichtstun, Solidarität, Ehrenamtsarbeit – dies alles spielt für das BIP keine Rolle. Diese Dinge und Erfahrungen machen aber das, was wir altmodisch Glück und neumodisch Lebenszufriedenheit nennen, erst aus. Doch die althergebrachte Formel der Wachstumsmessung erfasst einen solchen weiteren Wohlstandsbegriff nicht. Im Gegenteil, Ressourcenverbrauch, Klimawandel, Zeitdruck, Stress werden eher angefeuert. Das BIP müsste und könnte reformiert werden, es müsste qualitativ ausgerichtet werden, nicht rein quantitativ. Statt »mehr« müsste es die Frage mitbeantworten: »Mehr von was?« Da das BIP sowieso alle fünf Jahre neuen Kriterien unterworfen wird – zuletzt wurde Prostitution als Gewerbe mitaufgenommen –, sollten peu à peu Kriterien für diese neue Richtung entwickelt werden. Die Messmethoden dafür sind verfügbar, der Bundestag hat in der letzten Legislaturperiode dazu extra eine Enquete-Kommission eingesetzt. Sie hat einen Abschlussbericht vorgelegt – und die Bundesregierung hat ihn geknickt, gelocht und abgeheftet. Denn da das BIP Bezugsgröße von Schuldenquoten, Wachstumsmessungen und Abbaupfaden ist, wäre eine andere Berechnung von erheblichem politischem Effekt. Ein anderes BIP wäre eine kulturelle Revolution.

ICH WAR IM schleswig-holsteinischen Parlament in der neuen Rolle Allrounder. Ich redete im Landtag zur Schuldenbremse, zur Griechenlandkrise, zur Vorratsdatenspeicherung, zu den deutsch-chinesischen Beziehungen. Das Erschließen eines Themas, das Durchdringen der politischen Mechanismen, war für mich Herausforderung wie Glück. Ich hatte Zeit, mich halbe Nachmittage lang in das Studium von Hintergrundtexten und Analysen zu vertiefen. Und der schnelle Rhythmus, in dem man zu allen möglichen Themen sprechfähig werden musste, kam mir entgegen. Dass Erkenntnis immer vorläufig ist, dass man also den Mut haben muss, nach jeweils bestem Wissen den eigenen Standpunkt zu begründen und weiterzuentwickeln, das hatte ja mein Leben schon bisher bestimmt. Wir lebten, ach was, wir feierten die grüne Eigenständigkeit. Jeden Donnerstag nach dem Plenartag luden wir die Abgeordneten und Mitarbeiter aller Fraktionen, Journalistinnen und Journalisten zum After-Work-Imbiss ein. Und alle kamen. Plötzlich stand der Linkenpolitiker neben dem CDU-Parlamentspräsidenten, mit dem er sich noch kurz zuvor wegen der Geschäftsordnung gezofft hatte, und beide lachten und klönten. Der Versuch, eine andere politische Kultur aufzulegen, trug Früchte. Leute redeten miteinander, die sich zuvor als Feinde betrachtet hatten, und lösten Streit im persönlichen Gespräch. Bei einer Haushaltsdebatte griff ich den Finanzminister scharf an, wie man es als Oppositionspolitiker tut. In der Mittagspause kam der Finanzminister mit seinen ganzen Excel-Tabellen in mein Büro und wir diskutierten anderthalb Stunden miteinander und klärten den fachlichen und damit auch unseren persönlichen Dissens. Bei der nächsten Haushaltsdebatte erzählte ich davon und bedankte mich, dass er die Größe gehabt hatte, zu mir zu kommen.

Zentrum eines anderen politischen Geschehens wollten wir sein und ich bilde mir ein, dass wir es waren. Dazu passte, dass wir – weil wir so viele Mandate bekommen hatten – in die alten Räume der Staatskanzlei umgezogen waren, mit den fünffach verglasten, schusssicheren Türen, den Marmor-Toiletten, der Vertäfelung, die Ministerpräsident Engholm hate anbringen lassen, um die Eichenfurnierwände seines Vorgängers Uwe Barschel abzudecken. Ich tauschte das mir als Fraktionsvorsitzender standesgemäß zustehende große Eckzimmerbüro gegen ein kleines auf dem Flur. Es war noch immer größer als meine alte Studentenbude – und ich musste noch nicht einmal ein Bett reinstellen. Aus dem repräsentativen Eckzimmer wurde ein Großraumbüro für unsere Presseleute und für Praktikanten, ein wuseliger Ort der Kreativität. Als sich Peter Harry Carstensen einmal über eine Rede von mir im Landtag aufgeregt hatte, stürmte er durch unsere Fraktionsflure und brüllte: »Habeck, wo ist dieser Habeck?« Und natürlich lief er ins ehemalige Ministerpräsidentenzimmer, erstarrte vor dem »Kindergarten« – und fing an zu lachen. So war die Stimmung damals. Wir wilderten, wo wir konnten. Ich lud Heide Simonis zu unserer After-Work-Party ein und sie sagte zu, zum nicht geringen Entsetzen der SPD. Und als die neue schwarz-gelbe Landesregierung den Kunstpreis des Landes dem Rotstift opferte, schrieb ich Günter Grass an, ob er uns nicht ein Bild stiften könne, das wir aus Protest als »Alternativen Kulturpreis« verleihen könnten. Statt einem Bild bekamen wir gleich drei, plus der Schlagzeile, dass der alte SPD-Kämpe uns unterstütze. Es waren Jahre großer Angriffslust, Kreativität und Optimismus.

Zwar ist man als Fraktionsvorsitzender anders denn als Parteivorsitzender angreifbarer, weil im Parlament ja immer einer antwortet, dein Argument auseinandernimmt, dir seine Argumente auftischt, die Reden alle protokolliert und nachgelesen werden können. Aber man muss noch nicht wie als Minister befürchten, dass jede Andeutung mit einer kleinen Anfrage belegt wird, wann denn das entsprechende Gesetz kommen werde. Der Staat rückt näher, aber man ist noch nicht sein Angestellter.

Der Fraktionsvorsitz war mir ungeheuer wichtig und ich freute mich auf jede Landtagssitzung und den Schlagabtausch dort. Das Parlament war für mich der Mittelpunkt der Staatlichkeit. Heute, da ich selbst Minister bin, erkenne ich, dass man noch einmal einen Rollenwechsel vollzieht, wenn man ein Staatsamt übernimmt und damit nicht nur Verantwortung für die Umsetzung des Koalitionsvertrages übernimmt, sondern für das ganze Land, und man nicht nur für diejenigen spricht, die einen gewählt haben, sondern für alle.

Mit dem Wahlsieg der Grünen in Baden-Württemberg und der Wahl von Alexander Van der Bellen zum österreichischen Bundespräsidenten manifestiert sich diese Rolle der Grünen auch in Personen. Am Wahlsieg Van der Bellens ist eigentlich der erste Wahlgang der entscheidende, die Tatsache, dass *er* in der Stichwahl gegen die FPÖ landete – nicht ein Politiker der ehemaligen Volksparteien der Großen Koalition. Der Gegensatz von »Grüne hier« und »Gesellschaft dort« wurde aufgelöst. Die Aufgabe, die politische Lücke zu schließen, die Sozialdemokratie und Konservative ließen, wurde bestanden.

Mein 16.00-Uhr-Rücktritt

Am 6. Mai 2012, am Tag der nächsten Landtagswahl, um etwa 16.00 Uhr erklärte ich meinen Rücktritt. Ich teilte mit, dass ich mein Landtagsmandat nicht annehmen und mit der Politik Schluss machen würde. Es war eine kleine, vertraute Runde, in der ich das tat, sozusagen der innerste Kreis derjenigen, die die letzten Jahre, Monate und Stunden mit mir auf eine Regierungsbeteiligung, einen Wahlsieg, eine politische Neuaufstellung meiner Partei und des Landes hingearbeitet hatten. Viele hatten Zeit, Nerven und viel, viel privates Glück investiert und die abzeichnende Niederlage machte sie so rat- und fassungslos wie mich. Aber es war vor allem meine Rücktrittsankündigung, die sie traf.

Ich wollte Verantwortung übernehmen für einen gescheiterten Wahlkampf. Für meine Freunde, denn das waren sie, war es Verrat an der gemeinsamen Sache. Einige waren zornig, einige fassungslos, alle enttäuscht. Für Politiker ist es gar nicht so schwer, Verantwortung zu bekommen, aber ungeheuer schwer, Verantwortung wieder abzugeben.

Enttäuscht war ich auch, aber irgendwie auch klar und sehr sortiert. Und das war ein besserer Zustand als in den Wochen zuvor. Als meine Partei mich im November zuvor zum Spitzenkandidaten gewählt hatte, lagen wir in den Umfragen bei 19 Prozent. Ich war zum zweiten Mal Spitzenkandidat für die Landtagswahl, aber zum ersten Mal alleiniger. Der Parteitag war ein einziger Sturmlauf. Wir waren bereit, das Land zu erobern. Der Landesvorstand zog mir ein Handballtrikot mit dem Aufdruck »Nordish by Nature« über, man setzte mir eine Pappkrone auf den Kopf und überreichte mir einen Bio-Apfel plus Porreestange als Zepter. Die Fotos zeigen mich übermütig und angriffslustig.

Alleiniger Spitzenkandidat – für die Grünen war das ein Novum, mit einer schwierigen Entscheidung im Vorfeld, denn damit einher ging eine ziemlich heftige Debatte über die Frauenquote, die für meine Partei ja ein konstitutives Element ist. Meine Kandidatur wurde deshalb auch scharf kritisiert und abgelehnt. Aber aufgrund der starken öffentlichen Wahrnehmung als Fraktionsvorsitzender, so sahen es auch die meisten Frauen, wäre es für jede Frau undankbar gewesen, als Doppelspitze neben mir zu agieren.

Den Ausschlag für meinen Rücktritt allerdings gab etwas anderes. Kein Spitzenkandidat der Welt nimmt sich vor, im Wahlkampf den Stimmenanteil seiner Partei zu reduzieren. Ich auch nicht. Und keine Partei möchte gern weniger Prozente haben als zu Beginn des Wahlkampfes. Der Plan ist natürlich, mehr Prozente zu holen, und das Selbstbewusstsein ist immer so groß, ja muss so groß sein, dass man es schaffen kann, dass ich es schaffen kann. 19 Prozent, das waren zwar keine 24, mit denen Winfried Kretschmann 2011 Ministerpräsident wurde, aber der Plan war ja, mehr aus den 19 Prozent zu machen. Und was würde passieren, wenn wir plötzlich 21 Prozent hätten? Alle Erwartungen, alle Vorbereitungen, alle Emotionen waren für einen Sturmlauf auf mehr ausgerichtet. Mindestens sollten wir es sein, die den Ton angaben, an unseren Konzepten sollten sich die anderen Parteien messen, wir wollten entscheiden, wie und mit wem in Zukunft regiert werden sollte.

Alles lief zunächst blendend. In den Umfragen stiegen wir zwar nicht, aber wir blieben stabil. Wir waren ohne Koalitionsaussage in den Wahlkampf gezogen. SPD und CDU sollten sich gefälligst um uns bemühen, nicht wir um sie. Wir machten die inzwischen gut eingeübte grüne Eigenständigkeit zu einer grünen Unbändigkeit. Der Fukushima-Effekt spielte am Anfang vielleicht noch eine Rolle, verblasste aber zusehends. Trotzdem hielten wir unsere Prozente.

Dann geschah etwas Unvorhergesehenes.

Im September 2011 waren die Piraten mit knapp neun Prozent ins Berliner Abgeordnetenhaus eingezogen. Aus ihrem lokalen Wahlsieg wurde langsam, aber sicher ein bundesdeutscher Hype. Aus dem Nichts waren sie plötzlich auch in Schleswig-Holstein da. Man kann das in dem Artikel »Habecks Scheißtag« des taz-Autors Uli Schulte im Internet nachlesen, der mich an dem Tag begleitete, an dem mir mein Wahlkampf zu entgleiten drohte.

Am Morgen zeigte ich ihm noch ein Land, mein Land, das darauf wartete, von den Grünen in eine ökologische Moderne geführt zu werden. Nach dem Besuch eines Biohofs, bei dem ich ein Sixpack einer neuen Bio-Biersorte geschenkt bekam, saßen Uli Schulte und ich im Auto, das uns zum nächsten Termin fuhr. Übermütig holte ich mein Blackberry heraus und weiß noch, dass ich fröhlich sagte: »Yep, die neue Umfrage ist da!« Und dann las ich die Umfrage! Innerhalb von Tagen waren wir auf unter 12 % gestürzt und die Piraten von 5 % auf 12 % emporgeschnellt. Ich starrte auf den Bildschirm und konnte es nicht fassen. Und neben mir ein Journalist, der protokollierte, wie mir die Züge entglitten. Ich zog den Tag durch. Irgendwann war der letzte Termin vorbei. Und als ich den taz-Redakteur zum Bahnhof brachte, machte ich mich daran, das Bier auszutrinken.

Solch ein Moment führt vermutlich alle Politiker an einen Abgrund. Es ist der Moment, in dem alle Strategien zusammenbrechen. Die Parteioberen aus Berlin riefen mich an und empfahlen mir Durchhalteparolen à la »Wir gewinnen Wahlen und keine Umfragen«. Im Landtag waren wir plötzlich Freiwild, nachdem wir jahrelang die Jäger gewesen waren. In den Medien war die Unabhängigkeit der Grünen, die über Jahre hochgeschrieben und gelobt worden war, die dem Land Schleswig-Holstein, meinem Land, mit seinen rohen politischen Sitten, eine Politik jenseits der Lager und Blöcke ermöglichen sollte, die auch eine demokratische Erneuerung jenseits von Ritualpolitik bedeuten sollte, plötzlich nur noch Anbiederei, Machtgeilheit, Laviererei. Wir wollten die Modernsten, auch Coolsten, Frech-Fröhlichsten sein und sahen plötzlich alt und abgehalftert aus. Wir wollten, dass sich alle nach uns richten – jetzt waren wir die sicheren Verlierer. Ich wollte meiner Partei einen großen Sieg geben und spielte jetzt gegen den Abstieg.

Was mögen die Verlierer größerer Wahlen gedacht und gefühlt haben? Edmund Stoiber, Peer Steinbrück, Jürgen Trittin, Guido Wolf, der CDU-Kandidat gegen Kretschmann 2016 – man neigt, auch ich neige dazu, ziemlich unbarmherzig über Niederlagen und die Verlierer zu urteilen. Man kennt das Risiko, man weiß um die Unberechenbarkeit eines Wahlkampfes. Eine falsche Taktik wird bestraft. Menschen wählen Personen und richten ihre Hoffnungen auf sie, und wenn sie einen nicht wollen, dann war man eben die falsche Person und muss gehen – alles vermutlich richtig. Aber eben auch sauungerecht.

Und vor allem unmenschlich. Mit wem soll man reden, wenn man abends wach im Bett liegt und sich fragt, wie einem die Zügel so entgleiten konnten? Wer meint es ehrlich, wenn man Gesprächsbedarf hat und in Gremien nach Rat fragt? Und vor allem: Wer ergötzt sich nicht heimlich am Scheitern, wenn es öffentlich vorgeführt wird? Das ist vielleicht das Schlimmste, weil Demütigendste, dass auch die politischen Niederlagen öffentliche sind.

Das mediale Interesse an meiner Person wurde größer, jetzt, wo ich der scheiternde Kandidat war. Ich wurde zu Talkshows eingeladen, der *Spiegel* schrieb ein Porträt über meinen Niedergang, es gab große Hintergrundrunden mit Journalisten. Sie gingen alle von meiner Niederlage aus und entsprechend verliefen die Gesprächskreise alle mehr oder weniger unglücklich. Ich schlug die Ratschläge à la »Abgerechnet wird zum Schluss« in den Wind und ließ den Schmerz der nahen Niederlage an mich ran. Ich räumte vor Journalisten ein, dass mein Plan nicht aufgegangen war, und beschimpfte die Piraten als »Merkels unpolitische Kinder«, die die Form von Politik für ihren Inhalt nahmen, geißelte sie, weil sie keine Haltung zur Haushaltspolitik hatten, fand »liquid democracy« einen fatalen Fehler, weil eine Demokratie eben auch Strukturen und Entscheidungen braucht und Entscheider und nicht permanente Skrupel und Selbstbezüglichkeit. Aber ich wirkte hilflos und die Piraten waren top. Ich war hop. Ich kam gegen die Zeitgeschichte nicht an, nicht mit Argumenten oder Worten.

Und dennoch gab es einen anderen Effekt. Auch der war weder planbar noch beabsichtigt. Erst waren es die Wahlkämpfer meiner Partei, dann die Wählerinnen und Wähler, die an meiner schlechten Laune und an meinen Angriffen gegen die Piraten merkten, dass es um etwas ging, dass Politik kein Spiel ist, in dem es egal ist, wer gewinnt oder verliert, sondern dass hier die Realität der nächsten fünf Jahre verhandelt wird, und dass es Leute gibt, denen es ernst ist und die leiden, wenn das nicht erkannt wird. Erstaunlicherweise erwuchs gerade aus dem Offenlegen der möglichen Niederlage eine Trotzreaktion. Und weil ich die Piraten frontal anging, liefen wir ihnen wenigstens nicht hinterher. Kurz vor der Wahl stiegen unsere Umfragen wieder. Damit hatte keiner gerechnet.

Eigentlich geht es in einem Wahlkampf nur um eines: das sogenannte Momentum zu haben, den Kraftimpuls, der die Bewegungsrichtung vorgibt. Wenn man es verliert, dann ist der Wahlkampf verloren. Dass man es sich zurückholt, das ist so gut wie unmöglich. Hier gelang es. Aber es gelang erstaunlicherweise ganz ohne Strategie, ja geradezu entgegen jeder Strategie. Da, wo man normalerweise Statistiken oder Umstände bemüht, um sich zu schützen, da ließ ich meine Verletzlichkeit zu. Da, wo man normalerweise Ausreden sucht, ließ ich meinem Ärger freien Lauf. Am Wahltag selbst wusste keiner, woran er war. Alles war möglich, totale Niederlage oder ein gerade noch so anständiges Ergebnis.

Wahltage laufen für die Politiker so ab: Zum ersten Mal seit langer Zeit schläft man aus. Das heißt, die meisten werden wenig oder gar nicht schlafen, weil der Druck und die Anspannung einem einfach keine Ruhe lassen. Aber man frühstückt länger mit seiner Familie, man macht vielleicht seit Langem wieder Sport oder bringt seine Kinder zu Handballspielen. Irgendwann geht man wählen. Irgendwann heißt, zu einem vorher angekündigten Zeitpunkt, weil die Medien die Fotos und Fernsehbilder brauchen. Und dann macht man sich gegen 15:00 Uhr auf in die jeweiligen Parlamente, aus denen abends dann die Fernsehsendungen übertragen werden. Gegen 17:00 Uhr bekommen die Parteizentralen die Zahlen der Hochrechnungen, mit denen die Fernsehsendungen um 18:00 Uhr aufmachen. Die Spitzenkandidaten wissen also ungefähr eine Stunde früher, was auf sie zukommt. Und die Parteibasis, die wir immer im Fernsehen sehen, weiß es auch. Der Jubel ist bestellt, die Enttäuschung kanalisiert. Und selbstverständlich gibt es aus den Parteizentralen »Sprachregelungen«, mit denen der Wahlausgang kommentiert werden soll.

Am Wahlnachmittag dieser Landtagswahl rief mich ein Berliner Journalist schon um 16:00 Uhr an und fragte, ob ich die Zahlen der Hochrechnung kennen würde. Ich kannte sie nicht. Er fragte, ob ich sie kennen will. Ich fragte, wie schlecht sie seien. Er sagte, sehr schlecht. Er teilte mir dann mit, dass wir sieben Prozent erhalten würden. Das war nicht sehr schlecht, das war eine Katastrophe.

Nach kurzem Durchatmen trommelte ich meinen vertrautesten Kreis zusammen und erklärte, dass ich mein Mandat nicht annehmen und zurücktreten würde. Für eine Stunde herrschte die schiere Fassungslosigkeit. Aber ich wusste zum ersten Mal seit Wochen wieder genau, was ich zu tun hatte. Und das war wirklich eine Befreiung.

Dann kamen die erwarteten Umfragen um 17:00 Uhr und die sahen uns bei über zehn Prozent. Der Journalist rief noch mal an, er habe jetzt rausbekommen, dass die Zahlen von der FDP kamen und nicht repräsentative Umfragen von 12:00 Uhr waren. Als die Hochrechnungen um 18:00 Uhr veröffentlicht wurden, wussten wir – anders als sonst – immer noch nicht, was uns erwartete, denn natürlich hatten sich die Unsicherheit und die schlechten Zahlen rumgesprochen.

Ich wartete mit den Leuten meiner Partei Arm in Arm wie eine Fußballmannschaft vor dem Bildschirm. Als dann der Balken auf 14 % anstieg, war der Jubel grenzenlos. Auf allen Fotos des Wahlabends, in den Talkrunden danach und mit Claudia Roth im Arm, grinse ich wie ein Honigkuchenpferd. Und zurücktreten musste ich auch nicht.

NOCH BEIM SCHREIBEN dieser Seiten fühle ich die Erlösung des Wahlkampfabends. Aber deshalb erzähle ich diese Geschichte meines Wahlkampfs nicht, sondern weil sie einige Sachverhalte deutlich macht. Objektive Niederlagen – immerhin holten wir fünf Prozent weniger, als wir beim Start des Wahlkampfes in den Umfragen hatten – sind manchmal politische Siege. Offenbar ist Politik relativ. Langfristige Strategie und umfängliche Taktik sind wichtig, aber in den wirklich engen Momenten hängt alles vom Augenblick ab. Und Bewährungsproben sind nicht planbar. Mit hoher Geschwindigkeit müssen Entscheidungen getroffen werden. Instinkt und Gespür bestimmen sie mindestens ebenso. Also sind diese Entscheidungen letztlich von der Person, dem Menschen, abhängig.

Im Laufe des Wahlabends sanken unsere Prozente noch ein wenig ab. Am Ende stand eine Koalition mit der SPD und der Partei der dänischen Minderheit, SSW, die eine Einstimmenmehrheit im Parlament hat. Das letzte Mandat zur Sicherung dieser Mehrheit ging an die Grünen – mit einem Vorsprung von 3000 Stimmen. Bei aller Vielschichtigkeit, die Politik ausmacht, bei allem Hin und Her des Wahlkampfes, bei Strategie und Taktik und der Frage, ob am Wahlsonntag die Sonne scheint oder nicht und ob Menschen deshalb eher zur Wahl gehen oder gerade nicht – 3000 Stimmen sind nicht viel. Faktisch sind meiner Partei unter meiner Spitzenkandidatur ca. 5 %, also Zehntausende von Stimmen, verloren gegangen. Aber für mich sind diese

3000 Stimmen das, was den Sinn von Demokratie ausmacht. Was den Einsatz und die Enttäuschungen aufwiegt. Vieles, was ich hier beschreibe, klingt wahrscheinlich, als sei Politik rau und hart und oft enttäuschend. Aber dieses Wahlergebnis und alle knappen davor oder danach sind sinnstiftend. Und davon gibt es gar nicht so wenige. 2002 konnte Gerhard Schröder Bundeskanzler bleiben, weil die SPD 6000 Zweitstimmen mehr erhielt als die Union – bei 61,4 Millionen Wahlberechtigten. Rot-rot-grün in Thüringen hat ebenfalls nur eine Einstimmenmehrheit, genauso wie die Parlamentsmehrheit in Niedersachsen. Die Ausgänge der Landtagswahlen in Baden-Württemberg, Rheinland-Pfalz und Sachsen-Anhalt 2016 entsprachen einem Wimpernschlagfinish. Ein knappes Wahlergebnis machte George W. Bush im Jahr 2000 zum amerikanischen Präsidenten. Er wurde tatsächlich sogar von weniger Menschen gewählt als sein Konkurrent, der Demokrat Al Gore. Nur aufgrund des komplizierten Wahlrechtes konnte Bush das Amt erringen. Die Welt wäre sicher eine andere – und in diesem Fall vermutlich eine bessere –, hätte Al Gore den Hauch von Stimmen mehr bekommen, der ihn zum Präsidenten gemacht hätte. Und Alexander Van der Bellen wurde nur durch einen Vorsprung bei den Briefwählern im Mai 2016 österreichischer Bundespräsident.

Knappe Entscheidungen zeigen den Wert der einzelnen Stimme. Sie kann den Unterschied ausmachen. Wahlergebnisse werden immer von den Spitzenkandidaten verantwortet, aber gerade die knappen Ergebnisse sind eine Motivation, sich den Wahlen zu stellen. Denn auch der Wahlsieg geht mit Menschen nach Hause.

Teil III Mandat: Auf hoher See

Ein linkes Bekenntnis zur Republik

Ich war nie ein großer Freund von Zeremonien. Orden und Ehren sind nicht so meins. Aber meine Vereidigung als Minister bedeutete mir etwas. Sie machte mich – ich kann es nicht anders sagen als mit dem Wort, das mir damals im Kopf rumging – zum »Staatsdiener« und nahm mich auf eine ganz altmodische Art und Weise in die Pflicht. Im System Herrschaft zu verschwinden, Macht zu verkörpern, Dienstwagen und Privilegien sind für mich nicht attraktiv und bedeuten mir eigentlich nichts. Aber zu sagen: »Ich schwöre: Ich werde meine Kraft dem Wohle des deutschen Volkes widmen, seine Freiheit verteidigen, seinen Nutzen mehren, Schaden von ihm wenden, die Gesetze der Bundesrepublik Deutschland und des Landes wahren, meine Pflichten gewissenhaft erfüllen und Gerechtigkeit gegenüber allen Menschen üben« – das war nicht nur so dahingesagt. Das war eine ernste Sache. Und weil ich es selbst damals noch nicht in eigenen Worten hätte sagen können, war es gut, dass eine Formel vorgab, was ich spürte, aber ich mich nie getraut hätte auszusprechen. Tatsächlich konnte ich, ohne rot zu werden, »Wohle des deutschen Volkes« sagen. Ich fühlte mich, im Ursinn des Wortes, verpflichtet. Und ein neuer Republikanismus erwachte in mir, der in den Jahren immer stärker wurde und der, so meine ich, jetzt, angesichts der politischen Diskussion um die Flüchtlinge und der hitzigen politischen Debatte über Strategie und Taktik der Parteien, grundsätzlich zum Tragen kommen muss.

Später nahm ich in meiner Verantwortung als stellvertretender Ministerpräsident einmal an einem Gottesdienst teil, bei dem der amtierende Bischof »entpflichtet« wurde. Ich hielt das Grußwort für die Landesregierung, packte das Skript aber weg. Denn ich kam über das Wort »Entpflichtung« nicht hinweg. Die Pointe war nämlich, dass der Bischof nie »verpflichtet« worden war. So geht es doch im Leben: Aufgaben kommen hinzu, Verantwortung wächst, berufliche, private, wir zeugen Kinder oder pflegen Eltern. Aber wann wird auch mal wieder etwas genommen? Wann gibt es Momente des Innehaltens und Durchatmens? Ich erlebte einen solchen positiven Moment bei der Vereidigung. Ich weiß, dass Millionen Menschen diesen Eid schwören, Soldaten und Richter, Beamte und Tausende Minister vor mir und nach mir. Als ich den Eid schwor, wurde mir klar, dass er nicht für den Staat ist, sondern für denjenigen, der schwört. Das war für mich überraschend. Diese Überraschung, dass etwas Allgemeines, Neutrales, Formales einen ganz persönlich prägt, war wie ein Vorzeichen für die nächsten Jahre als Minister.

»Dem Wohle des deutschen Volkes« – die Worte haben in meinen Ohren immer noch einen schrägen Klang. Aber was gemeint ist, das verstehe ich und akzeptiere ich. Merkels bekanntes »Wir schaffen das« wurde viel gelobt und viel hinterfragt. Es wurde gefragt, was denn genau geschafft werden sollte und in welcher Zeit. Nicht gefragt aber wurde, wer denn dieses »Wir« ist, von dem die Kanzlerin sprach. Umfasst es alle Deutschen? Die CDU-Wähler? Die Bundesregierung? Ein »Wir«, auch ein »deutsches Volk«, ist nicht etwas ein für alle Mal Feststehendes. Es nur zu behaupten, nützt gar nichts. Denn es gibt eben keine nationale Gemeinschaft, die der Politik vorgeordnet wäre. Was sich als Gesellschaft bildet und wie sich die Gesellschaft versteht, wird im Gespräch über diese Gesellschaft hergestellt, nicht durch mystisches Raunen heraufbeschworen. Das Merkel'sche »Wir schaffen das« eröffnete dieses Gespräch nicht bzw. ihre Gegenfrage, was wohl passieren würde, wenn »die Bundeskanzlerin sagen würde, wir schaffen das nicht«, beendete es gleich wieder. Das war nur die humanitäre Variante der alten Alternativlosigkeit.

Dass die Kanzlerin bei der Feststellung, dass das Asylrecht keine Obergrenzen kennt, standhaft blieb, dass sie die Demütigungen durch Horst Seehofer stoisch ertrug, hat viele beeindruckt. Mich auch. Aber ihren inneren Kern hat Frau Merkel mit dem Flüchtlingsthema nicht gefunden, wie viele eine Zeit lang dachten.

Tatsächlich entspricht Merkels Umgang mit der Flüchtlingskrise ihrem Umgang mit vorherigen Krisen ziemlich eins zu eins. Sie setzte das Dublin-III-Abkommen (nach dem Asylsuchende im ersten europäischen Land, das sie erreichen, Asyl beantragen müssen) außer Kraft wie zuvor das Atomgesetz. Sie sah, dass es nicht zur Wirklichkeit passte. Sie traf die Entscheidung schnell und relativ einsam. Sie bereitete sie politisch unzureichend vor. Und sie kommunizierte sie schlecht, jedenfalls nicht so, dass sie deutlich gemacht hätte, was denn die Alternative gewesen wäre. Und als die Stimmung in der Bevölkerung sich gegen sie wandte, holte sie die Menschen aus Idomeni nicht nach Deutschland, obwohl, anders als bei den Flüchtlingen von Budapest, inzwischen die Infrastruktur aufgebaut war, in den Ländern und Kommunen Erstaufnahmeeinrichtungen bereitstanden.

Es ist falsch zu behaupten, dass wir in der Flüchtlingskrise eine andere Kanzlerin erleben als zuvor. Wir erleben genau die gleiche. Den Sinn ihrer Politik erklärt sie uns nicht. Und wenn sie ihn uns erklärt, fallen Erklärung und Tatsachen auseinander. Wie die noch immer behauptete Humanität und der Türkei-Deal, das Beklagen des Schließens der Balkanroute und das gewollte Schließen der türkischen Küste, das Zurückweisen der CSU-Forderung einer Obergrenze und das faktische Einführen einer Obergrenze durch Kontingente von 16 000 Flüchtlingen. Das passt alles nicht zusammen.

Die gesamte europäische und deutsche Flüchtlingspolitik ist – und war es selbst in den Monaten der »Humanität« – insofern unlogisch, als ja ein Schutzstatus erst mit dem Grenzübertritt erworben werden kann. Es wird Flüchtlingen also der Weg so schwer wie möglich gemacht, bevor sie belohnt werden. Sie müssen Lager überstehen und Zäune überwinden, sodass vor allem die Jungen, Starken oder Reichen die Flucht erfolgreich absolvieren. Wollen wir das so? Bestenfalls jein. Offensichtlich deshalb hat die Bundesregierung den Versuch einer Erklärung ihrer Politik gar nicht erst unternommen. Aber das Nichterklären von politischen Entscheidungen und ihrem möglichen Sinn lässt Menschen ratlos zurück – und dann bekommen alle möglichen Formen von abstrusen und populistischen Vorschlägen Konjunktur.

Dabei waren die letzten Jahre niedriger Zuwanderungs- oder Flüchtlingszahlen in der Geschichte Deutschlands eher die Ausnahme als die Regel. Wir haben eine starke Tradition als Einwanderungs- und Zuwanderungsland. Eigentlich ist es geradezu die Tradition dieser Republik, Integrationsleistungen zu vollbringen: von den Kriegsflüchtlingen nach 1945 über die »Gastarbeiter« bis zu den circa 4,5 Millionen Aussiedlern und Spätaussiedlern, in den Neunzigerjahren außerdem fast 500 000 Flüchtlinge aus Burundi, der Republik Kongo, Senegal und Simbabwe, 350 000 Menschen aus Bosnien und den anderen Balkanstaaten.

16,4 Millionen der insgesamt 80,9 Millionen Einwohner in Deutschland haben einen Migrationshintergrund. Und wir leisten uns eine Debatte, ob der Islam zu Deutschland gehört! Die richtige Frage ist nicht die danach, was und wen wir ausgrenzen bzw. nicht reinlassen können, sondern wie wir den Zusammenhalt und das Miteinander gedeihlich und fair organisieren können. Und wir müssen diese Frage *jetzt* stellen, weil das Jahr 2015 gezeigt hat, wie konkret das Weltgeschehen uns angeht. Es wäre ein dramatischer politischer Fehler, das zu verdrängen und wieder zu vergessen.

IM HERBST UND WINTER letzten Jahres kam die »Flüchtlingskrise« direkt zu uns, auch direkt in mein Wohnzimmer. Wie viele andere auch, ließen wir Flüchtlinge bei uns wohnen. Wenn ich in meiner Heimatstadt Flensburg durch den Bahnhof ging, passierte ich die Stände mit Essen, Spielsachen und Kleidern, die für Flüchtlinge aufgebaut worden waren, die über Deutschland und Dänemark nach Schweden wollten. Auf Reisen dasselbe Bild: in den Zügen, auf den Bahnhöfen syrische oder irakische Familien, die Zuflucht und eine Lebensperspektive in Europa suchten. Jede Woche wurde im Kabinett darüber gesprochen, wo wir Container und Geld für neue Lehrerstellen herbekommen, wie wir die Integration in den Arbeitsmarkt organisieren können. Behördenmitarbeiter, Ehrenamtliche, Polizisten arbeiteten auf Hochtouren.

Inzwischen gehen die Kinder der Familien, die bei uns waren, in die Schule, die Eltern dürfen zunächst hierbleiben und lernen Deutsch, die Bahnhöfe sind aufgeräumt und die Containerdörfer gebaut – und stehen leer.

Doch obwohl die staatlichen Stellen Unterbringung und finanzielle Versorgung zunehmend in den Griff bekommen, Sprachkurse auf den Weg gebracht sind, die ersten Arbeitsprogramme laufen, sind die Sorgen der Menschen vor einem Kontroll- und Ordnungsverlust stetig gewachsen. Denn es wird klar, dass die Flüchtlinge nicht nur für kurze Zeit unsere Gäste sind, sondern den Alltag mit uns teilen. Sie sind nicht mehr auf den Bahnhöfen, dafür in der Schwimmhalle, nicht mehr in der Bahn nach Dänemark, sondern im Bus in die Stadt. Die Kinder sitzen in den Klassen unserer Kinder. Und viele fragen sich, wie die Integration gelingen soll. Wie können so viele Menschen, die aus einer uns fremden Welt kommen, in unsere ihnen fremde Welt hineinwachsen? Wie können sie hier Arbeit finden, wie dauerhaft selbst ihren Lebensunterhalt verdienen, wie können sie lernen, in einer modernen, offenen Gesellschaft zu leben?

Das sind alles andere als banale Fragen, die Antworten sind es erst recht nicht, und sie werden immer wieder neu gegeben werden müssen. Manche machen sich Gedanken, andere fühlen sich dadurch herausgefordert, manche überfordert, einige bedroht. Und die, die sich bedroht fühlen, sind oft gerade jene, die kaum je mit Flüchtlingen in Kontakt kommen.

Die Öffentlichkeit teilt sich auf, ja spaltet sich in die Extreme: in die, die die geäußerten Sorgen albern finden, zurückweisen oder in ihnen braunes Gedankengut wittern, und in jene, die Angst gezielt schüren, von Überfremdung schwafeln und Hass und Aggression erzeugen. Die Mitte dazwischen wird immer schmaler – und vor allem der rechte Rand breiter.

Wer sagt, es sei richtig, Flüchtlinge aufzunehmen, unsere Gesellschaft sei stark genug dafür und es werde schon alles gut gehen, ist schnell dem Vorwurf des Gutmenschentums ausgesetzt, dem Vorwurf, die Wirklichkeit zu verdrängen oder gar nicht zu kennen. Und wer sagt, dass ein Grenzregime notwendige Voraussetzung für eine kontrollierte Flucht- und Asylpolitik ist, wird schnell als engstirnig und fremdenfeindlich bezeichnet. Dass man sich angeblich dazwischen entscheiden muss, ist lähmend. Und die Lähmung verhindert, sich mit der Wirklichkeit auseinanderzusetzen und an konkreten Lösungen zu arbeiten.

Die meisten Menschen wollen nach wie vor helfen und es nicht hinnehmen, dass wir Menschen im Bombenhagel krepieren lassen. Das Wissen, dass wir Verantwortung tragen, ist weit verbreitet und stabil. Und wir tragen eine doppelte Verantwortung: eine direkte, beispielsweise für die Menschen in den Krisenregionen, die in Lagern ohne Perspektive leben, die noch immer zu wenig Geld haben, um den Menschen das Nötigste an Nahrung und Kleidung zu gewähren; und eine indirekte, weil unser Wohlstand – von der Energie- und Landwirtschaftspolitik bis zu den Waffenlieferungen an Saudi-Arabien, neben vielem anderen – dazu beiträgt, Krisen und Kriegen den Boden zu bereiten.

Die Menschen haben aber auch alltägliche Fragen oder Sorgen, fühlen sich unsicher und sehen die Bilder der Silvesternacht von Köln. Sie sehen eine Bundesregierung, die sich böse Briefe schreibt und deren Partner sich verklagen wollen, sie lesen täglich von neuen Gesetzen, möglichst im Schnellverfahren, und bekommen den Eindruck, dass der Staat die Sache nicht im Griff hat. Furcht und Vorurteile werden dadurch sicher nicht geringer: Es gibt abstruse Ängste, wie dass der Halbmond die Kreuze in den Kirchen ablöst, wie AfD-Politiker tatsächlich formulieren, und es gibt reale Ängste, dass es eine verschärfte Konkurrenz um Wohnraum und Arbeitsplätze gibt.

Toleranz schließt mit ein, dass man akzeptiert, dass Menschen Sorgen und Ängste haben, auch wenn man sie selbst nicht teilt. Moralische Entrüstung über Unsicherheit ist der falsche Zungenschlag. Die spielt im Zweifelsfall ungewollt jenen in die Hände, die sich diese Unsicherheit dankbar zunutze machen, sie pflegen und hegen. Ziel der AfD-Ideologen ist es ja gerade, aus der Angst Wut und Aggression zu erzeugen und einen Aufstand der angeblich Ungehörten zu inszenieren. Ihre simple Behauptung: Deutschland sei im Niedergang und schuld daran seien die Ausländer. Wer eine solche Antwort hat, für den ist die Welt einfach, und er hat faktisch kein politisches Problem. Ein politisches Problem hat der, der Flüchtlingen helfen will, aber das Gefühl von Kontroll- und Ordnungsverlust ernst nimmt. Die Doppelzüngigkeit wird von den AfD-Spitzen ja sogar zugegeben. So nannte der Vorsitzende der AfD in Brandenburg, Alexander Gauland, die Flüchtlingskrise ein »Geschenk« für seine Partei. Und nachdem die Balkanroute geschlossen worden war und kaum mehr Menschen nach Deutschland kamen, stürzte sich die AfD auf den Islam und machte sich zur »Anti-Islam-Partei«, weil sich das bestens für die »Außenkommunikation« eigne. »Die Presse wird sich auf unsere Ablehnung des politischen Islams stürzen wie auf kein zweites Thema des Programms«, schrieb die Nationalkonservative Beatrix von Storch. Man müsse das Thema »mit einem Knall öffentlich machen«. Und so beschloss es der Parteitag der AfD dann wenige Wochen später auch im Mai 2016.

Der Punkt an dieser Stelle ist gar nicht die Islamfeindlichkeit selbst, sondern die Tatsache, dass offen ausgesprochen wird, dass man die Krise braucht, um politisch zu reüssieren. Eine populistische Partei wie die AfD braucht die Krise, um ihren Protest zu mobilisieren. Demokratische Parteien müssen Krisen lösen. Das macht ihren Job ungleich schwieriger und für manche vielleicht auch unattraktiv. Das markiert den Unterschied zu demokratischen Parteien. Diese wollen Krisen für die Gesellschaft lösen, populistische Parteien beschwören sie herauf, um von ihnen zu profitieren. Lösen aber kann man Krisen nur mit Geduld und der Fähigkeit zum Kompromiss.

Wenn das politische Ziel aber ist, Angst und Furcht zu reduzieren und dem Pessimismus entgegenzutreten, dann sollten wir stärker die Kontinuität und das Positive – das, was sich eben nicht ändern wird – in den Vordergrund rücken. Wir sollten uns klarmachen: Ja, die Krisen der Welt rücken näher, sie haben auch mit uns zu tun, aber Deutschland ist kein Krisenherd, wir sind nicht vom Untergang bedroht. Wir sind ein starkes und reiches Land, unsere Wirtschaft wächst noch immer, die Zahlen des Arbeitsmarktes entwickeln sich gut, die Nachfrage nach Arbeitskräften steigt. Niemand wird durch Flüchtlinge arbeitslos werden, nicht zuletzt werden durch Flüchtlinge neue Jobs entstehen und tun es schon heute. Die knapp sieben Millionen Menschen, die als Nichtdeutsche in Deutschland leben, erwirtschaften ein Steuerplus von 22 Milliarden. 2015 sorgten die Flüchtlinge für einen Anstieg des BIP von 0,25 %. 12 Milliarden Euro an öffentlichen Geldern werden durch die Flüchtlinge ausgegeben, 25 000 neue Lehrer und Lehrerinnen, 15 000 zusätzliche Polizisten werden eingestellt, 20 000 neue Stellen in der Verwaltung entstehen. Die Zuwanderung ist schon jetzt ein kleines Konjunkturprogramm. Und am Ende des Tages wird die deutsche Fußballnationalmannschaft mindestens genauso gut spielen wie bisher. Vielleicht sogar besser, weil Özil, Khedira, Boateng, Gündogan, Rüdiger, Mustafi, Can, Bellarabi, Tah, Sané und all die anderen deutschen Jungs in ihr kicken.

Es ist nichts Außergewöhnliches, dass wir im Privaten konkrete Sorgen und Fragen haben und anders reden und agieren denn als Bürgerinnen und Bürger. Es ist ja gerade der Sinn eines demokratischen Staates, dass wir auf ihn Verantwortung delegieren, um es besser hinzukriegen, als wir es allein könnten. Der Staat ist der Sachverwalter unseres Idealismus – oder könnte es zumindest sein. Diesen Bürgersinn zu organisieren bedeutet in diesem Fall: Wir brauchen ein Einwanderungsgesetz, das Zuwanderung ordnet und organisiert und den politischen Streit über das Ob zu einem über das Wie und vielleicht auch über das Wieviel macht.

Ein linkes Bekenntnis zum Staat geht vielen in meinem Umfeld noch immer schwer von den Lippen. Es ist immer ein Spagat, Dinge ändern zu wollen, sich aber gleichzeitig zu den staatlichen Prozessen der Änderung zu bekennen. Und ja, er kann auch in Anpassung und Bequemlichkeit enden. Das Gefährliche ist, dass man es selbst nicht merkt, weil die Macht der Institutionen so groß sein kann. Aber umgekehrt wird eben kein Schuh daraus. Der Wunsch nach Veränderung, ja Aufbegehren, nach Nichtanpassung, so notwendig er als Impuls ist, wird politisch destruktiv, wenn er sich um die Verantwortung für staatliche Institutionen drückt.

In ihrem Buch »Why Nations Fail« erläutern die amerikanischen Ökonomen Daran Acemoglu und James A. Robinson, dass Staaten nicht, wie oft behauptet, an Kriegen, Religionskämpfen oder Klimakatastrophen zerbrechen. Sie scheitern, wenn ihre staatlichen Institutionen nicht mehr funktionieren. Rechtsstaatlichkeit, Vertrauen in das Einhalten der gesellschaftlichen Regeln und Meinungsfreiheit sind die Bedingungen dafür, dass sich Kreativität und Talente entfalten können, dass Neues entsteht, dass Mut gelebt wird. Vetternwirtschaft, Korruption, Chaos lassen Angst entstehen. Wer gesellschaftlichen Fortschritt will, muss sich also um den Staat kümmern.

Politiker sind Scheinriesen

Mein neues Büro als Minister war, so schien es mir, in
den letzten zehn Jahren überhaupt nicht verändert worden. Sogar ein alter Röhrenfernseher stand dort noch. Ich
habe bis heute keine Idee, wer von meinen Vorgängern im
Amt wohl jemals Zeit hatte, Fernsehen zu gucken. Denn
der durchschnittliche Alltag sieht so aus, dass man morgens ins Ministerium fährt, dann folgen Bürorunde, Rück-
sprachen, Besuche, Kabinetts- oder Bundesratsvorberei-
tungen. Nachmittags gibt es entweder Fraktionssitzungen
oder ich besuche Bauernhöfe, Naturschutzgebiete oder
Umspannwerke. Abends ist dann meist die ein oder andere Veranstaltung – zum Fernsehgucken fehlt jede Zeit.
Außerdem ist man ständig an den Nachrichtenfluss an-
geschlossen, produziert die Nachrichten entweder selbst
oder kommentiert sie oder liest sie bei Twitter zumindest
mit.

Eines der Dinge, die am schwersten zu lernen und durchzuhalten sind, ist übrigens, ab und zu Nein zu sagen zu all
dem Aufwand, der betrieben wird, um das Leben als Minister zu organisieren. (Genauso schwer ist es, Zeit zum Denken, zum Schreiben und zum Lesen zu verteidigen.)

Als Minister bekommt man einen Dienstwagen und Fahrer. Und wenn der Tag länger als 13 Stunden dauert, was regelmäßig der Fall ist, dann noch einen Ersatzfahrer. Bevor
ich die Post das erste Mal sehe, hat sie schon drei Stufen
durchlaufen – Registrierung, Büroleitung, Staatssekretärin –

und ich finde auf den Briefen stets einen Stempel, aus dem hervorgeht, wie mit dem Posteingang weiter zu verfahren ist: Antwortentwurf für M (das Kürzel steht für »Minister«), Vermerk erstellen, Beantwortung durch die Fachabteilung etc. Wenn ich telefonieren möchte, stellt mein Vorzimmer den Kontakt her und leitet den Anruf nur weiter. Mein Kalender wird von anderen geführt. Das heißt, über den Verlauf des Tags entscheidet man bestenfalls marginal selbst. Und wenn ich selbst im Kalender etwas umbaue, etwa einen Termin kürzer mache oder einen neuen einfüge, gibt es immer ein Tohuwabohu. Wenn ich unverschlüsselt in den Kalender schreibe, mit wem ich mich zum Essen verabredet habe oder wann ich mit meinen Kindern was im Kino sehen werde, verfolgen das etwa 40 Leute. Außerdem wird der Kalender wöchentlich dem Landeskriminalamt vorgelegt, das eine Gefährdungsanalyse machen muss und mir manchmal Personenschutz anbietet, was ich dankend ablehne. Mein Handy wird von einem Administrator gewartet, bei Terminen werde ich in der Regel von ein bis drei Mitarbeitern begleitet. Und bis auf die Zeit in meinem Büro und bei den Fraktionssitzungen im Landtag steht eigentlich immer irgendwo irgendwas zu essen rum.

Ich weiß, dass das alles seinen Sinn hat: dass Abläufe nachvollziehbar sein müssen und deshalb meine Tage eben keine Privatsache mehr sind, dass Dienstwege eingehalten werden müssen, keine Post verloren gehen darf (was sie garantiert würde, wenn ich sie allein verwalten würde). Und ich weiß, dass viele Menschen große Mühen auf sich nehmen, politisch und persönlich auf mich aufzupassen, ihre Zeit, Geduld und Klugheit in Arbeitsabläufe einbringen, die letztlich mit mir verbunden werden. Ich habe wahrhaft keinen Grund, mich zu beklagen.

Aber es ist noch immer irritierend, wenn mich jemand anruft und mir sagt, wo ich gerade bin, als ob er durch das Telefon schauen könnte. Und es ist noch immer gewöhnungsbedürftig, dass auch persönliches Lob oder Schmähungen in der Post von vielen Menschen mitgelesen werden. Der Raum des Privaten ist ziemlich reduziert. Als ich einmal morgens um fünf den Zug von Herne nach Berlin nehmen musste und um halb fünf durch die menschenleere Fußgängerzone Richtung Bahnhof trottete, kam ein Polizeiauto auf mich zugefahren. Es hielt. Zwei mir wildfremde Polizisten stiegen aus und sagten: »Guten Morgen, Herr Habeck, haben Sie gut geschlafen?« Morgens um halb fünf in Herne – irgendwie bleibt das befremdlich.

Umgekehrt kann man, wenn man will – genauer: wenn man nicht die Widerstandskraft aufbringt, ab und an Nein zu sagen –, seinen Tag mehr oder weniger völlig ohne Kontakt zur realen Welt verbringen. Man wird abgeholt, läuft wie ferngesteuert durch den Tag, muss sich nicht um Fahrkarten oder Brötchen kümmern, ja, ich muss noch nicht mal selbst Reden oder Aufsätze schreiben, wenn ich nicht will. Und abends gibt es eigentlich immer eine Einladung, eine Rede, eine Diskussionsrunde mit anschließendem Essen und reichlich Trinken. All diese kleinen verführerischen Dinge sind der Beginn eines gefährlichen Sogs in die Konformität.

An jenem Tag meiner Vereidigung im Landtag habe ich mir jedenfalls ein paar Dinge vorgenommen, um halbwegs mein eigener Herr zu bleiben. Ich versuche, ab und an mit dem Zug zu fahren – was ungefähr eine Stunde länger dauert und deshalb so häufig nicht geht, weil diese Stunde dann im Ministerium fehlt. Aber ich bilde mir ein, wenn man ab und an mit morgenmüden Pendlern beim Umsteigen friert, bleibt der Blick klarer. Ich versuche, nach Empfängen oder Reden nicht länger, als es die Höflichkeit gebietet zu bleiben, und begründe das mit der Wahrheit: »Ich würde lieber mit meiner Familie essen.« Die Menschen nicken und akzeptieren das, aber ich weiß, dass sie enttäuscht sind.

Ich setze mein Versprechen, keinen Schlips zu tragen, auch im Ministeramt fort. Und ich rede frei. Ich habe vorgeschriebene Reden abbestellt. Es gibt gute fachliche Vorbereitungen, aber keine ausformulierten Reden. Frei zu sprechen ist nicht nur eine Möglichkeit, die Zuhörer beim Reden anzuschauen und zu prüfen, ob man sich verständlich machen kann, es ist auch ein Moment der Selbstbestimmung und Freiheit, Ideen und Entscheidungen aus dem Moment und aus eigener Kraft heraus zu treffen. Es ist ein Moment, in dem fachliche Vorbereitung und Vorstellungskraft zusammenkommen können, wenn man die Dynamik des Augenblicks aufnimmt und seine Gedanken weiterdenkt. Doch genau das macht die Arbeit für die Menschen in meinem Ministerium mit mir nicht einfacher. »Was hat er denn gesagt?«, darüber beginnt schon kurz nach einer Rede die Auseinandersetzung. Termine müssen ja auch nachbereitet werden und Ministerworte sind quasi Zusagen. Aber freie Reden reduzieren komplexe Inhalte auf das Wesentliche. Vor allem aber sind sie eine Chance, sich als Person zu behaupten, in einem Job, der einen automatisch zur Amtsperson macht. Empathie und Leidenschaft, das Ringen um Lösungen, das Zusehen beim Denken und nicht das Aufsagen von Meinungen, machen gute Reden aus. Das, was wir alle wollen, sollte die Reden von Politikern bestimmen: angesprochen werden.

ALS ICH ZUM ERSTEN MAL in meinem neuen Büro stand, nahm die Aufgabe, ein Land zu gestalten, plötzlich ganz konkrete Umrisse an. Da lag der Füller meiner Amtsvorgänger, mit dem ich Gesetze unterschreiben würde, sogar ein Tintenfass stand da und ein Papierroller, damit die Tinte nicht verwischt. Da waren all die Ablagen und Schubladen leer geräumt, die sich in den nächsten Jahren füllen sollten. Das Wissen, dass ab jetzt alles, was ich beschließen oder unterschreiben würde, reale Auswirkungen auf reales Leben haben würde, war plötzlich allgegenwärtig, ein bisschen beängstigend, aber vor allem ein riesiger Ansporn, die Dinge gut zu machen. Ein Ansporn, der mich fast euphorisierte.

Ich erinnerte mich, dass ich in jenem Raum einmal Klaus Müller, den grünen Umweltminister im zweiten Kabinett Simonis und jetzigen Chef der Verbraucherschutzzentrale, besucht hatte. Ich war noch nicht Landesvorsitzender und wusste auch nicht genau, wie ich ihn anreden sollte: Siezen oder duzen? Herr Minister oder Klaus? Ich kann mich an diesen Respekt vor Amtspersonen noch ganz gut erinnern, so merkwürdig er mir heute erscheint. Denn heute erlebe ich selbst, wie bedeutungsvoll für viele Menschen Titel wie Minister, Oppositionsführer oder Abgeordneter sind. Selbst Bauern, die auf einer Demo meine Reden in Pfiffen untergehen lassen, sprechen mich danach mit »Herr Minister« an.

Ich glaube nicht, dass daraus noch ein altes, obrigkeitsstaatliches Denken spricht. Ich glaube heute, dass der Respekt vor Menschen, die Ämter bekleiden, darin begründet liegt, dass sie für uns als Gesellschaft sprechen und entscheiden, nicht nur allein für sich und – bei allem politischen Wertegerüst, das sie hoffentlich mitbringen – auch nicht nur für ihre Partei. Auch wenn wir nicht jeden ein-

zelnen von ihnen gewählt haben mögen, als »Staatsdiener«
verkörpern sie die Institutionen, die unsere Geschicke prägen. Wir zollen ihnen, auch wenn wir sie doof finden, Respekt, weil wir unser Gemeinwesen respektieren.

Allerdings bröckelt dieser Respekt vor den Institutionen
zurzeit. Das liegt auch daran, dass wir als politische Linke
uns zu wenig um sie gekümmert haben, dass wir uns zu wenig mit dem Gemeinwesen gemein gemacht haben. Auf der
anderen Seite formiert sich zunehmend und ausgehend von
einem völkisch-antiparlamentarischen Grundansatz eine
Verachtung für die Institutionen unserer Gesellschaft von
rechts. Was Polizisten von ihren Einsätzen berichten, welcher Hass und welche Verrohung ihnen auf offener Straße
begegnen, lässt darauf schließen, dass sie oftmals in ihrer
prinzipiellen Rolle nicht mehr anerkannt werden. Andererseits stellen wir Politiker ihnen nicht genug Ausrüstung
und Personal zur Verfügung, sodass sie manchmal in Situationen überfordert, auch falsch, reagieren, wie im Februar
2016 im sächsischen Clausnitz.

Auch die Politiker, selbst die Bundeskanzlerin, sind zunehmend einer Beschimpfungsorgie unterworfen, die jedes
Maß verloren hat. Von Morddrohungen bis zu perversen
Sexfantasien reichen die in aller Öffentlichkeit und oft unter
Klarnamen vorgetragenen Pöbeleien. Die Strategien, damit
umzugehen, sind sehr unterschiedlich. Ich kenne Kollegen,
die versuchen, solche Anfeindungen zu ignorieren, andere
kämpfen bei Twitter oder Facebook unverdrossen dagegen
an. Aber auch die Abgehärteten sind, wenn man mal wirklich persönlich redet, erschöpft von der Hass-Kanonade,
die da auf sie einprasselt. Ich kenne im Grunde niemanden,
der es nicht an sich ranlässt. Alle sind als Menschen verletzt.
Das macht sie mir sympathisch. Und deshalb schreibe ich

das. Nicht, um um Fairness zu betteln, sondern um deutlich zu machen, dass hinter jeder Funktionsbezeichnung ein Mensch steht, der Frust und Trauer genauso mit ins Bett nimmt wie jeder Lehrer, Tischler oder Bahnschaffner. Überhaupt wird Macht kleiner, je näher man ihr kommt. Politiker sind Scheinriesen. Wenn man sie kennenlernt, schrumpfen sie auf ein normales, menschliches Maß. Ein Amt innezuhaben bedeutet eben nicht, dass man automatisch eine bedeutende Persönlichkeit ist. Ich verstehe, respektiere, ja fordere inzwischen, dass man dem Staatsbürgerlichen, dem Republikanismus, eine Form geben muss. Aber Politik bleibt eben auch nur menschlich, nahbar und halbwegs sympathisch, wenn sie von Personen gelebt wird, die nicht in dieser Form aufgehen, die sich die Freiheit nehmen, hin und wieder aus dieser Form herauszutreten.

Doppelter Respekt

Sich diese Freiheit zu nehmen ist wichtig. Die kleinen Momente, in denen man Abstand nimmt zum Politikgeschäft. Wenn man zu früh zu einer Diskussionsveranstaltung an der Uni kommt und kurz auf der Treppe mit Studenten sitzt. Wenn man zwischen Kabinettssitzung und Bürorunde einen unbemerkten Abstecher macht und kurz an der Förde in der Sonne eine halbe Stunde schwänzt. Und das Größte: wenn man sein Handy aus Versehen im Auto liegen lässt und einen Abend nicht erreichbar ist. Dann gewinnt man Abstand zu seinem Tun und – wenn es gut läuft – Kraft, darüber nachzudenken.

Wenn behauptet wird, Politik sei nicht mehr ehrlich, Politiker seien nicht glaubwürdig, dann ist damit meist gemeint, dass sie als Personen nicht mehr wahrnehmbar sind, dass sie eine Sprache sprechen, die sich in Worthülsen erschöpft. Aber wie Politiker reden, hat eben auch mit einem Widerspruch zu tun, den ich am eigenen Leib deutlich machen kann. Als ich im Internet einen Witz über mich las, der mich als »Schwein« darstellte, dem man den Tod wünscht, und den ich vor 30 Jahren selbst erzählt hatte – nur dass Adolf Hitler damals an meiner statt stand –, hoffte ich zum ersten Mal, dass meine Kinder nicht lesen würden, was über mich geschrieben wurde. Der Widerspruch ist, dass man als öffentliche Person einerseits aushalten muss, als Instanz, quasi als Neutrum, gesehen zu werden. Leute, die man nicht kennt und die einen nicht persönlich kennen, reden über einen. Man wird zu einem Objekt. Die menschliche Verletz-lichkeit darf man sich nicht anmerken lassen. Andererseits wird gerade bemängelt, dass die Politiker als Personen nicht greifbar sind, dass sie wie Sprachroboter sprechen. Und klar, wenn einem jederzeit jedes Wort falsch ausgelegt wer-den kann, versucht man, möglichst wenig Anstößiges und irgendwann dann auch wenig Interessantes oder Individu-elles zu sagen. Wenn die tägliche Erfahrung ist, in Online-Foren als »Verräter«, »Hurensohn«, »Schlampe« oder »Unge-ziefer« beschimpft zu werden, schwinden irgendwann die Widerstandskräfte. Und irgendwann hört man auch auf, die Sprüche in den sozialen Medien zu lesen, einfach, weil man nur ein gewisses Maß an persönlicher Beleidigung ertragen kann. Also erlischt die Kommunikation. Ein Teufelskreis ...

Irgendwie müssen wir den Schalter umlegen. Es ist ja im Grunde schon falsch, in einer Demokratie, wo jeder Mensch sich politisch engagieren kann, von »der Politik« und »den Menschen« zu reden. Es sind wir Bürgerinnen und Bürger mit unseren Ideen, die ein Gemeinwesen zusammenhalten, beflügeln oder eben auch zerstören können. Das zu wissen bedeutet auch zu wissen, dass Menschen auch die Quelle für Fehler sind. Dass wir das zulassen und akzeptieren müs-sen, wenn wir wollen, dass sie in die Politik gehen und in der Politik Mensch bleiben.

Aber das ist leichter geschrieben als getan. Es hat einen Preis. Die politischen Fehler, die ich gemacht habe, sind nicht zuletzt dadurch entstanden, dass ich eben als Mensch gehandelt habe, einfach einem emotionalen Impuls gefolgt bin. Das kann eben auch ins Auge gehen.

Einmal – wir standen als Landesregierung unter erheb-lichem politischen Druck wegen der Krise um das neue Hochschulgesetz – ließ ich mich auf ein pöbelndes Intermezzo mit demonstrierenden Studenten ein. Eine Stunde lang ließ ich mich auspfeifen und merkte schon, wie ich innerlich immer böser und bockiger wurde. Außerdem wollte ich mich in einer Art Großer-Bruder-Reflex vor meine Kollegin, die Bildungsministerin, stellen, die unfair behandelt und auch mit Anspielungen unter der Gürtellinie traktiert wurde. Ich forderte das Mikro von den Demonstranten ein, um mit ihnen zu reden. Es wurde mir verwehrt und ich schrie einen Studenten dann eben ohne Mikro an.

Die Bilder, die abends über die Fernsehmonitore liefen, waren nicht schön. Ich lieferte die öffentliche Szene zur Regierungskrise. Mein Verhalten war nicht »menschlich« oder »persönlich«, nur unsouverän und peinlich. Ich war spontan, so, wie ich eigentlich sein will. Aber genau diese Spontanität hat eben auch Grenzen bis in den Alltag hinein. Mit zerrissenen Jogginghosen und ausgetretenen Turnschuhen Brötchen zu holen geht nicht mehr, wenn man damit rechnen muss, dass einen jeder zweite Bürger anspricht. Beim Handball laut den Gegner oder den Schiedsrichter zu beschimpfen verbietet sich, wenn es am nächsten Tag in der Zeitung stehen kann; und beim Joggen im Wald ausspucken, sollte man nur, wenn keiner zuguckt.

Ich habe mich nach meinem Auftritt bei den Studenten öffentlich entschuldigt. Ich habe eingeräumt, dass das unprofessionell, unhöflich und eines Ministers unwürdig war. Andererseits weiß ich natürlich, dass das Einräumen von zu vielen Fehlern zu viel Angriffsfläche bietet. Denn wenn sie Schwäche riecht, ist die politische Welt unerbittlich. Vor dieser Unerbittlichkeit schützt die Institution, die gegengelesene, nicht freie Rede, die gute fachliche Vorarbeit. Es ist ganz schön schwer, das eine zu tun, ohne das andere zu lassen.

Es gibt also sehr gute Gründe, warum Kalender von Sekretariaten geführt und Briefe von mindestens vier Augen gegengelesen werden. Wenn ich im Amt als Minister etwas gelernt habe, dann ist das ein doppelter Respekt. Der Respekt vor den verschiedenen Formen der Sicherung. Aber auch Respekt vor dem Wunsch, dass Politiker nicht hinter all den Sicherheitsmechanismen unangreifbar und ungreifbar werden. Und daraus resultiert das Bedürfnis des »Gegenlebens«, diese Sicherungen immer mal wieder infrage zu stellen.

ICH ÜBERPRÜFE MICH immer noch oft, wie ich eigentlich meine Aufgabe als Minister sehe. Fast alle Menschen, mit denen ich zusammenarbeite, sind bessere Fachleute auf ihrem Gebiet, als ich es je werden könnte. Ich werde nie der bessere Bauer, Fischer, Ingenieur oder Biologe sein.

Kenntnisreiches Detailwissen führt in der Regel zu besseren Entscheidungen als Ahnungslosigkeit und pauschale Floskeln. Aber Vernunft, Detailkenntnis und Kompromisse machen eben noch keine Politik aus. Sie sind notwendig, nicht hinreichend. Systeme, Regeln, Parteizentralen, Medienwelten sind wirkungsmächtig und es ist schwer, sich in ihnen mit eigenen inhaltlichen und persönlichen Vorstellungen zu behaupten. Auf der anderen Seite suchen wir diese Selbstbehauptung, ja sehnen sie herbei. Wenn Entscheidungen nur noch als anonyme Prozesse wahrgenommen werden (oder es tatsächlich sind), wenn das politische System an einem Mangel an Greifbarkeit oder Authentizität leidet – dann zieht das mittelfristig eben auch einen Vertrauensverlust in staatliche Repräsentanz nach sich.

Meine Aufgabe kann es also gar nicht sein, mir das bessere Fachwissen anzueignen (wobei, wie gesagt, Entscheidungen natürlich umso fundierter werden, je mehr man sich in ein Thema eingearbeitet hat). Ich denke, die Aufgabe des Politikers im Amt ist es, die Antworten der Fachleute an den gesellschaftlichen Fragen und Erwartungen zu messen bzw. gesellschaftliche Fragen und Zweifel aufzunehmen, zu artikulieren und so Antworten einzufordern und im Parlament für sie geradezustehen, die ohne eine Außensicht nicht zustande gekommen wären. Und dieses Messen und Zweifeln kann nicht anders als wertegeleitet erfolgen. Im Kern also hinterfragt und korrigiert ein Politiker die Verfahrensgänge und Rechtssetzungen entlang einer Wertediskussion, einer ethischen Fragestellung, um einen neuen, besseren Kompromiss zu schließen. Im besten Fall reagiert ein Politiker nicht nur auf Entwicklungen, sondern stößt sie an, formuliert neue Aufgaben und entwickelt neue Lösungen, ein neues Bewusstsein, um Dinge zu verändern.

So relativ dieser Gedanke ist, so ermutigend und tröstlich ist er. Er ist eine Einladung an uns alle, sich politisch zu engagieren. Man muss nicht erst eine Doktorarbeit in politischen Wissenschaften absolviert haben. Und er besagt, dass Politik ein ethisches Rückgrat hat oder haben sollte. Inwieweit man (ich) dann den Ansprüchen genügt, entscheiden klugerweise andere – in einer Demokratie alle anderen. Und gerade das ist tröstlich, denn es teilt die Verantwortung breiter.

Ein grünes Erbe ...

Eine gute Verwaltung bereitet ungeordnete Vorgänge zu gerichtlich überprüfbaren Verfahren auf. Aber das perfekteste Verfahren, bei dem man alles richtig macht, führt in der Politik oft trotzdem nicht zum Erfolg. Dieser kann sich dann einstellen, wenn es gelingt – gerade in schwierigen Situationen –, die direkte Kommunikation mit den Betroffenen und Bürgerinnen und Bürgern herzustellen.

War es noch vor wenigen Jahren vollständig ausreichend, dass die Ministerialbürokratie ein rechtskonformes Verwaltungshandeln gewährleistet, weil die Politik die Akzeptanz dieses Verwaltungshandelns quasi als gegeben voraussetzen konnte, reicht dies heute hinten und vorne nicht aus. Nicht zuletzt aus den Bürgerbewegungen der grünen Gründerjahre ist eine breite gesellschaftliche Erwartungshaltung entstanden, früh und informell beteiligt zu werden. Und aus dem grünen Staatsskeptizismus der Anfangsjahre ist mitunter ein tiefes und grundlegendes Misstrauen in jedes staatliche Handeln geworden. Ironischerweise richtet sich dieses Misstrauen dann eben auch und zuallererst gegen die Grünen selbst in den Regierungen. Die Atom-Endlagersuchkommission zum Beispiel ist der mühsame, immer im Live-Stream übertragene, Kirchen, Verbände, Gewerkschaften mit einbeziehende, dialogorientierte Versuch, ein Endlager anders zu finden, als es vor vier Jahrzehnten mit Gorleben gemacht wurde. Aber allein für die Tatsache, in ihr mitzuarbeiten, schlagen einem von einigen Anti-AKW-

Initiativen tiefes Misstrauen und der Verratsvorwurf entgegen. Ähnlich ist es beim Rückbau der Atomkraftwerke in Schleswig-Holstein, den ich zu verantworten habe und nach Kräften voranbringe. Ich setze damit den Atomausstieg auch materiell um. Aber die alten Anti-Atom-Initiativen misstrauen jedem Verfahrensschritt und sorgen sich um die Sicherheit.

Ja, manchmal scheint es geradezu, als ob die größten Siege der Grünen nicht der Atomausstieg, die Energiewende oder der Stellenwert des Umweltschutzes sind, sondern der Siegeszug der Protestkultur. Nur dass es heute keine Hippies sind, die sich gegen Veränderungen stellen, sondern die Nachbarn von nebenan, oft Menschen fortgeschrittenen Alters, die Zeit haben, weil sie sich im Ruhestand befinden. Während die sozialen Bewegungen und Proteste derzeit (trotz grassierender sozialer Schieflagen) in Deutschland kaum wahrnehmbar sind, sind die »bürgerlichen Proteste« gegen Veränderungen laut und vernehmlich.

Diese Proteste und ihr Erregungszustand spiegeln sich nicht zuletzt in der Talkshow-Kultur. Diese Sendungen heißen ja »Shows«, weil sie möglichst unterhaltsam sein sollen und nicht zwingend möglichst politisch oder gar aufklärerisch. Schon gar nicht sollen sie eine Lösung herbeiführen, denn dann gäbe es ja keine Fortsetzung. Damit ist nicht gesagt, dass Talkshows nicht gut und manchmal auch erhellend sein können. Aber sie verstärken eben auch einen Hang zur Selbstbezüglichkeit von Politik. Das Reden der Politiker untereinander und übereinander scheint wichtiger, als sich den Menschen direkt zu stellen. Dass es zum Beispiel extra Bürgerformate für die Kanzlerin und Spitzenkandidaten gibt, deren einziger Sinn und Zweck es ist, den Anschein zu erwecken, dass Politiker »normale Menschen« treffen, ist doch letztlich entlarvend. Wäre Spitzenpolitik dichter an den Menschen, wären solche Runden völlig überflüssig. Und es ist ja letztlich ganz leicht zu organisieren. Probleme gibt es genug. Man muss sich ihnen nur stellen wollen.

Als grünes Erbe des aufbegehrenden Widerstands erwarten Menschen heute jedenfalls ganz selbstverständlich und völlig zu Recht, vor einem Verwaltungsakt gehört und beteiligt zu werden. Beim Hochwasserschutz, bei der Errichtung von Erstaufnahmeeinrichtungen für Flüchtlinge, Windkraftanlagen, beim Rückbau von Atomkraftwerken und Schweineställen – immer muss vorab informiert werden. Tut man es nicht, bezahlt man mindestens mit Mehrarbeit, um den Protest wieder einzusammeln. Wenn ein Bürgermeister heute in einer Zeitung verkündet, mit ihm sei ja gar nicht geredet worden, ist das die Diskreditierung von Verwaltungs- und Regierungshandeln schlechthin.

Aber die Verwaltung ist nur begrenzt auf diesen Wandel der Gesellschaft eingestellt. Juristen und Geologen sollen Genehmigungsverfahren für Erdgas- oder Erdölförderung abwickeln – aber faktisch sind sie drei- oder viermal im Monat bei Diskussionsveranstaltungen zu Fracking, in Sälen mit 200 oder 300 wütenden Bürgern. Und das alles außerhalb der Kernarbeitszeit.

Fachwissen ist da maximal die halbe Miete. Die Bürgerinnen und Bürger erwarten, dass sich nicht nur Parteipolitik, sondern auch aus Politik resultierendes staatliches Verwaltungshandeln erklärt. Es geht nicht nur darum zu sagen, wie man zur industriellen Tierhaltung steht, sondern auch die Details für Ammoniak-Filter-Erlasse in öffentlichen Diskussionsrunden oder auf Kreisbauerntagen zu verhandeln. Das Problem ist, dass dies eigentlich die Aufgabe von Politik ist. Die Verwaltung arbeitet unter verschiedenen Ministern. Alle paar Jahre wird neu gewählt. Und mit jeder Wahl kann sich die Laufrichtung des politischen Geschäfts ändern. Die besondere Herausforderung heute ist, dass genau diese Trennung nicht mehr akzeptiert wird und in der Praxis nicht mehr funktioniert.

All die Diskussionsforen und partizipativen Angebote, die Parteien und Regierungen organisieren und die dem parlamentarischen Verfahren etwa bei der Gesetzgebung vorgeschaltet sind, um den Wunsch nach Unmittelbarkeit aufzunehmen, sind so gesehen letztlich Instrumente, um zu politischen Entscheidungen zu kommen. Sie sind, und das wird manchmal vergessen, kein Selbstzweck und sie dienen auch nicht zur Unterhaltung. Dialog bedeutet nicht, dass endlos geredet wird und am Ende keine Entscheidung steht, weil man sich nicht einigen kann. Dialogforen sind politische Instrumente, Entscheidungsfindungswege transparenter und breiter zu machen. Aber sie wären falsch angewandt, wenn sie zu keinen Entscheidungen führten. Sie sind nicht dazu da, allen recht zu geben.

Für die moderne Demokratie gibt es jedenfalls keinen Weg zurück. Sie muss Menschen über erweiterte Angebote Partizipation und Beteiligung anbieten – und sie muss sicherstellen, dass Beschlüsse gefasst werden können. Ich glaube und habe erlebt, dass das kein Widerspruch ist und dass man schneller zum Ziel kommt, wenn man einen Umweg nimmt.

... und eine grüne Verantwortung

Gelingt diese neue Kommunikation mit den Bürgern nicht, scheitert oft genug staatliches Handeln, wie zum Beispiel beim Stromnetzausbau Südlink. Den Atomausstieg bejubelte die Politik noch als breiten gesellschaftlichen Konsens, aber für die Konsequenzen wollte sie nicht einstehen. Und ein Politiker wie der bayerische Ministerpräsident Seehofer, der noch im Bundesrat für den Netzausbau gestimmt hatte, schlug sich erst in die Büsche und diente sich dann den Bürgerbewegungen gegen die Stromtrassen an. Jetzt werden die Trassen mit einer Verzögerung von um die sieben Jahren gebaut. Die Kosten, die anfallen werden, weil wir Strom produzieren und die Leitungen noch nicht da sind, werden immens werden. Es hätte auch andersherum laufen können. Was wäre wohl passiert, wenn Horst Seehofer mit Leidenschaft seine Entscheidung im Bundesrat verteidigt hätte?

Die fünf Jahre als Minister haben mich als politischen Menschen noch einmal verändert. Und zwar haben sie mich, entgegen allen Erwartungen und Befürchtungen, zu einem idealistischeren Menschen gemacht – gerade weil der Alltag aus vielen Kompromissen und halben Schritten besteht. Gerade weil es oft mühsam ist, Erfolge zu erzielen. Aber wenn sie gelingen, dann immer und nur dann, wenn Menschen bereit sind, über den eigenen Schatten zu springen, nicht nur aus Eigennutz zu handeln, sondern eben auch Gemeinsinn in sich entdecken. Und davon gibt es mehr, als man denkt!

Dass ich diese Erfahrung so machen konnte, hat viel mit der Struktur meines Ministeriums zu tun. Es ist, was das Themenspektrum angeht, ziemlich groß, auf der Bundesebene sind seine Aufgabenbereiche auf drei Ministerien verteilt: Umweltschutz und Atompolitik im Umweltministerium, Energiepolitik im Wirtschaftsministerium und Landwirtschaft im Landwirtschaftsministerium. Ich kann mich selten nur auf ein Thema konzentrieren und die Verantwortung für die anderen Fragen Dritten überlassen. Ich kann nicht nur für die Energiewende sein, ohne ihre Auswirkungen auf den Artenschutz zu berücksichtigen (Windkraftanlagen können Seeadler, Rotmilane und Fledermäuse töten) oder die Auswirkungen auf die Landwirtschaft. (Wenn die Pachtpreise für Ackerflächen wegen neuer Biogasanlagen und des Maisanbaus dramatisch in die Höhe gehen, müssen vor allem die extensiven, kleinen Betriebe und Ökobauern aufgeben.) Ich will strengeren Gewässerschutz, muss aber den Landwirten auch faire Produktionsbedingungen lassen. Ich will Bauern schützen, aber auch mehr Tierschutz. Und diese Konflikte finden sich genauso zwischen Fischerei und Artenschutz, Forstwirtschaft und Naturschutz, Küstenschutz und Nationalpark, Wolf und Schaf und so weiter und so fort.

Diese Konflikte löst man nicht, indem man Positionen verabsolutiert. Abstrakte Begriffe zu verabsolutieren höhlt letztlich die Begriffe aus, mit denen man sie begründet. Am nervigsten ist das mit dem Gegensatzpaaren Markt und Freiheit versus Staat und Regeln. Sie suggerieren eine Feindschaft zwischen kollektiver Solidarität und individueller Freiheit. Diese Frontstellung geht von dem Gedanken aus, dass es dem Einzelnen am besten geht und der Markt am besten gedeiht, wenn sich der Staat nur heraushält. Auf der einen Seite stehen das Verbot von Glüh-birnen, das Eintreten für ein Tempolimit, die Verteuerung von fossilen Brennstoffen – auf der anderen Seite deren Ablehnung im Namen der Freiheit: also das Recht aufs Ra-sen, auf so viel Fleisch, wie man essen möchte, auf Ener-gieverschwendung. Spätestens diese Gegenüberstellung zeigt, wie falsch, ja kläglich, die Verabsolutierung des Ge-gensatzes ist. Ein Verständnis von Freiheit, das aus Res-pekt vor der Autonomie des Individuums am liebsten gar nichts über den Sinn der Freiheit sagt, führt den Begriff ad absurdum.

Das neokonservative Weltbild möchte uns weisma-chen, dass es – wie die englische Premierministerin Margret Thatcher mal formulierte – gar keine Gesellschaft geben würde, sondern nur Individuen und Familien. Es unter-schlägt, dass Straßen nie allein von Individuen oder Familien gebaut werden könnten, Schulen und Universitäten nicht betrieben, Gerichte nicht Recht sprechen könnten. Ernst ge-nommen schafft diese politische Vorstellung die moderne Gesellschaft und ihre Errungenschaften ab. Sie führt zurück in ferne Clan-Gesellschaften.

Und genau das ist auch der politische Widerspruch, in dem sich die Ultrakonservativen der AfD verheddern. Sie stellen letztlich gerade Errungenschaften der Freiheit wie das Recht auf Erwerb von Eigentum, Berufswahl- und Mei-nungsfreiheit infrage, weil diese immer auch einhergehen mit Pflichten und Rücksichtnahmen. Wenn die AfD den Waffenbesitz aus Gründen der Selbstbestimmung lockern will, muss man kein großer Prophet sein, um vorherzusa-gen, dass das die Selbstbestimmung für viele Menschen ein-schränken würde, weil die allgemeine Gewalt zunehmen würde.

Freiheit des Einzelnen wird eingeschränkt, um die Freiheit der anderen zu schützen. Zum Schutz des Eigentumsrechtes ist Diebstahl verboten, das Baugesetzbuch verbietet, Häuser irgendwo aufs Land zu stellen, Meinungsfreiheit findet ihre Einschränkung in den Grenzen von Anstand und Respekt. Nur das Zusammenspiel von Rechten und Pflichten öffnet den Raum für ein gelingendes Leben, in dem der Einzelne die Freiheit hat, zwischen mehreren Möglichkeiten zu wählen. Gerade die größten Freiheitsfreunde und Verteidiger des Privateigentums gegenüber dem Staat vergessen merkwürdigerweise nur allzu gern, dass gerade auch ihr Eigentum durch den Staat vor Willkür geschützt wird. Der Spruch, nur Reiche könnten sich einen armen Staat leisten, ist bestenfalls halb richtig. Besonders die Reichen profitieren von politischer Stabilität. Staatsverachtung und reflexhafte Abwehr von allem, was Gemeinwohl und Gemeinsinn heißt, wie es besonders von der AfD vorgeführt wird, ist genauso falsch wie die Hoffnung, der Staat könne alles richten. Weder kann noch sollte er Gewerkschaften, Vereine, familiären Zusammenhalt und Solidarität ersetzen noch ihnen alles überlassen. Sowohl ein zu starker Staat als auch der Rückzug des Staates – beides öffnet die Tür für Fehlentwicklungen. Beispielhaft konnte man das an der Bankenrettung und der sich anschließenden europäischen Finanzkrise beobachten. Man hat den Banken zu viel Freiheit gewährt und am Ende musste der Staat einspringen. Spanien, Portugal, Irland, Italien hatten erst *nach* der Rettung ihrer Banken die Staatsschuldenquote, die zur Euro-Krise führte.

Aber die Hauptfehler wurden zuvor gemacht, indem man aus ideologischen Gründen versäumt hat, bessere Regeln für das Finanzsystem einzuführen. Der politische Sinn von

Freiheit wie von Regeln ist nämlich der gleiche: die Bedingungen eines gelingenden Lebens für möglichst viele Menschen zu schaffen.

ÜBER DAS WIE ihres Lebens und dessen Umstände zu entscheiden macht den Kern von Demokratie aus. Die Lebenszufriedenheit, das Glück des Einzelnen sind in der Regel der Gradmesser, der verhindert, dass aus einer objektiven Beschreibung von Fortschritt und Erfolg keine entmündigende, besserwisserische, im schlimmsten Fall totalitäre Struktur wird.

Kompromisse zu schließen, abzuwägen und die Verantwortung für Entscheidungen zu übernehmen haben meinen Alltag in den letzten Jahren bestimmt. Häufig hat das dazu geführt, dass ich es keinem ganz recht gemacht habe. Aber manchmal gelang es eben auch, Lösungen zu finden, die beiden Seiten ihr Recht beließen und trotzdem eine Verbesserung erreicht haben. So materialisiert sich politischer Fortschritt immer nur um den Preis von Verlusten an reiner Lehre. Und oft beklagen Einzelne ihre Verluste nun mal lauter und intensiver, als der Gewinn von der Allgemeinheit begrüßt wird. Die Landwirte klagen bei Gülleausbringung über zu große Abstände an Seen und Gewässern, damit diese vor Nitrat geschützt werden, die Windmüller, dass ein paar Windkraftanlagen nicht gebaut wurden, um Seeadler zu schützen, der Naturschutz, dass immer noch Schweinemastanlagen genehmigt und gebaut werden. Alles, die Errichtung von Windkraftanlagen und Stromtrassen, der Rückbau von Atomkraftwerken, die Suche nach einer Atommüll-Lagerung, wird von Protesten begleitet. Es gibt Bürgerinitiativen und Notgemeinschaften für und gegen Schweineställe, Fracking, CCS, den Wolf, für und gegen besseren Hochwasserschutz. NGOs wie der Bauernverband, der Jagdverband, der Fischereiverband protestieren gegen das Jagdrecht, den Biotopschutz, den Meeresschutz. Zufrieden sind allerdings auch die Naturschutzverbände nicht, solange auch nur ein Seeadler durch eine Windkraftanlage getötet wird.

Das ist auch alles gut und richtig so. Es ist ja die Aufgabe von Lobbygruppen, die Interessen ihrer Mitglieder zu artikulieren. Eine Gesellschaft braucht den Diskurs über die Werte, die sie prägen. Gerade in Zeiten, in denen diese sich verändern. Nur muss eben auch klar sein, dass Politik letztlich einen Ausgleich finden muss, dass Lobbygruppen nicht für die Gesamtheit sprechen. Der Bauernverband soll und muss die betriebswirtschaftlichen Forderungen der Betriebe hochhalten – Politik muss aber auch Gewässerschutz und Artenvielfalt im Auge behalten. Umgekehrt ist es mit dem Naturschutz. Und Flüchtlingsverbände müssen und sollen Stimme der Flüchtlinge sein, während Bürger wollen, dass die Klassengrößen nicht zu groß werden oder der Wert ihrer Grundstücke nicht gemindert wird durch Erstaufnahmeeinrichtungen in der Nachbarschaft. Politikerinnen und Politiker müssen auch dafür sorgen, dass Bauprogramme funktionieren, Kitaplätze geschaffen werden und die Verfahren zügig bearbeitet werden. Und sie müssen Wutbürgern ab und an sagen, dass es so nicht geht.

Das heißt nicht, dass man immer die Mitte der gegensätzlichen Anforderungen finden muss. Immerhin bin ich bei einer ökologischen Partei und bringe einen politischen Wertekompass mit. Wichtig ist aber, die Verschiedenheit der Aufgaben zu akzeptieren. Regierungen und Parteien sind keine Lobbygruppen, die nur einseitig denken und handeln, sondern Verantwortung für das Ganze tragen sollten. Diese unterschiedliche Aufgabenbeschreibung scheint mitunter vergessen zu werden.

Wir müssen den Staat nicht als Autorität akzeptieren, aber wieder stärker als Ordnungsrahmengeber fordern. Der Soziologe Niklas Luhmann hat geschrieben, dass Politik »das Bereithalten der Kapazität zu kollektiv bindenden Entscheidungen« sei. Politik sorge für »kollektiv bindende Entscheidungen durch Testen und Verdichten ihrer Konsenschancen«. Genau. Nur müssen dafür die Karten auf den Tisch. Man muss die Probleme annehmen wollen. Und das setzt voraus, dass man sich als Mensch voll einbringt. Freiheit und System, Macht und Zufall, Republiksinn und Persönlichkeit, sie sind keine Gegensätze, sondern aufeinander angewiesen. Der Staat und das Ich – das ist und bleibt ein Spannungsverhältnis. Aber nur aus diesem Spannungsverhältnis entstehen Leidenschaft und die Aufgeschlossenheit für echte Veränderung. Abstrakte Reden, auch wenn sie eine konkrete Welt von übermorgen malen, sind leer. Und dauernde Beschlüsse ohne politischen Horizont sind blind. Das eine spiegelt sich im anderen.

Eine Politik ohne Vernunft ist so schlecht wie eine Politik ohne Leidenschaft.

Dialog und Veränderung bei schwierigen Prozessen gelingt dann, wenn es um etwas geht, wenn echte Entscheidungen anstehen und echte Menschen sich mit den tatsächlichen Problemen beschäftigen. Wenn das passiert, gibt es keinen Grund für eine Politik- und Republikverdrossenheit.

Ich habe in all den Jahren nie gehört, dass jemand, der nicht meiner Meinung war, es falsch fand, dass ich mich einer Debatte gestellt habe. Meist gelang es sogar, Zustimmung oder mindestens Verständnis zu wecken, wenn man mutig war und dahin gegangen ist, wo es wehtut. Wenn es grünes Erbe ist, dass aus dem demokratischen Aufbegehren und dem Protest eine Unzufriedenheit mit der Politik insgesamt erwachsen ist, dann ist es jetzt vor allem die Verantwortung der Grünen, diese Unzufriedenheit in Bürgersinn zu verwandeln und in konstruktive Politikformen münden zu lassen.

Dass es diese Unzufriedenheit gibt, kann man vor allem an den Umfragewerten in Bezug auf die sogenannten Sekundärtugenden von Politikern, wie Lauterkeit, Integrität, Loyalität, Beständigkeit oder Aufgeschlossenheit, ablesen. Die sind miserabel. Die Unzufriedenheit ist teils grummelnd, teils grassierend. Das Gefühl, »dass es so nicht weitergehen kann«, findet man auf beiden Seiten des politischen Spektrums. Aus ihm spricht vor allem ein tiefes Bedürfnis nach Sinnerklärung und Orientierung in einer unsicheren Welt, einer Welt, die sich durch Kriege und Globalisierung in einem geradezu umstürzlerischen Ausmaß ändert.

Asymmetrische Kriege mit Terroristen müssen gestoppt, der Klimawandel bekämpft, die Flüchtlinge integriert, die Armut vermindert, die soziale Mobilität erhöht werden. Und all das soll geschehen, ohne dabei das Sicherheits- und Erklärungsbedürfnis der Menschen zu enttäuschen. Ganz schön viel verlangt!

Diese »globale Verantwortung«, so richtig sie beschrieben ist, birgt aber auch die Gefahr der Abstraktion und Überforderung. Überforderung tötet unser Engagement. Wenn das globale System an sich falsch ist, wo und wie macht individuelle Verantwortung dann noch Sinn? Verantwortung bedeutet eben auch, dass man Handlungen und Konsequenzen zuordnen kann. Diese Zuordnung gelingt sicher nicht, wenn das Ziel zu abstrakt ist und die Aufgabe so groß, dass man schon der Messias sein müsste, um sie zu stemmen.

Vor allem motiviert eine Politik, die das will, nicht, sondern sie produziert nur lähmende Schuldgefühle. Politisch lauert hier eine große Falle.

Viele Menschen sind bereit, Veränderungen mitzutragen, aber sie wollen wissen, wie es denn gehen soll. Politiker sollen das für sie übersetzen. Statt Lehren oder gar Heilsversprechen zu verkünden, dürfen Politiker gesellschaftliche Verhandlungsprozesse nicht gering achten, sondern müssen sie selbst einfordern und organisieren. Und das bekommen Bürger und Politiker, wir alle zusammen, nur hin, wenn wir eine neue republikanische Zuwendung entwickeln und verabreden, die ungefähr in allem dem widerspricht, was wir uns in den letzten Jahren angewöhnt haben, als Politik zu betrachten, nämlich im Wesentlichen darauf zu vertrauen, dass »die da oben« es schon machen, während wir dem Staatsapparat immer skeptischer gegenüberstehen. Und indem wir irgendwie hoffen, dass wir von der Geschichte verschont bleiben.

Politik muss erklären. Und sie muss den Mut haben, Veränderungen beständig voranzutreiben statt sich vor ihnen wegzuducken. Die Sorgen und Fragen der Menschen einer Gesellschaft im Umbruch sind verständlich. Aber auf komplexe und immer komplexer werdende Herausforderungen mit dem Wunsch nach Vereinfachung, der Sehnsucht nach Verhältnissen, wo alles vertraut und wohlgeordnet ist, zu antworten hilft nicht weiter. Weltfremdheit heute heißt nicht mehr, Visionen und Mut aufzubringen, sondern eben gerade keine aufzubringen. Es heißt, sich zurückzuziehen und national einzuigeln.

Vielleicht waren wir etwas zu häufig beim Arzt, wenn wir den Drang nach Visionen verspürten. Vielleicht sind wir zu auskuriert.

Das Nein gibt dem Neuen keine Richtung

Verantwortung zu übernehmen und Entscheidungen zu treffen ist oft leichter gesagt als getan. Kurz vor Ostern 2013 rief mich der damalige Bundesumweltminister Peter Altmaier am Wochenende auf dem Handy an. Nach dem Vorstoß des baden-württembergischen Ministerpräsidenten Winfried Kretschmann, die Endlagersuche für Atommüll neu zu beginnen, und zwar ohne Vorbehalte, gebe es nun eine Möglichkeit für eine Einigung im Streit um das deutsche Atommüll-Endlager Gorleben. Nach dem Konsens zum Atomausstieg könne auch ein Konsens über den letzten großen Konflikt der Atomkraft in Deutschland erzielt werden, nämlich in der Frage, wohin mit deren Müll. Gorleben (so hatten die Gegner seit Jahren argumentiert, allen voran die Grünen) sei ungeeignet und nur aus politischen Gründen ausgewählt worden. Jetzt solle eine Kommission einen Neuanlauf zur Lagerfindung organisieren. Alle wichtigen Akteure hätten zugestimmt. Einziges Problem: Im Ausland würden noch 21 Castoren auf Rücküberführung nach Deutschland warten. Diese sollten eigentlich nach Gorleben gehen, aber genau das würde den Konsens unmöglich machen und als Zeichen gelesen werden, dass der Neuanfang doch nicht ehrlich gemeint sei. Altmaier fragte mich, ob Schleswig-Holstein die Castoren im Zwischenlager Brunsbüttel unterbringen könnte. Und ich sagte spontan Ja.

Das Zwischenlager war für 80 Castoren gebaut, aber nur neun waren eingelagert, nachdem das AKW Brunsbüttel wegen vieler Störfälle früher vom Netz gehen musste. Es lag an der Unterelbe und war auf dem Wasserweg zu erreichen. Und die Stadt Brunsbüttel hatte noch vor wenigen Jahren einen Beschluss zu einem Neubau eines Atomkraftwerks im Ort gefasst, war also, so dachte ich, nicht prinzipiell gegen Atomkraft und Atommüll. Und es erschien mir allemal sinnvoller, bereits entstandenen Müll zwischenzulagern, als neuen zu produzieren.

Altmaier wollte zeitnah öffentlich machen, dass er eine Zusage von mir habe. Ich informierte den Ministerpräsidenten und mein Team. Mir war schon klar, dass das für viele, gerade in meiner Partei, eine Herausforderung sein könnte. Stets hatten wir »Atommüll, nein danke!« gerufen und jetzt sollten wir freiwillig welchen nehmen? »Atommüll, ja bitte!«? Wir bereiteten ein Statement vor, Altmaier informierte die Presse und ich wartete auf den medialen Sturm, auf den parteiinternen Aufschrei. Ein paar Tage lang passierte nichts. Und dann brach die Debatte mit voller Wucht über mich herein.

Die Stadtvertretung von Brunsbüttel, jene, die noch vor Kurzem ein neues AKW hatte bauen wollen, das locker Atommüll für 100 Castoren produziert hätte, wehrte sich gegen die Rücknahme von 21 Castoren. Die Opposition aus CDU und FDP, die bis zuletzt stets die Atomkraft befürwortet hatte, schloss sich dem Protest an. Dass Altmaier ein CDU-Bundesminister war und er mich gefragt hatte – ich also eigentlich einer schwarz-gelben Bundesregierung half –, schien egal. Und ausgerechnet wir, die Grünen, die nie Atommüll haben wollten, mussten entscheiden und durchkämpfen, jetzt welchen zu nehmen. Genau das fiel einigen in der grünen, aber auch der SPD-Landtagsfraktion unglaublich schwer. Um die Geschlossenheit der Koalition zu demonstrieren, musste im Landtag abgestimmt werden. Aber die eigene Mehrheit im Landtag war nicht sicher und die Grünen veranstalteten einen Sonderparteitag, auf dem auch der Antrag gestellt wurde, die Castoren nicht zu nehmen.

Alles lief auf diesen Parteitag zu, der im Falle einer Niederlage wohl zu meinem Rücktritt geführt hätte, so sehr hatte ich die Castoren-Sache zu meiner gemacht. Aber ich gewann die Abstimmung – letztlich, weil meine Parteifreunde sahen, dass nur eine Bereitschaft, auch schwierige Entscheidungen zu verantworten, Lösungen für allgemeine Probleme herbeiführen kann. »Mir ist klar, dass dies keine leichte Debatte für die Grünen ist, und mir ist auch klar, dass Menschen mir persönlich Vorhaltungen machen und machen werden. Aber wir sind in die Regierung eingetreten, weil wir Verantwortung übernehmen wollten«, argumentierte ich auf dem Parteitag.

Das Problem mit den Castoren wurde dann politisch erst 2015 gelöst: Alle Länder mit Atomkraftwerken folgten unserem Beispiel und erklärten sich bereit, Castoren aufzunehmen. Besonders krass war allerdings die lange aufrechterhaltene Weigerung der bayerischen Landesregierung, ebenfalls in die Verantwortung zu gehen. Bayerns Ministerpräsident Horst Seehofer drohte sogar damit, die Energiewende aufzukündigen. Denn die Energiewende ist ja letztlich die Umsetzung des Atomausstiegs. Bayern wollte also weiter neuen Atommüll produzieren, weil es den alten nicht haben wollte – bei solchen verdrehten Auswüchsen politischer Logik sollte sich niemand mehr wundern, wenn Bürger gegen alles und jedes sind.

Genau das zu durchbrechen, Lösungen zu finden und Dinge nicht einfach auszusitzen oder wegzuverwalten – ich würde schlicht sagen, dem Amt zu genügen –, war damals der Hauptimpuls für unser Ja zu den Castoren. Ich wollte nicht vor der Realität ausweichen. Und das will ich bis heute nicht.

AUCH DER NETZAUSBAU für die Stromtrassen der Energiewende ist unpopulär. So unpopulär, dass – mal wieder – die bayerische Landesregierung und Horst Seehofer das Südlink-Kabel, das erneuerbaren Strom aus dem windreichen Norden in den industriestarken Süden bringen soll, nachgerade sabotierten. Eine ähnliche Länge an Stromkabeln wie die gesamte Südlink-Strecke, und etwa in der gleichen Höhe wie die ursprünglich geplanten Masten, werden in meiner Amtszeit wohl genehmigt und befinden sich im Bau – und zwar durchaus im Einvernehmen mit den Menschen, die betroffen sind. Die Naturschutzverbände verzichteten auf Klagen, die meisten Gemeinden auch.

Das gelang aus zwei Gründen. Einerseits strichen wir das klassische formale Raumordnungsverfahren zur Beteiligung der Bürger und ersetzten es durch ein echtes Dialogverfahren. Das »Raumordnungsverfahren« hätte vorgesehen, die groben Pläne für den Trassenverlauf in Amtsstuben auszulegen. Die Menschen hätten sie dort einsehen und Einwendungen machen können. Stattdessen diskutierten wir, viele Mitarbeiter aus meinem Ministerium und ich, abendelang in vielen großen und kleinen Versammlungen mit den Betroffenen direkt und (im Verwaltungsdeutsch) informell. Wir packten die Karten nicht in Ordner, sondern projizierten sie an die Wand, wir stellten uns den Fragen, wir gingen den Verlauf Kilometer für Kilometer durch, wir suchten gemeinsam nach Lösungen und fanden oft auch welche.

Es war eine gigantische Teamarbeit des gesamten Ministeriums. Der zweite Grund und der eigentliche Kern des Erfolgs war, dass die meisten Bürger uns glaubten, dass wir es ehrlich meinten, dass wir sie nicht hinters Licht führen, dass wir an ihrer Seite stehen beim Suchen der besten Lösung. Und diese Achtung konnten wir nur erreichen, weil wir ihnen die unbequeme Wahrheit nicht ersparten: dass nämlich in jedem Fall eine Stromleitung kommen werde und es nur um das Wie, nicht mehr um das Ob gehen könne. So entstand eine Verantwortungsbereitschaft, für andere, für das größere Ziel einzustehen und sich nicht nur um die eigenen Belange zu kümmern. Am Ende dieses öffentlichen Prozesses baten wir die Bürgermeister der betroffenen Kommunen, den Prozess und die möglichen Lösungen aus ihrer Sicht vorzustellen. Und viele Bürgermeister sagten, dass sie zwar nicht scharf darauf seien, dass die Leitung durch das eigene Gemeindegebiet läuft, aber sie sähen, dass die anderen Gemeinden noch schlechter dran wären. »Von uns aus könnt ihr bei uns bauen!« Solche Bürgermeister sind wahre Helden der Demokratie!

Dass wir in Schleswig-Holstein so weit kamen, lag auch daran, dass beim Leitungsausbau substanzielle Änderungen an den ursprünglichen Plänen vorgenommen wurden, die Beteiligung also nicht nur pro forma durchgeführt wurde, sondern tatsächlich etwas bewirkte. Nur bewirkte sie eben nicht, dass keine Leitung gebaut wurde. Das wäre auch nicht möglich gewesen. Weder Atomenergie und CO_2-intensive Kohlekraftwerke zu wollen noch erneuerbaren Energien und Stromleitungen, dafür aber jederzeit online sein und überall das Handy aufladen zu wollen – das funktioniert nun mal nicht. Und so ist es mit politischen Herausforderungen und Entscheidungen insgesamt.

Zu wissen, was man auf jeden Fall nicht will, ist in Zeiten fehlender Utopien sicherlich ein möglicher persönlicher Ausgangspunkt für eine politische Debatte. Aber nur im Nein zu verharren, nur zu sagen, was man nicht will, ist noch keine Antwort auf bestehende Probleme. Die Summe aus lauter Einzelinteressen und individuellem Nein-Sagen bringt keine Lösung. Die reine Summe aus vielen individuellen Interessen kann nicht automatisch zu einem funktionierenden Gemeinwesen führen. Irgendwann muss sich eine Gesellschaft auf etwas verständigen, das mehr ist als ein »Nein«. Das Nein gibt dem Neuen noch keine Richtung.

Szenarien der Apokalypse –
und die Hoffnung, dass wir sie abwenden können

Die Energiewende konkret umzusetzen, das ist also mein Job in den letzten Jahren gewesen. Aber völlig klar ist auch, dass nicht in einem kleinen Bundesland, ja noch nicht mal im großen Deutschland, das Weltklima allein gerettet werden kann. Es ist zwar sinnvoll und notwendig, die Vorreiterrolle anzunehmen, denn ohne Vorbilder keine Nachahmer. Irgendwer muss ja vorweg gehen. Aber wenn der eigentliche Sinn der Energiewende darin besteht, sie für andere Länder attraktiv zu machen, dann stellt sich ja unmittelbar die Frage, wie sich eine andere Energiepolitik auf die Beziehungen der Staaten untereinander, ihre Abhängigkeiten und Wirtschaftssysteme auswirken würde. Genauer gesagt: Es stellt sich die Frage, ob diese Beziehungen nicht jetzt schon geprägt sind durch die Strukturen der Energieproduktion.

2003 nahm ich an einer großen Demo gegen den Irak-Krieg teil. Ich lief hinter einem großen Transparent, auf dem »Kein Blut für Öl« stand. Außenminister war damals Joschka Fischer. Gute zehn Jahre später lud ich Fischer nach Kiel ein, um mit ihm über Energieaußenpolitik zu diskutieren. Offensichtlich sind die Abhängigkeiten der Staaten voneinander, aber auch die Konflikte der Staaten untereinander oft Konflikte um Rohstoffe, meistens Öl oder Gas. Entsprechend stellt sich die Frage nach einer Energieaußenpolitik grundsätzlich. Wie verändert der Ausbau der erneuerbaren Energien die wirtschaftlichen Interessen und politischen Abhängigkeiten – beginnend mit Russland, endend mit dem Mittleren Osten? Gibt es so etwas wie eine energiepolitische Erzählung von Krieg und Frieden, die durch die Erneuerbaren ein neues Kapitel bekommen könnte? Könnte es vielleicht sogar gelingen, durch dezentrale erneuerbare Energie friedenssichernde Energieaußenpolitik zu betreiben? Mit anderen Worten: Hat mein Plakat die Wahrheit gesagt?

Damit will ich nicht sagen, dass man alles über den gleichen energiepolitischen Leisten schlagen soll. Der Maghreb und der Mashrek werden ihre Kriege und die Gewalt, die religiösen Spannungen und ethnischen Konflikte, ihr Demokratiedefizit, die Korruption und die Frage nach der Identität ihrer Gesellschaften sicher nicht allein durch die Abkehr vom Öl lösen können. Aber der IS finanziert sich auch durch die Ölverkäufe der eroberten Quellen bei Mossul. Und dass sich bei der Ukraine-Krise die Sorge um die Demokratie und Staatlichkeit und die Sorge um die Versorgung mit russischem Gas die Waage halten, ist offensichtlich.

Aktuell kann man die Verwobenheit von Geopolitik und Energiepolitik an der Diskussion um den Bau einer zweiten Gas-Pipeline von Russland nach Deutschland gut studieren. Diese sogenannte Nord-Stream-2-Pipeline würde die Pipeline, die durch die Ukraine, die Slowakei und Tschechien verläuft, überflüssig machen. Und genau darum geht es Russland – die Ukraine zu umgehen und strategisch zu isolieren. 80 % der russischen Gasimporte würden nach Bau der Pipeline durch die Ostsee fließen. Die Mehrheit der europäischen Staaten und die EU-Kommission halten Nord-Stream-2 für falsch. Aber Merkel und Gabriel treiben den Bau der Pipeline voran. Sie stellen sich auf den Standpunkt, dass es hierbei nicht um Politik gehe, sondern um unpolitische Wirtschaft, und folgen damit den Konzerninteressen von Gazprom, der BASF-Tochter Wintershall, Eon, Shell und anderen Multis. Aber das ist falsch. Pipelines sind Politik. In den 1990er-Jahren versuchten die USA durch einen Pipelinebau vom Kaspischen Meer aus Russland zu umgehen. Russland selbst versucht, die Transportkapazitäten von Aserbaidschan, Turkmenistan und Kasachstan zu dominieren. Am Gasnetzausbau machen sich geopolitische, klimapolitische und europapolitische Fragen fest.

Solche Beispiele, wie Energiepolitik und Sicherheitspolitik sich gegenseitig bedingen, gibt es viele. Frankreich bezieht einen Großteil seines Urans aus Mali und Niger – und muss sich dort militärisch engagieren, um diesen Nachschub nicht zu gefährden.

Joschka Fischer nahm meine Einladung an und kam nach Kiel, was cool von ihm war, weil er eigentlich nie solche Termine wahrnimmt. Cool war auch seine Antwort auf die Frage, wie hoch sein Honorar sei: »Kannst du dir sowieso nicht leisten«, sagte er und sprach ohne Honorar.

Ich sammelte ihn in Berlin ein, wir fuhren gemeinsam nach Kiel und ein ordentlicher Pulk von Journalisten erwartete uns genauso wie ein proppenvoller Saal. Es war alles angerichtet für einen großen Abend – und dann sagte Fischer: »Na ja, das Plakat von 2003 war politisch gut. Aber ich glaube nicht, dass der Irak-Krieg etwas mit Öl zu tun hatte.« Überhaupt konnte er mit meiner These einer Energieaußenpolitik nicht so richtig etwas anfangen. Zwar war er gegen das Nord-Stream-Projekt, aber bei der Frage, ob nicht bei den Energieressourcen derzeit eine geradezu tektonische Verschiebung zwischen den Regionen und Kontinenten stattfinde, die weitreichende Folgen für die globale

Wirtschafts- und Sicherheitsarchitektur haben dürfte, wog er nur staatsmännisch den Kopf.

Dabei erleben China, Indien und die Staaten Südostasiens derzeit einen gewaltigen wirtschaftlichen Aufbruch, der scheinbar nur aufrechterhalten werden kann, wenn immer neue Energiequellen erschlossen werden. China geht dabei am energischsten vor und sichert sich im Gegenzug zu Investitionen auf dem afrikanischen Kontinent dringend benötigte Ressourcen an der Quelle. Dabei zeigt die Regierung in Peking wenig Skrupel in Bezug auf Menschenrechte oder Umweltschutz. Gibt es nicht einen Zusammenhang zwischen Bürgerkriegen, Machtsphären und Energiestrukturen? Werden Kriege wegen Rohstoffen geführt? Macht es Sinn, Außenpolitik entlang der strategischen Energiefragen zu konzipieren? Können die Erneuerbaren helfen, eine friedlichere Welt zu schaffen, weil sie keine Rohstoffe verbrennen?

Doch für Joschka Fischer war Außenpolitik im Kern abhängig von den historischen Freund- oder Feindschaften von Staaten, den kulturellen Prägungen der Völker und den diplomatischen Fähigkeiten von Staatenlenkern, sich zu einigen oder nicht.

Aber ob es nicht wahr sei, dass der Frackingboom in den USA diese von einem Import- zu einem Exportland für Erdöl gemacht habe? Auf der Münchener Sicherheitskonferenz sei doch deshalb vor zwei Jahren die Frage aufgeworfen worden, ob sich die USA eben deshalb weniger stark im Nahen Osten engagieren würden als in den vergangenen Jahrzehnten, was auch Ursache für die Instabilität der Region sei?

Kann schon sein, antwortete Fischer, aber wesentlich sei doch, dass George W. Bush es seinem Vater zeigen wollte, und Obama dann Bush junior.

So ging es hin und her. Ich warb für eine europäische Energiewende, nicht allein aus Klimaschutzgründen, sondern weil Europa dann außenpolitisch weniger abhängig von den oft zweifelhaften Regimen im Nahen Osten und in Zentralasien und damit freier im Einsatz für Menschenrechte und Demokratie sein könne. Und es sei doch offensichtlich, dass die fossilen Energien von wenigen Firmen ausgebeutet würden, deren Macht und Finanzkraft so groß sind, dass fast alle Einrichtungen der Demokratie dort erodieren. Ihr Reichtum sei riesig, die Macht auf wenige Menschen konzentriert – und auch die globalen CO_2-Verantwortlichkeiten. Die weltweit größten 20 Energiekonzerne sind für knapp ein Drittel der Treibhausgase verantwortlich. Die 90 größten sogar für fast zwei Drittel. Genau diese Konzerne rutschen inzwischen in die Miesen. Der US-Öl-Gigant Chevron hat allein im ersten Quartal 2016 einen Verlust in Höhe von 725 Millionen Dollar gemacht, Exxon-Mobil im gleichen Zeitraum einen Verlust von 63 Prozent gegenüber dem Vorjahr, Gazprom, BASF, Wintershall, alle haben bilanzielle Schwierigkeiten. Und wenn sie taumeln, dann verhindern sie den Strukturwandel hin zu Erneuerbaren, weil nicht sein kann, was nicht sein darf, dass nämlich solche Giganten pleitegehen. Und umgekehrt zetteln die alten Öl-Ökonomien Krisen an. Saudi-Arabien verkauft sein Öl inzwischen für fast jeden Preis. Damit schadet es seinen Konkurrenten im Nahen Osten, Russland und Iran. Aber es schadet sich auch selbst. Der Staatshaushalt gerät wegen des Ölpreisverfalls ins Taumeln. Und das schürt die innen- und außenpolitischen Konflikte.

Öl gebiert Krisen, versuchte ich Fischer zu überzeugen. Energiepolitik sei Teil der Geopolitik. Nach dem Ölpreisschock 1973 bauten die Ölförderländer ihre Kapazitäten enorm aus, es entstand ein gigantischer Reichtum, argumentierte ich. Die Staatsfonds der Ölländer investierten überall. VW gehört zu 17 % Katar, Daimler zu 7 % Kuwait, der expansive Wahhabismus des Königreichs Saudi-Arabien wäre ohne Ölmilliarden nicht denkbar – und damit ist das Entstehen von IS auch mittelbar mit dem Ölgeschäft verbunden –, und eine Fußball-WM in der Wüste auch nicht. Die nächsten politischen Verwerfungen drohen jetzt, wenn die Ölgelder abgezogen werden. Erneuerbare Energien jedoch funktionieren anders. Sie haben das Zeug, die Ausbeutung von Ressourcen als konflikttreibender Faktor zu überwinden. Die Welt hätte eine Chance auf globale und soziale Gerechtigkeit. Öl stehe für Zentralismus, Oligopole und politische Starrheit, außerdem fördere es Korruption. Regenerative Energien dagegen würden über Technologietransfer neue Chancen für Entwicklungsländer eröffnen und die Entfaltung einer dezentralen Wirtschaft in den Ländern begünstigen. Fossil sei autoritär, erneuerbar sei demokratisch.

Fischer wog wieder lange den Kopf, dann warnte er vor einem zu pauschalen Urteil,

Im Nachhinein glaube ich, dass an diesem Abend zwei unterschiedliche Politikverständnisse aufeinandergestoßen sind. Vielleicht liegt es daran, dass ich zu viel Hegel gelesen habe, aber ich glaube fest daran, dass es hinter einer scheinbar zufälligen und zusammenhanglosen Reihe von Ereignissen oft eine gemeinsame Erklärung gibt. Fehlende Rechtsstaatlichkeit, Unterdrückung und mangelnde Chancen auf Selbstverwirklichung sind ohne Frage oft Auslöser von Gewalt, Revolution und Krieg. Aber dass es zu ihnen kommt, dass Ungerechtigkeit durch materielle Verhältnisse und blockierte Selbstverwirklichung durch Korruption und feudale Machtstrukturen ausgelöst wird, deutet doch auf einen anderen Zusammenhang hin. Vermutlich würde ich mich mit Joschka Fischer einigen können, wenn wir dem historischen Blick auf die Geschichte von Krieg und Konflikten nur lange genug folgen. Aber es muss möglich sein – ich finde, es ist geradezu die Aufgabe von Politik –, auch die Konflikte an der Oberfläche der Gegenwart vor dem Hintergrund der eigentlichen Ursache zu erklären und die Ursache möglichst zu beseitigen. Hegel hat einmal geschrieben, dass die Eule der Minerva ihren Flug in der Dämmerung beginnt. Erkenntnis über das eigene Zeitalter erlange man immer erst, wenn es zu Ende geht. Das mag stimmen oder nicht. Aber in der Politik geht immer irgendein Zeitalter zu Ende, irgendetwas ist immer im Werden und anderes im Vergehen. Und deshalb hat Politik in jeweils ihrer Gegenwart die Pflicht, Erklärungen zu finden und daraus begründete Handlungen abzuleiten. 20 % der Menschheit verbrauchen 80 % der Ressourcen und sind für 70 % der globalen Treibhausgase verantwortlich. Alle, die dieses Buch lesen, gehören zu diesen 20 % – auch wenn der Einzelne zu den am wenigsten Vermögenden in Deutschland gehören sollte. Wenn das als Hauptproblem der Außen- und Wirtschaftspolitik ignoriert wird, wird man keine konsistente Außen- und Wirtschaftspolitik betreiben können.

Aus Hoffnung Realität machen

Unmittelbar verbunden mit der Energieaußenpolitik ist die Bekämpfung des Klimawandels. Der ist längst kein Wort mehr für eine Wohlstands- oder Lebensstildebatte – nach dem Motto: Klimaschutz machen wir dann, wenn wir es uns leisten können, Klimaschutz ist etwas für eine saturierte Gesellschaft, die nicht mehr weiß, was sie sonst tun soll. Faktisch ist keine Außen- und Sicherheitspolitik mehr denkbar, die nicht auch die klimatischen und ökologischen Bedingungen der Regionen und Länder mit berücksichtigt.

Dank WikiLeaks ist bekannt geworden, dass der UN-Vertreter für Syrien bereits 2008 an die Vereinten Nationen schrieb, dass Syrien seit zwei Jahren unter einer Jahrhundertdürre leide (faktisch dauerte sie noch zwei Jahre länger, bis 2010), in deren Folge eine Million Menschen ihrer Lebensgrundlage beraubt werden und in die Städte ziehen würden, die überfüllt seien und sie nicht aufnehmen könnten, dass die Menschen sich folglich politisch radikalisieren und gegen das Regime Assad kämpfen würden. Das mutet heute prophetisch an. Der Ruf des UN-Vertreters nach 20 Millionen Dollar Soforthilfe verhallte ergebnislos und es kam, wie er vorhergesagt hatte.

Damit ist nicht gesagt, wie eine falsche Kritik unterstellt, dass der syrische Bürgerkrieg ein Klimakrieg ist. Der Krieg brach aus, weil Assad ein Diktator und Menschenschänder ist. Aber dass Klimaereignisse auch einen Einfluss auf die

Lebensverhältnisse der Menschen und auf politische Prozesse haben, das sollte nicht länger geleugnet werden.

Das Center für American Progress schreibt im Vorwort zu seiner Studie »Der Arabische Frühling und Klimaveränderungen«, dass zwar der Arabische Frühling nicht durch die Klimaveränderung ausgelöst worden sei, aber dass die Konsequenzen der Klimaveränderungen Stressfaktoren seien, die eine explosive gesellschaftliche Mischung zu einer Revolution werden lassen. Und die Verfasser der Studie folgern: »Die Vereinigten Staaten und seine Alliierten und die Weltgemeinschaft müssen die traditionellen Annahmen korrigieren, was ›harte Sicherheitspolitik‹ ist. Sie passt eher zu den Mustern des Kalten Krieges. Stattdessen muss sie sich mehr auf moderne Konzepte wie Sicherheit, Lebensgrundlagen und nachhaltige Entwicklung konzentrieren.«

Energiepolitik, Nahrungssicherheit, Wasserversorgung, Agrarstrukturen, Klimaveränderung – keines dieser Themenfelder ist heute relevanter Teil von Diplomatie und internationalen Beziehungen. Außenpolitik konzentriert sich bis heute auf zwischenstaatliche Beziehungen, militärisches Gleichgewicht, wirtschaftliche Beziehungen. Dass Klimapolitik auf einer Sicherheitskonferenz eine Rolle gespielt hätte, ist nicht überliefert. Und dass Agrarpolitik die außenpolitische Marschrichtung bestimmt, auch nicht. Dabei war die syrische Dürre doppelt so schlimm, weil Assad bei seiner Machtübernahme 2000 den zuvor streng regulierten Agrarbereich liberalisiert hatte, sodass großagrarische Strukturen entstanden waren, Land von Kleinbauern aufgekauft und so viel Wasser gefördert wurde, wie es nur ging – und damit der Grundwasserspiegel abgesenkt worden war. Der Klimawandel durch Treibhausgase wird in seinen Konsequenzen noch durch falsche Anbaumethoden und eine falsche Agrarpolitik verstärkt. Der subventionierte Anbau von wasserintensiven Kulturen wie Weizen, Baumwolle oder Erdnüsse und falsche Bewässerungstechniken führen zu Bodenversalzung oder Überweidung. Zusammen mit fehlendem Regen wird damit die Lebensgrundlage für die Menschen genommen.

Die Journalistin und Autorin Carolin Emcke brachte es in der *Süddeutschen* auf den Punkt: »Brot ist nicht nur das Hauptnahrungsmittel für ärmere Menschen, es ist auch ein Machtinstrument.« Und sie zitiert die *Washington-Post*-Journalistin Annia Ciezadlo mit den Worten, dass »Weizen als unkonventionelle Waffe im Krieg in Syrien« zum Einsatz komme. Und das nicht nur im engeren Sinn, weil Truppen Städte aushungern. Man könne die Frontlinien sogar entlang der Weizenproduktionsorte und -anbaugebiete nachzeichnen.

Syrien ist bei Weitem kein Einzelfall. In Jordanien ist der Grundwasserspiegel in den letzten 20 Jahren um 60 Meter gesunken. Nigeria verliert jährlich 300 000 Hektar fruchtbares Land (was man so fruchtbar nennt in Nigeria) an die Wüste. Durst und Hunger sind schon jetzt Realität. Und nun stelle man sich einen Temperaturanstieg von neun Grad vor, wie er vorhergesagt wird, wenn der Klimawandel ungebremst kommt.

Ich will keinesfalls behaupten, dass diese vermeintlich weichen Probleme einzig und allein zur Erklärung von Gewalt und Kriegen herangezogen werden sollen. Aber dass sie eine gewichtige Rolle spielen, dass sie ein »Bedrohungsvervielfacher« sind, wie Sarah Johnston und Jeffrey Mazo in »Global Warming and the Arab Spring« schreiben, ist inzwischen hinlänglich gut untersucht. Und wenn noch nicht einmal ein stabiles, wenn auch auf Gewalt und Tyrannei beruhendes Land wie Syrien in der Lage war, mit den Folgen von Hunger und Wassermangel umzugehen, wie viel weniger wohl sind es dann die Trümmerhaufen von Staaten: Libyen, Irak, der Sudan, Afghanistan oder Syrien heutzutage. Selbst die Weltbank warnt vor einem Anstieg der globalen Armut infolge des Klimawandels. Bis 2030 könnten ihrer Einschätzung nach weitere Hundertmillionen Menschen auf der Flucht ausschließlich als Folge der Erderwärmung dazukommen.

Und dennoch gibt es in Deutschland und in Europa immer wieder Stimmen, die sagen und argumentieren, dass jetzt die Zeit für Klimaschutz vorbei sei, dass man sich »grüne Wohlfühlthemen« nicht mehr leisten könne. Meiner Meinung nach ist es genau umkehrt: Die vermeintlich weichen Wohlstandsthemen, die bisher immer nur innenpolitisch gewichtet wurden, werden jetzt außen- und sicherheitspolitisch relevant. Klimaschutz, Energieaußenpolitik, ein nachhaltiges Wachstum in den Regionen auf Basis von dezentralen Energiesystemen – das sind die Bausteine für eine neue Sicherheitspolitik. Entwicklungshilfe und Entwicklungszusammenarbeit dürfen nicht länger eine Fußnote der Außenpolitik sein, sondern müssen integral miteinander verwoben werden. Ein Problem an der Wurzel zu fassen hilft nicht unbedingt dabei, laufende »heiße« Konflikte zu beenden, aber es kann helfen, Konflikte gar nicht erst entstehen zu lassen.

Bei Quarzazate baut Marokko, auf einer Fläche so groß wie Manhattan, derzeit das größte Solarkraftwerk der Welt. Bis 2020 will Marokko 40 % seines Stroms erneuerbar produzieren. Deutschland ist gegenwärtig bei 33 %. Es gibt also Hoffnung!

Auch China baut ähnliche Solarprojekte in der Wüste

Gobi. 2015 hat sich das Weltwirtschaftswachstum erstmals von der CO_2-Produktion entkoppelt. Es wird inzwischen weltweit mehr Geld in erneuerbare Energien investiert als in alle fossilen Kraftwerke zusammen. Die Internationale Energieagentur IEA geht davon aus, dass bis 2030 mehr als ein Viertel des weltweiten Primärenergieverbrauchs durch erneuerbare Energien gedeckt werden. Die Energiewende wird global. Die vielen Milliarden, die Deutschlands Stromkunden in den letzten 15 Jahren in die Förderung der erneuerbaren Energien gesteckt haben, sie ernten Früchte. Sie haben die Technik so günstig gemacht, dass andere Länder sie sich leisten können. Vermutlich war das Erneuerbare-Energien-Gesetz die erfolgreichste Entwicklungshilfe, die Deutschland je geleistet hat.

Es gibt Szenarien der Apokalypse – und es gibt die Hoffnung, dass wir sie abwenden können. Das Mittel, um Hoffnung zur Realität zu machen, heißt Politik.

Richtig bleibt, dass wir das Klima nicht in einem Bundesland retten können. Aber wir können vormachen, wie es gehen kann.

2015 produzierte mein Bundesland so viel erneuerbaren Strom, wie es selbst verbraucht. Und seitdem gibt es interessante Entwicklungen. Die chemische Industrie will ihre Produktion flexibler machen, damit sie Erneuerbare einspeisen kann. Ein Zusammenschluss von 60 Hamburger und schleswig-holsteinischen Firmen legte ein 100 Millionen Euro schweres Forschungsprojekt auf, um Industriepolitik weiterzuentwickeln. Siemens wandte sich an uns, um einen e-Highway – eine Höchstspannungsautobahn – im Land der Energiewende zu testen. Bosch und Mitsubishi wollen große Speicher bauen. Plötzlich sprießen überall E-Mobil-Ladesäulen. Die Niederlande und Norwegen planen, die Zulassung von Verbrennungsmotoren ab 2025 zu verbieten. Und der Mathematiker und Futurist Ramez Naam hat die Preisentwicklung von E-Mobilen errechnet und sagt vorher, dass in zehn Jahren 90 % der zugelassenen Autos elektrisch sein wird. Auf einmal hat man eine Vorstellung davon, dass und wie es gelingen kann, in den nächsten 35 Jahren eine Welt ohne Treibhausgasemissionen zu schaffen.

Die Energiewende ist ein sehr konkretes Projekt. Es wirft viele Fragen und Probleme auf. Aber wenn es konkret wird, dann wird die Angst vor dem Großen und Abstrakten kleiner.

Die Verwobenheit von Politik und Natur

Der Einfluss der Natur auf die Politik ist offenbar mindestens so mächtig wie der von Politik auf die Natur. Der britische Historiker David Blackbourn weist in seinem Buch »Die Eroberung der Natur« am Beispiel der großen, ja gigantomanischen Projekte der Natureroberung in Deutschland – Trockenlegung des Oderbruchs durch den alten Fritz, Begradigung des Rheins, Eindeichungen an der Nordsee, Trockenlegung der Moore im Jadebusen – nach, wie sehr und grundsätzlich Menschen durch politischen Willen die Natur formen.

Als Minister bin ich auch für den Küstenschutz und den Hochwasserschutz verantwortlich. 2013 überstand die Stadt Lauenburg das Elbhochwasser nur deshalb einigermaßen glimpflich, weil weiter elbaufwärts ein Deich brach und den Scheitel um 15 Zentimeter absenkte. Umgekehrt sorgt jede Deicherhöhung für eine steigende Überflutungsgefahr stromabwärts. Was immer wir an und mit der Natur machen, hat Konsequenzen für die Gesellschaft.

Der amerikanische Journalist Charles C. Mann schildert in seinem Buch »1493« eine ganze Reihe von politischen Entwicklungen und Verwerfungen, die nur möglich waren, weil biologische Prozesse sie determinierten. Das Gras der amerikanischen Prärie zum Beispiel war nicht geeignet, die Tritte europäischer Rinderhufe auszuhalten. Aber in den Hufen der europäischen Rinder kam europäisches Gras nach Amerika und breitete sich aus. Ohne dieses Gras hätte es keine

Cowboys gegeben. Der amerikanische Tabak wiederum sorgte erst für Moden und später für Sucht im alten Kontinent und noch schlimmer in China. Erst die aus Südamerika importierte Kartoffel sorgte für eine bessere Kalorienversorgung der Europäer und für Bevölkerungswachstum und schuf so überhaupt erst die Voraussetzung für die Industrialisierung. Die Kartoffelfäule wiederum – ein aus Amerika eingeschleppter Pilz – sorgte für eine humanitäre und politische Katastrophe. Seit 1493, dem Jahr nach der Entdeckung Amerikas durch Kolumbus, reisen nicht nur Menschen zwischen den Kontinenten hin und her, sondern auch Pflanzen, Tiere, Bakterien, Viren. Sie retteten und töteten Millionen von Menschen. Die indigene Bevölkerung Amerikas wurde durch europäische Krankheiten, vor allem durch die Malaria, dahingerafft, statt ihrer schufteten sich Sklaven aus Afrika zu Tode und Kriege wurden für ihre Befreiung geführt.

Und wieder war die Natur Pate für all die gesellschaftlichen Verwerfungen. Denn die Sklaven aus Afrika waren oft immun gegen Malaria und ihre Immunität begründete überhaupt erst den Sklavenhandel, weil sie in den Sümpfen der Neuen Welt überleben konnten. Mit den Sklavenschiffen wiederum kam, erneute Rache der Natur, das Gelbfieber nach Amerika, das die europäischen Siedler wie die indigenen Amerikaner umbrachte.

Süßkartoffeln und Mais lösten einen dramatischen Umbruch in China aus. Denn ihr Anbau sorgte für rasant wachsende Bevölkerungszahlen, neue Anbau- und Wohngebiete, eine konsequente Entwaldung weiter Landstriche und Überschwemmungen, die viele Menschenleben forderten.

Unbestritten ist auch, dass die germanische Völkerwanderung der Jahre 350 bis 570 durch eine Abkühlung des Klimas in Nordeuropa, zurückgehende Erträge beim Landanbau und entsprechend schlechte Ernährungsgrundlage ausgelöst wurde.

Die Verwobenheit von Politik und Natur ist also fundamental. Weder gibt es die Natur ohne Menschen noch kann Politik die natürlichen Prozesse ignorieren.

Der Klimawandel kommt als Naturkatastrophe zu uns, als Hochwasser, Wüstenbildung, Dürre oder Sturm, mit neuen Epidemien oder Anbauformen – er ist aber menschengemacht. Auch eine andere Klimaveränderung, die sogenannte kleine Eiszeit vom 15.–18. Jahrhundert, wird mit dem Einfluss des Menschen erklärt. Weil nämlich die Malaria die amerikanische indigene Bevölkerung ausgelöscht hatte, unterblieb die traditionelle Brandrodung. Die Wälder wurden dichter, die Bäume banden CO_2 und sorgten so für eine Abkühlung der Atmosphäre. Es wurde kalt in Europa, Ernten verdarben, es kam zu Hungersnöten, Mangelernährung, Seuchen, sozialen Spannungen und Kriegen. Die Hexenverfolgung, der Dreißigjährige Krieg, die Französische Revolution – Geschichte ist offenbar nicht allein die Folge von Machtansprüchen und Glaubensfragen oder von Ideen wie Freiheit und Gerechtigkeit, sondern ebenso von biologischen Prozessen, die sie im Wechselspiel bestimmen.

Vor diesem Hintergrund ist es doppelt lächerlich, wenn geleugnet wird, dass der Klimawandel von Menschen gemacht ist. Nicht nur, dass die Fakten inzwischen eindeutig sind: Vermutlich war fast jede Naturentwicklung vom Menschen beeinflusst – und die allermeisten gesellschaftlichen Entwicklungen immer auch abhängig von natürlichen Phänomenen. Jedenfalls fallen Hungersnöte und Missernten in die Zeiten der europäischen Krisen und Kriege. Ob diese Freiheitsbestrebungen und religiöse Aufklärung verstärkten oder auslösten, ist eine gute Frage für den Flug der

Eule der Minerva. Aber eins ist klar: Die Tatsache, dass Natur und Politik sich bedingen und dass eine Politik blind ist, wenn sie die ökologischen Konsequenzen ihres Handelns nicht bedenkt, gibt den alten grünen Kernthemen ein neues, fundamentales Gewicht. Sie sind keine Dreingabe, sondern Matrix der Erklärung und möglicher Antworten von Politik.

Meiner Meinung nach ist das die zentrale Aufgabe der Zeit: die ökologische Agenda – von der Energiepolitik über den Klimaschutz bis hin zur Agrarpolitik – laut und vernehmlich in die Agenda der Männer-und-Mächte-Diplomatie einzubringen. Wir dürfen uns nicht im Klein-Klein der Paragrafen des EEG verlieren. Am Ende wird nicht entscheidend sein, wie viele Solarpaneele auf Dorfschulen montiert wurden oder ob die Schwänze der Schweine ein paar Zentimeter weniger kupiert werden. Entscheidend wird sein, ob die globalen Investitionen der Banken, Fonds und Staaten umgelenkt werden in erneuerbare Energien, ob wir ein Landwirtschaftssystem überwinden, das im Grunde darauf fußt, dass der Rest der Welt auf seiner Anbaufläche unsere günstigen Lebensmittel subventioniert. Grüne Themen sind keine Wohlstands- oder Nischenthemen, nach dem Motto »Wenn's uns gut geht, dann schützen wir das Klima«, sondern sie stehen im Zentrum der Friedens- und Sicherheitspolitik der Zukunft.

Ich weiß, die Weltlage ist so, dass man den Kopf manchmal am liebsten in den Sand stecken möchte. Aber dann würden wir den Teil in uns verleugnen, der Bürger sein möchte und weiß, dass es im Leben um mehr geht, als nur halbwegs unbeschadet durch den Alltag zu kommen. Gerade schwierige Zeiten sind Einladungen, sich zu engagieren. Und wenn das so ist, dann ist jetzt die Zeit gekommen.

Wer der wahre Souverän ist

Ich wurde in Lübeck geboren, einer Hansestadt, die durch Handel reich geworden ist. Ich bin in Kiel aufgewachsen, dessen Zentrum der Hafen ist, ich lebe in Flensburg, das als Teil Dänemarks in einer Zeit prosperierte, als die napoleonischen Kriege alle deutschen Häfen vom Welthandel abschnitten. Das Meer war immer Handelsweg. Die Küstenbewohner, vor allen anderen, wissen, dass die Bedingung für Handel Toleranz und Weltoffenheit ist. Der dänische Schriftsteller Carsten Jensen formuliert das in seinem Roman »Wir Ertrunkenen« so: »Der Seemann besuchte die Fremde. Er umarmte sie vielleicht nicht, aber stets nahm er von dort etwas mit nach Hause. Vor allem brachte er das Wissen mit, dass man Dinge auf mehr als nur eine Art und Weise tun konnte. Ein Seemann hatte nicht nur die tägliche Aussicht auf einen weiten Horizont. Er wusste auch, dass es auf der anderen Seite des Horizonts noch etwas gibt und dass es nicht notwendigerweise dasselbe sein muss wie hier.«

Das kann als Motto gelten dafür, dass all unsere kleinen Entscheidungen in einem kleinen Bundesland letztlich mit den ganz großen Fragen einer gerechten Weltordnung oder der Verteilung von Weltarmut und Reichtum konfrontiert sind.

Grundsätzlich gilt, dass freier Handel Volkswirtschaften und Gesellschaften näher zusammenbringt, zu einer vernetzten Welt beiträgt und vielen Menschen Wohlstand bringen kann. Gerade Deutschland als Land in der Mitte Europas profitiert davon. Nicht zuletzt deshalb ist ein Europa der offenen Grenzen so wichtig. Wirtschaftlicher Austausch, Reisen, kulturelles Lernen sind meist die Bedingung dafür, dass Menschen sich nicht ermorden oder bekriegen. Aber die Globalisierung sorgt auch dafür, dass viele kulturelle Eigenheiten verloren gehen, sich Ess- und Kleidungsgewohnheiten angleichen, alle Jeans tragen und Coffeeto-go trinken. Deshalb muss die Balance gefunden werden zwischen der prinzipiellen Offenheit für Internationales und dem Schutz und Eigenwert kultureller Eigenheiten, lokaler Besonderheiten und kleinerer Regelkreise. Nur durch sie wird Globalisierung erträglich. Menschen brauchen Heimat, nicht nur Hotels. Wir wollen Identitäten und Orte, nicht nur Durchreisen. In den letzten Jahren hat sich diese Diskussion anhand des Transatlantischen Freihandelsabkommens TTIP zugespitzt.

Die Prozesse der wirtschaftlichen Globalisierung werden zunehmend durch Freihandelsabkommen zwischen Staaten gestaltet. Durch sie sollen Standards und Regeln für Produktion und Verkauf von Gütern vereinheitlicht werden. Oft bedeutet »Regeln vereinheitlichen« allerdings »Regeln abbauen«. Angepasst werden sollen nicht nur Zölle oder technische Normen, wie die Farbe von Blinklichtern bei Autos, sondern auch sogenannte »nicht tarifäre« Handelshemmnisse. Das sind Gesetze. Konkret gesprochen: Es geht nicht nur darum, dass die Bohrköpfe für Erdölbohrer normiert hergestellt werden, es geht darum, dass Fracking nach gleichen Regeln ermöglicht wird – dass also nicht deutsche oder europäische Wasserschutzrechte über den Einsatz oder das Verbot einer Technik bestimmen, sondern die wirtschaftspolitischen Verabredungen. Und genau dagegen wehrt sich ein immer größerer Teil der Gesellschaft und demonstriert gegen das geplante Freihandelsabkommen zwischen Europa und den USA, TTIP, und gegen das bereits ausverhandelte CETA mit Kanada.

Die Kritiker kommen inzwischen von rechts wie von links, eine merkwürdige Allianz von regressiv und progressiv. In der Substanz der Kritik liegen jedoch Welten. Während die AfD eine Rückkehr zur Atomkraft offen fordert, haben die meisten Kritiker von TTIP genau davor Angst. Während von rechts Antiamerikanismus das zentrale Motiv ist, sind es von links genau die Werte der westlichen Demokratie, die verteidigt werden sollen. Während Trump, Hofer, Le Pen die Souveränität ihrer Staaten und den Schutz ihrer Ökonomien wollen, verläuft die internationale Frontstellung bei Campact gegen die Konzernmacht. Über den Erfolg der TTIP-Kampagne wird maßgeblich auch entscheiden, ob es gelingt, den Unterschied gegen Rechte und Nationalisten deutlich zu machen.

Denn die Befürworter von TTIP argumentieren ja immer wieder, dass es Antiamerikanismus sei, der auch die linken Gegner auf die Straße treibe, und der Protest die gemeinsame westliche Wertebasis infrage stelle. Nun, es ist genau andersherum. Denn das global wichtigere Abkommen haben die USA mit den pazifischen Staaten wie Vietnam, Malaysia oder Singapur längst verhandelt. Nicht unbedingt Staaten der westlichen Wertebasis. Dieses Transpazifische Freihandelsabkommen (TPP) soll amerikanische Investitionen im asiatischen Raum sichern. Freihandelsabkommen symbolisieren eben nicht grundsätzlich die europäisch-amerikanische Wertegemeinschaft. Eher ist es umgekehrt. TTIP ist gerade kein Symbol für Demokratie, Freiheit und Mitbestimmung, sondern geradezu das Gegenteil. Es steht für den Verlust transatlantischer Werte. Das wird übrigens auch in den USA so gesehen, wo es ebenfalls große Widerstände gegen TPP und TTIP gibt – ebenfalls von linker wie von rechter Seite.

Die amerikanische Unabhängigkeit begann mit der Boston-Tea-Party und dem Schlachtruf: »No taxation without representation«. Jetzt droht mit TTIP sogar eine »legislation without representation«. Hüben wie drüben richtet sich der Widerstand gegen die Aushebelung demokratischer Rechte. Und die An- und Eingriffe wären tatsächlich erheblich. Die Souveränität von Parlamenten würde bei zukünftigen Gesetzgebungen eingeschränkt, über »Schiedsgerichte« könnten rechtsstaatliche Beschlüsse beklagt werden. Bereiche, in denen uns unsere bisherigen Regeln wichtiger sind als der Welthandel, würden der hoheitlichen Kontrolle entzogen, darunter etwa die Energieversorgung, der Transportsektor, sogar Bildung oder die Trinkwasserversorgung.

Gerade das transatlantische Werteargument spricht eher gegen TTIP. In einem *Spiegel*-Streitgespräch mit dem ehemaligen Fraktionsvorsitzenden der CDU, Friedrich Merz, rückte die Grundsatzfrage nach unserem gesellschaftlichen Selbstverständnis plötzlich in den Mittelpunkt – und zwar als Merz auf das trivialste und abgedroschenste Beispiel der TTIP-Diskussion zu sprechen kam, das Chlorhühnchen. Auf die Frage, ob die berühmt-berüchtigten Chlorhühnchen aus den USA denn schlimmer seien als deutsche Antibiotikahühnchen, antwortete ich, dass mir beide Methoden nicht gefielen, ich die Hühnchen ja aber auch nicht essen müsse. Merz daraufhin:»Und genau so funktioniert die Marktwirtschaft. Lassen Sie doch den Verbraucher entscheiden, ob er amerikanische oder europäische Hühnchen essen will; hören Sie auf, ihn zu bevormunden. Der Konsument ist der wahre Souverän in einer marktwirtschaftlichen Ordnung.« Damit entlarvte Merz den Konflikt um TTIP als das, was er in Wahrheit ist: eine Auseinandersetzung darum, wer der wahre Souverän ist. Aber in einer Demokratie ist nicht der Konsument, sondern der Bürger der Souverän. Und der demokratische Staat hat seine Bedeutung darin, dass er regelgeleitete Entscheidungen herbeiführt, die wir als Konsumenten mit all unseren Widersprüchen alleine vielleicht nie treffen würden, in denen wir jedoch einen allgemeineren Sinn sehen. Wir freuen uns über niedrigere Gaspreise und können trotzdem für das Frackingverbot sein, wir essen gerne Fisch und können dennoch für strengere Fangquoten sein. Wünschenswert wäre natürlich auch ein bewusstes Konsumverhalten, wären Verbraucheraufklärung und eine souveräne Entscheidung auch an der Kasse. Aber nicht alles, was wünschenswert ist, gelingt uns. Wir sollten uns nicht auf die Rolle des Konsumenten reduzieren lassen.

Die soziale Einhegung des Kapitalismus wurde gesellschaftlich erkämpft. Seit der Thatcher/Reagan-Ära des Neoliberalismus wurde das ausbalancierte Verhältnis zwar mehr und mehr ausgehebelt. Aber grundsätzlich ist das kulturelle Wissen noch intakt, dass wir nicht nur Arbeitsroboter sein wollen und sollen und dass Gerechtigkeit, Glück und Freiheit Schutzregeln brauchen. Politische Auseinandersetzungen brachten unsere Sozial-, Gesundheits- und Umweltstandards hervor und führten zu einem ausbalancierten Arrangement von demokratischem Rechtsstaat, Zivilgesellschaft und Wirtschaft. Genau diese Balance wird durch TTIP infrage gestellt. Dabei müsste man doch gerade jetzt Wirtschaftsregeln schaffen, die weltweit soziale Standards fördern und lokale Eigenheiten und Bedürfnisse, von der sprachlichen Vielfalt bis zum Brauchtum, mit einschließen. Für Global Player sind nationalstaatliche Regulierungen und Umwelt- oder Sozialstandards immer nur »Handelshemmnisse«. Und das sind sie ja auch. Nur sind sie eben wohlbegründete und demokratische Errungenschaften: Arbeitnehmerrechte, Mindeststandards des Verbraucher- und Umweltschutzes, sie alle wurden einmal von zivilgesellschaftlichen Bewegungen den Profitinteressen abgetrotzt. Sie alle drohen, unter dem Primat des Freihandels als Störung einer wirtschaftlichen Entwicklung umdeklariert zu werden. Aber es gibt einen Unterschied zwischen demokratisch beschlossenen Rechten und Zöllen oder Subventionen. Denn bei TTIP geht es eben *nicht* um den Abbau von Zöllen, wie uns die Befürworter glauben machen wollen, sondern um den Abbau von Rechten. Die sollten aber nicht zu einem Verhandlungsgegenstand werden wie Waren. Man kann nicht ein bisschen weniger Arbeitsrecht gegen ein bisschen mehr Hormoneinsatz bei der Rindermast tauschen. Man kann gesellschaftliche Werte nicht wie eine Mathematikaufgabe behandeln. Insofern lautet die Auseinandersetzung nicht, wie von den TTIP-Befürwortern oft behauptet, transatlantische Offenheit vs. Protektionismus, sondern Demokratie vs. Konzernpolitik. Das, was politisch tatsächlich fehlt, um Fluchtursachen, Hunger, Elend, Kriege und Not, die ganze globale Ungerechtigkeit, anzugehen, sind transnationale Handlungsoptionen. Aber dieses TTIP ist diese nicht.

Die Auseinandersetzung um TTIP ist in Wahrheit eine Auseinandersetzung um die Frage, ob wir einen Primat der Politik, wie löchrig er auch schon in der Vergangenheit geworden ist, grundsätzlich verteidigen wollen.

Tiere töten

Im Frühling 2013 zeigte mir mein damaliger Staatssekretär und heutiger Oberbürgermeister von Kiel, Ulf Kämpfer, Bilder aus einem großen Rinderschlachthof in Schleswig-Holstein. Diese Bilder waren uns von einem Whistleblower zugesandt worden und dokumentierten nach Auffassung der Juristen schwere Verstöße gegen den Tierschutz. Sie zeigten unter anderem Rinderköpfe mit mehreren Bolzenschusslöchern. Das weckte den Verdacht, dass die Tiere nicht sofort betäubt gewesen waren, sondern dass hatte nachgeschossen werden müssen und die Rinder mit eingeschlagenem Schädel noch bei Bewusstsein gewesen waren.

Nach kurzer Beratung beschlossen wir, die Staatsanwaltschaft zu informieren. Diese rückte ihrerseits ein paar Tage später mit einem Großaufgebot vor dem Schlachthof an, durchsuchte alles, hielt LKWs an, beschlagnahmte weitere Rinderschädel und die veterinärärztlichen Kontrollbücher. Begleitet wurde diese Razzia von Mitarbeitern meines Ministeriums, die weitere teils erhebliche Hygienemängel feststellten. Danach zog die Staatsanwaltschaft ab und überließ mir die Entscheidung, ob der Schlachthof seinen Betrieb wieder aufnehmen dürfe oder nicht. Ich schloss den Schlachthof bis auf Weiteres.

Es war das erste Mal in Deutschland, dass ein großer Schlachthof tatsächlich dichtgemacht wurde. Tags darauf, als ich auf dem Weg zum Ministerium war, wurde ich informiert, dass vor dem Haus eine Demonstration von aufgebrachten Bauern, Schlachthofmitarbeitern, Tiertransportfahrern und der Gewerkschaft Nahrung, Genuss, Gaststätten stattfinde. Ob ich den Hintereingang nehmen wolle? Ich nahm den Hintereingang, aber nur, um durch den Haupteingang wieder rauszugehen. Die Stimmung war aufgeheizt. Die Leute hatten Angst um ihre Arbeitsplätze, die Bauern wussten nicht, wohin mit den schlachtreifen Rindern. Dieser Schlachthof schlachtete 800 Rinder am Tag, im Monat also 24 000. Was sollte mit denen passieren, wurde ich gefragt. Nun muss man wissen, dass es deutschlandweit ein Überangebot an Schlachtkapazitäten gibt. Aber die schiere Zahl der Tiere, die wir in Deutschland halten, melken oder schlachten, ist schon sehr hoch: 28 Millionen Schweine und 13 Millionen Rinder. Ein Schwein, so sagt man, darf keinen Geburtstag feiern, so werden also jährlich circa 40 Millionen Schweine in Deutschland geschlachtet, ja müssen geschlachtet werden, weil sonst das System Landwirtschaft, das ja weitgehend vom Verkauf tierischer Produkte lebt, zusammenbrechen würde – oder sich grundlegend verändern müsste.

Ich habe ein paarmal Schlachthäuser besucht und mir das Schlachten angesehen. Der Durchlauf durch eine Tötungsfalle bei Rindern beträgt ungefähr 45 Sekunden bis zu einer Minute. Das Rind läuft in eine Box, die sogenannte Tötungsfalle, dort bekommt es den Bolzenschuss ins Hirn. Das Rind bricht zusammen, wird an den Hinterbeinen hochgezogen, kriegt zwei Starkstromklemmen ins Maul, damit die Todesspasmen beherrschbar bleiben, dann findet die eigentliche Schlachtung durch Kehlschnitte und Ausbluten statt. Nach einer Minute hängt das nächste Rind am Haken und das geschlachtete Tier wandert auf der Zerlegekette eine Stufe weiter, ihm werden die Beine abgeschnitten, das Fell abgezogen, der Kopf abgetrennt, dann wird es in zwei Hälften zersägt.

Um es klar zu sagen: Wenn ich Schlachthöfe besuche, sehe ich keine Verstöße gegen den Tierschutz. Wenn ich Schlachthöfe besuche, ist alles sauber, alles läuft sehr routiniert, die Tiere werden schnell und unter Betäubung getötet. Das ist es nicht. Was verstörend ist, ist die ungeheure Diskrepanz zwischen den großen Säugetieren, die wir auf Wiesen füttern würden, die wir gern streicheln und von deren rauen Rinderzungen wir uns an der Hand schlecken lassen, und der unglaublichen Massenproduktion der Ware Fleisch. Auf der einen Seite die Kreatur, die Anspruch auf unser Mitleid, mindestens auf unsere Achtung hat, auf der anderen Seite der industrielle Tötungsvorgang, der in Sekundenbruchteilen Lebewesen zu Produkten macht. Das ist schwer zusammenzukriegen.

UM ES FÜR MICH zusammenzubringen, machte ich eine »Fleischreise«. Ich schaute bei der künstlichen Besamung der Sauen zu und erfuhr, dass sie danach 28 Tage in einem Kastenstand verbringen, in dem sie ungefähr einen halben Meter vor und zurück gehen können, aber nicht zur Seite, weil die Verluste von Föten ca. 15 % höher wären, wenn sich Sauen nach der Befruchtung bewegen würden. Ich schaute beim Abferkeln zu und ließ mir erklären, dass die Sauen im Abferkelkäfig liegen müssen, weil sonst 10 % der Ferkel erdrückt werden. Ich sah beim Schwänzekupieren zu und begleitete Versuche der konventionellen Schweinehaltung mit Langschwänzen, die abgebissen und blutig waren, und hörte das Argument der Bauern, dass 22 Schweine auf 30 Quadratmetern gehalten werden müssen, weil die Gewinnspanne für ein Schwein so niedrig ist und die letzten Jahre im Grunde gar nicht mehr gegeben war. Und ich folgte dem Fleisch weiter bis zu seiner Verarbeitung zu Wurst. Am Ende des Produktionsprozesses, nach all den Mühen, die niedrigen Gewinnmargen zulasten der Tiere irgendwie zu halten, fielen die geschnittenen Wurstscheiben in Zehnersets auf die goldenen Aluträger, auf denen wir sie im Supermarkt kaufen können. Und dann gab es eine Produktkontrolle. Junge Damen standen am Fließband und schauten, ob irgendwo ein Pfefferkorn oder ein Stückchen Speck aus der Wurst gefallen war. Und wenn das so war, nahmen sie nicht die Wurstscheibe, sondern das ganze Zehnerset und warfen es in den Müll, woraus dann Tiermehl gemacht wurde, das wieder verfüttert werden konnte. Ich schaute den Damen eine Weile zu. Sie warfen die Wurst nicht ab und zu weg, sondern nach meiner überschlägigen Zählung jedes vierte Set. Da wurde mir ethisch schlecht.

Am Abend nach dem Besuch in der Wurstfabrik erzählte ich davon zu Hause. Mein jüngster Sohn fragte mich: »Warum töten wir eigentlich Tiere?« Ich redete erst drum herum, wie ein Politiker. Dann merkte ich, dass ich keine gute Antwort hatte. »Weil wir es können … Weil wir es immer so gemacht haben … Weil Tiere schmecken … Weil wir gerne grillen …?« Eine einfache Frage eines Zehnjährigen hebelte mich, der ich Philosophie studiert hatte, schlicht aus.

In einer Gesellschaft, die so satt ist, dass sie keine Wurst kauft, wenn da ein Pfefferkorn aus der Salami gefallen ist, ist etwas prinzipiell nicht in Ordnung. Das ist eine buchstäbliche Entwertung der Arbeit der Bauern und eine zynische Entehrung der Tiere, die für diese Wurst gemästet worden und gestorben sind.

Und die Wurst ist nicht das einzige Beispiel. Beim Besuch einer Bio-Bäckerei wurde das Schwarzbrot für den Verkauf in Scheiben geschnitten – und die Kanten wurden weggeworfen. Sie sollten an Schweine verfüttert werden. Beim Besuch eines Bio-Gemüsebauern stand ich ratlos vor einem großen Berg Sellerie, der auf dem Acker vergammelte, weil er nicht der Form entsprach, die im Supermarkt gewünscht ist.

Deshalb ist die Agrardebatte das greifbarste Symptom der ganz anderen Fragestellung. Nämlich der Frage, wie wir in Zukunft wirtschaften, leben und produzieren werden. »Viel« und »billig« als ökonomisches Credo stößt ganz offensichtlich an seine Grenzen.

Um die Grenzen des Wachstums auszuloten, ist es aber zentral zu sehen, dass günstige Lebensmittel eben auch die Bedingung für Wohlstand sind. Alle politischen Überlegungen zur Perspektive, Zielsetzung und Unterstützung der Land- und Lebensmittelwirtschaft müssen von den ökonomischen Grundkonstanten ausgehen. Nur zu sagen, aus »mehr und billiger« machen wir jetzt einfach nur »weniger und teurer«, ist auch falsch.

In den Entwicklungsländern werden beispielsweise 60 % des Einkommens für Lebensmittel ausgegeben. In den entwickelten Industrienationen sind es nur 10 bis 20 %. Die größere Effektivität unserer Landwirtschaft – Kunstdünger, Pestizide, besseres Saatgut, höhere Milchleistung von Kühen etc. – hat dazu geführt, dass der Anteil der Ausgaben für Nahrungsmittel in Deutschland am Haushaltseinkommen seit Jahren abnimmt. Der »durchschnittliche« Haushalt (4-Personen-Arbeitnehmer-Haushalt mit mittlerem Einkommen) gab Anfang der Siebzigerjahre im früheren Bundesgebiet 19 % seines ausgabefähigen Einkommens für Nahrungsmittel aus, heute sind es 11,7 %. Damit gehört

Deutschland zu den fünf Nationen, die am wenigsten für Nahrungsmittel ausgeben.

Und exakt das ist eine ökonomische Voraussetzung für unseren Wohlstand. Hinter den Einkommenssteigerungen bleiben die Nahrungsmittelpreise zurück. Seit 1950 sind die Löhne um das Einundzwanzigfache, die Brotpreise aber nur um das Zehnfache gestiegen und die Getreidepreise unverändert geblieben. Der Industriearbeiter kann sich also für seinen Stundenlohn heute mehr als doppelt so viel Brot kaufen wie noch vor gut 60 Jahren – das ist gut für den Industriearbeiter. Aber der Landwirt erlöst nur 6 bis 7 % bei Brot. Demgegenüber waren es 1950 entsprechend noch zwei Drittel des Brotpreises. Wären die Weizenpreise seit 1950 genauso stark gestiegen wie die Inflationsrate, dann könnten die Erzeuger für einen Doppelzentner heute etwa 86 Euro erlösen. Tatsächlich bekommen sie derzeit nur noch 10 Euro. 1970 musste man für ein Kilogramm Rindfleisch 72 Minuten arbeiten, heute sind es 30 Minuten, für ein Kilo Schweinefleisch waren es 96 Minuten, heute 23, für einen Liter Milch 9 Minuten, heute 3. Von einem Euro Verbraucherausgaben für Nahrungsmittel erhält der Landwirt heute nur noch 21 Cent. Der Anteil der landwirtschaftlichen Verkaufserlöse an den Verbraucherausgaben für Nahrungsmittel (inländischer Herkunft) liegt bei 21 %. Anfang der 70er-Jahre lag der entsprechende Anteil mit 47,5 % fast doppelt so hoch. Mit anderen Worten: Die Lebensmittel werden von Jahr zu Jahr buchstäblich weniger wert.

Die Agrardebatte in Deutschland wird mit harten Bandagen geführt. Wenn man sie bestehen und die Landwirtschaft verändern will, muss man zunächst einmal anerkennen, dass hochwertige und günstige Nahrungsmittel die Bedingung für gesellschaftlichen Wohlstand sind. Nur wer nicht fast sein gesamtes Einkommen für Essen ausgibt, kann auch noch Geld für Bildung, Kultur, Gesundheit und, ja, auch Konsum ausgeben. Es ist nicht nur mehr Geld für Wohnen, Freizeitaktivitäten, Schuhe, Handy und Gesundheitspflege verfügbar, sondern auch für Bildung, soziale Sicherung, ja selbst für höhere Steuern. Der Fortschritt einer Gesellschaft wird möglich durch Neues, durch Investitionen und Innovationen. Und vermutlich haben der Fortschritt und all die Rationalisierung in der Landwirtschaft sogar einige Fortschritte für einige Tiere gebracht. Die Anbindehaltung für Kühe ist sicher weniger tierschutzgerecht als moderne Laufställe, das Schwein im dunklen Koben hatte es auch nicht besser als das Mastschwein in den heutigen durchrationalisierten Abläufen.

Nur – und das macht die Debatte aus – rechtfertigt der Blick in die Vergangenheit keine Ungerechtigkeit heute. Und heute passen wir die Tiere durch Schwanzkupieren beim Schwein, Enthornung beim Kalb und Schnäbelkürzen beim Huhn den Ställen an, nicht umgekehrt die Ställe den Tieren. Es werden inzwischen sogar augenlose oder blinde Hühner als Maßnahme gegen das Federpicken gezüchtet. Wir haben Nitratüberschüsse, die das Grundwasser gefährden, einen Rückgang an Artenvielfalt, einen hohen Einsatz von Antibiotika und Pestiziden. Die Grenzen des Wachstums – in der landwirtschaftlichen Produktion sind sie erreicht. So verdienen unsere Milchbauern und Schweinebauern seit über einem Jahr kein Geld mehr mit ihrer Arbeit, sondern machen mit jedem Liter, den sie melken, Minus. Jahrelang ging man davon aus, dass stabile Marktlagen und Krisen sich in dem sogenannten Schweinezyklus abwechseln würden. Inzwischen gibt es Studien, die belegen, dass die Absatzkrise der Normalfall ist und sich nur in Jahren mit Ernteausfällen an-

dernorts in der Welt oder bei extrem guten Wirtschaftsla-
gen in China stabile Erlöse erzielen lassen. Als ich frisch im Amt war, war ich bei einer Tagung der
Milchwirtschaft. Dort wurde ihre neue Exportstrategie
vorgestellt. Der asiatische Markt sollte erobert werden. Er
sei riesig. Die Bauern wurden aufgefordert, größere Ställe
zu bauen, mehr zu melken, mehr zu investieren. Ich hatte
damals noch kein tieferes Verständnis vom Agrarmarkt,
aber rudimentäre Erinnerungen an meine Schulzeit. Und
ich wandte ein, dass die Menschen dort ja eine genetische
Laktoseunverträglichkeit hätten und unsere Kuhmilch gar
nicht in den Mengen konsumieren könnten. Die listige Antwort darauf war: Das haben wir bedacht. Wir produzieren
ganz schmale Gouda-Stäbchen. Die werden ins Sushi ein-
gewickelt und so führen wir die Chinesen langsam an die
Kuhmilch heran. Und wenn jedes Jahr nur 0,1 % der Chinesen sich an Milch gewöhnt, dann sind das bei einer Milliarde Chinesen eine Million Menschen, und wenn jeder
von denen einen Liter Milch pro Tag trinkt, dann sind das
nach zehn Jahren bei 365 Tagen …

Wir müssen aufhören, wegen eines zweifelhaften ökonomischen Vorteils die Natur zu verändern: die uns um-
gebende Natur, die der Tiere und die des Menschen. Wenn
durch Lebensmittelproduktion Lebensgrundlagen zerstört
werden, dann hört der Spaß auf. Wir müssen den Bauern
andere, fairere Einkommensmöglichkeiten bieten.

DIE AGRARDEBATTE wird heftig, emotional und mitunter pole-
misch geführt. Tierschützer und Umweltaktivisten stehen
auf der einen Seite, Bauern und Lebensmittelindustrie auf
der anderen Seite. Grüne und Bauernverband verkeilen sich

in einer polemischen Frontstellung. Aber ich verstehe nicht, wieso es nicht der Bauernverband ist, der diese buchstäbliche Entwertung von Lebensmitteln kritisiert. Finde nur ich das anstößig, als Nichtlandwirt? Gerade wer die Arbeit der Bauern achtet, muss die Widersprüche und Auswüchse des Produktionssystems klar und kritisch benennen. Das ist nicht Nestbeschmutzung, das ist Werben für Anstand und Achtung vor dem Berufsstand.

Es ist sehr gut erklärbar, dass gerade im Landwirtschaftsbereich die politische Debatte so heftig geführt wird. Essen müssen wir schließlich alle, und was wir verzehren, sind keine abstrakten Zahlen oder Excel-Tabellen, sondern lebendige Wesen. Tiere und Getreide sind real. Sie prägen den Raum, den wir wahrnehmen, und der Umgang mit ihnen bestimmt unser Leben. Insofern materialisiert sich die Wachstums- und Wohlstandsdebatte im Agrarbereich. Und dass wir darüber diskutieren, zeigt erst mal eines: dass wir zur Empathie für das Leben und Leiden anderer Wesen noch fähig sind und dass es bei vielen Menschen ein waches Gespür dafür gibt, wenn etwas nicht richtig ist. An der Agrardebatte kann man genau ablesen, dass eine Gesellschaft mehr und anders ist und sein will als nur die Wachstumszahlen des Bruttoinlandsprodukts. Wir sind empfindende Wesen, und Freiheit und Würde auch von nicht menschlichen Lebewesen bedeuten uns etwas. Man muss und sollte nicht bilderstürmend in die Agrardebatte hineinrennen. Aber auszusprechen, dass etwas nicht mehr stimmig ist, das sollte erlaubt und möglich sein.

Dem geschlossenen Schlachthof, für den vor meinem Ministerium demonstriert wurde, legten wir übrigens eine Vierzig-Punkte-Liste mit Mängeln vor, die er abzustellen hatte. Nach ein paar Wochen nahm er seinen Betrieb wieder auf, zum Teil nach aufwendigen Umbauarbeiten, unter anderem mit einer neuen Tötungsfalle. Die hat dazu geführt, dass der Bolzenschuss nicht wiederholt werden muss, weil der Kopf des Rindes fixiert ist. Im Umkehrschluss konnte die Tötungsfrequenz auf 40 Sekunden abgesenkt werden ...

Knickbrot, Subventionen, Zölle

Nicht nur der ökonomische Druck innerhalb Deutschlands bzw. der Industrienationen zwingt die Landwirte in ein System des »Mehr und billiger«, auch das Verhältnis der reichen Länder der nordwestlichen Hemisphäre zum Rest der Welt ist ein spannungsreiches. Auf der einen Seite steht die Ansicht, wir – mit unseren fruchtbaren Böden und guten klimatischen Bedingungen – müssten für die Welt mit produzieren. Auf der anderen Seite wird argumentiert, dass gerade unsere Form des Umgangs mit Lebensmitteln – die Verschwendung, der hohe Fleischkonsum – Hunger an anderen Orten der Welt verursacht. Konkret wurde diese Debatte für mich, als ich den Schutz der Knicks erhöhen wollte.

Knicks sind geschützte Biotope, eine Art Feldhecke, die im 18. Jahrhundert erfunden wurde, um zu verhindern, dass der stetige Wind den Mutterboden abträgt. Sie sind in einer waldarmen Gegend Lebensraum für viele Tiere, wurden aber in den letzten Jahren unter dem ökonomischen Druck, der auf den Ackerflächen lastet, immer weiter zurückgeschnitten. Ich habe deshalb für Ackerflächen einen Knickschutzstreifen von einem halben Meter eingeführt, auf dem nicht gepflügt, gespritzt oder gedüngt werden sollte. Eine Pflugschar Abstand zum Wohle der Natur sollten die Bauern halten.

Dieser halbe Meter Boden geht der landwirtschaftlichen Produktion verloren. Entsprechend zornig waren die Bauern. Einer von ihnen ersann eine sehr eindringliche Protestform. Er hat »Knickbrot« gebacken, also das Brot, das nicht gebacken werden konnte, weil ich einen halben Meter aus der Produktion herausnahm. Es waren für seinen Betrieb alleine 250 Brote.

Der Bauer hat einen Finger in die Wunde gelegt. Wenn wir diese Brote tatsächlich bräuchten, um die Menschen der Welt zu ernähren, dann wäre der Knickschutz falsch. Dann wäre aber auch der Knick selbst falsch. Dann wäre jeder See, jedes Moor und jeder Wald falsch. Dann sollten wir unsere Landschaft radikal ausräumen und auf jedem Quadratmeter Getreide anbauen. Es ist eine relevante Diskussion. Wie ernähren wir die Welt? Und wie weit lassen wir die Erkenntnis zu, dass unsere Art der Produktion von Lebensmitteln, des Fleischkonsums, der günstigen Produkte sehr wohl etwas mit der Armut und Not in anderen Ländern zu tun hat? Gemeingut geworden ist die Phrase, dass wir »Fluchtursachen bekämpfen müssen«. Aber was genau ist damit gemeint? Ein Waffenstillstand mit Assad oder auch ausreichend Nahrung für alle Menschen?

DIE VEREINTEN NATIONEN haben die Schätzungen für den Anstieg der Weltbevölkerung nach oben korrigiert. 2050 werden voraussichtlich zehn Milliarden Menschen auf diesem Planeten leben, so viele wie nie zuvor. Vor allem aber wird der Bevölkerungsanstieg so rasant wie noch nie sein. Ein Drittel mehr Menschen in nur 30 Jahren – das gab es noch nie. Die zusätzlichen Erdenbürger werden fast ausschließlich in armen und ärmsten Ländern geboren werden. Und dieses Bevölkerungswachstum wird mit einer steigenden Erwärmung der Erde, Wassermangel, Dürren und Überschwemmungen durch die nahende Klimakatastrophe zusammenfallen. Neben dem Bevölkerungswachstum und dem Klimawandel sind es vor allem veränderte Ernährungsgewohnheiten, namentlich der steigende Verbrauch von tierischen Produkten und der Hunger nach Bioenergie, der eine Art »Dreieck des Grauens« schafft, das einen schier verzweifeln lassen kann, wie man Hunger, Not und Elend in Zukunft weltweit in den Griff bekommen kann. Dabei ist das durchaus möglich. Es bedarf allerdings entschiedener politischer Maßnahmen. Die sogenannte Malthus-Falle muss nicht zuschnappen.

Der britische Ökonom Thomas Robert Malthus stellte vor 200 Jahren die These auf, dass die Menschheit verelenden werde, weil die Bevölkerungszahl exponentiell, die Nahrungsmittelproduktion nur linear anwachsen werde. Bisher hat Malthus nicht recht behalten. Die Zahl der weltweit Hungernden ist in den letzten Jahrzehnten zurückgegangen. Der Grund für den Rückgang der Hungernden ist der gestiegene Wohlstand zusammen mit hohen Produktionssteigerungen der Landwirtschaft auch in vielen Schwellenländern. Vor allem durch technischen Fortschritt, Kunstdüngereinsatz, künstliche Bewässerung, chemischen Pflanzenschutz und Gentechnik ist die Produktion von Agrarerzeugnissen in den letzten Jahrzehnten gigantisch angewachsen. In den letzten 50 Jahren hat sich die Kalorienproduktion in der Landwirtschaft so verdreifacht. Derzeit gibt es noch 800 Millionen Menschen ohne ausreichende Nahrungsgrundlage. Auf der anderen Seite aber gibt es auch eine Milliarde Übergewichtige. Insofern ist der Welthunger gegenwärtig weit eher ein Verteilungsproblem als ein Produktionsproblem.

Nun gehen jedoch seit ein paar Jahren die Wachstumsraten der Erträge zurück. Um die Welternährung auf der bisherigen Basis sichern zu können, bräuchte es eine Produktivitätssteigerung von 1,8 % pro Jahr. Sie liegt derzeit bei 1,3 %. Produktivitätssteigerung bedeutet dabei sowohl noch intensiveren Kunstdünger- und Pflanzenschutzmitteleinsatz sowie noch mehr genverändertes Saatgut. Begrenzt ist allein die verfügbare Fläche, weil weitere Rodungen von Wäldern den Klimawandel nur noch stärker antreiben würden. Müssen wir also doch noch intensiver produzieren? Müssen wir Pestizide und Gentechnik bejahen, damit Menschen nicht Hunger leiden oder gar verhungern?

ICH HABE SOLCHE DISKUSSIONEN oft geführt. Vertreter des Deutschen Bauernverbandes werfen dem Ökolandbau noch immer vor, dass er schuld am Welthunger sei, weil er nur etwa halb so viel produziert wie die konventionelle Landwirtschaft. Auf der anderen Seite finden wir inzwischen Pflanzenschutzmittel in unseren Trinkwasserbrunnen, überdüngen mancherorts die Felder und eutrophieren Seen und Flüsse. Und der Widerstand gegen die grüne Gentechnik ist ausgeprägt, weil die Effekte vielen unkontrollierbar und beängstigend erscheinen.

So stehen sich zwei Lager letztlich unversöhnlich gegenüber. Die einen sagen, wir, der Nordwesten der Welt mit seinen begünstigten Regionen, muss seine Produktion massiv ausweiten, die anderen sagen genau das Gegenteil, dass nämlich die Kleinbauern in den Ländern Afrikas und Asiens selbst in die Lage versetzt werden müssen, ausreichend Lebensmittel zu produzieren, technischen Fortschritt benötigen, also einen Strukturwandel, ähnlich, wie wir ihn in Europa die letzten Jahrzehnte hatten. Sie müssen, in Kürze gesagt, aufhören, Kleinbauern zu sein.

Die offizielle Entwicklungshilfe der Bundesregierung konzentriert sich auf die Länder, deren Entwicklung am erfolgversprechendsten ist, etwa Kenia und Tansania. Sie unterstützt dort deutsche Firmen, etwa Landmaschinenhersteller oder auch Chemiefirmen, bei der wirtschaftlichen Kooperation. So wird Entwicklungshilfe zugleich Außenhandelspolitik. Wenn aber die Entwicklungsländer irgendwann auf eigenen Füßen stehen sollen, dann ist die Förderung deutscher Konzerne im Ausland der falsche Ansatz. Mehr noch: Die Agrarforschung der westlichen Länder müsste auf die Bedürfnisse der Entwicklungsländer ausgerichtet werden. Sowohl an unseren Universitäten wie an denen der Länder selbst braucht es Saat- und Düngeforschung, die zu den Verhältnissen dort passt und nicht zu den Exporterwartungen europäischer Landmaschinenhersteller.

Wenn man aus der Falle der Produktion des Immer-mehr herauswill, dann muss man auch hinterfragen, wie und was *wir* konsumieren. Das aber ist der blinde Fleck offizieller deutscher Entwicklungspolitik. Denn – und das ist ebenfalls bei Malthus vor über 200 Jahren erstmals beschrieben – eine reichere Gesellschaft konsumiert auch mehr und braucht mehr Nahrungsmittel, vor allem isst sie mehr Fleisch. Dies wird in Entwicklungsländern meistens über das Ausland bezogen, mindestens jedoch über die Regionen, die günstiger produzieren können als andere. Und so führt gerade steigender Wohlstand zu stärkerem Strukturwandel, also zur weiteren Verarmung der ländlichen Regionen. Dort aber leben in Afrika 60 % der Bevölkerung. Ob sie ihre Milch, ihren Weizen oder ihr Gemüse verkaufen können, davon hängt ab, ob ihre Kinder zur Schule gehen können und ob die Familie überlebt. Bei drohender oder akuter

Armut steigen in einer Gesellschaft die Geburtenraten, sodass sich ein Teufelskreis ergibt, der entweder in sozialen
Katastrophen, Hungersnöten, Flucht oder Krieg endet. So
führt steigender Wohlstand der einen zu grassierender Armut der anderen.

EINE IMMER GRÖSSERE PRODUKTIVITÄT der weltweiten Landwirtschaft ist also keine Antwort auf die Verteilungsfrage der
Kalorien, ja kann sie sogar verschärfen. Stattdessen muss
der Blick auf Bereiche gerichtet werden, die helfen, die Verteilungsfrage gerechter zu beantworten, beispielsweise auf
die Biosprit-Produktion, die Nahrungsmittel in Treibstoff
für Industrie und Verkehr umwandelt. Neben der ethischen
Fragwürdigkeit ist auch die ökobilanzielle Rechnung er-
schreckend. Unsere Autos müssen weniger verbrauchen,
nicht anderes. Mit erneuerbarem Strom sind neue An-
triebstechniken verfügbar. Biomasse sollte nur noch als
Abfallstoff verwandt werden. Würde man komplett auf Bioenergie verzichten und würde man die Land-, Wasser- und
Saatgutressourcen für Lebensmittel einsetzen, wären pro
Person rechnerisch etwa 500 Kalorien mehr verfügbar.

Die weltweit produzierte Kalorienzahl würde für jeden
Menschen 4500 Kalorien ergeben, die weltweit verfügbare Kalorienzahl beträgt derzeit aber nur 2800 pro Person. Denn ein weiteres Drittel der Agrarproduktion ver-
füttern die Menschen in den reichen Ländern an Tiere.
Täten sie das nicht, würde der Weizenpreis zwar um circa
ein Drittel nachgeben. Durch den reduzierten Fleischver-
brauch könnten durch die Kalorienverfügbarkeit rechnerisch 12 Milliarden Menschen ernährt werden. Global wäre
also genug Nahrung für alle Menschen verfügbar, ohne die

Produktion noch weiter auszuweiten. Nur lokal ist sie das oft nicht.

Die Antwort auf die Frage der Welternährung ist also nicht, insgesamt immer mehr und mehr zu produzieren. Sie ist jedoch auch nicht, dass die armen Länder schlicht arm bleiben sollen. Wirtschaftlichen Aufschwung für die unterentwickelten Länder zu ermöglichen muss bedeuten, sie an moderne landwirtschaftliche Technik heranzuführen, ihre eigene Produktion nachhaltiger zu machen und ihre lokalen Kreisläufe zu stärken. Es ist also richtig, Kleinbauern vor der Verdrängung durch Agrarkonzerne zu schützen. Und der entwickelte Nordwesten zerstört mit subventionierten Lebensmitteln immer noch viele gewachsene Strukturen. Aber nur zu sagen, die Welt wäre besser, wenn die Entwicklungsländer sich nicht entwickeln würden, ist eine zynische Antwort. Es bedarf schon eines gehörigen Maßes westlicher Arroganz, diesen Menschen weitere Entwicklungsmöglichkeiten abzusprechen. Es ist schön, wenn sie heute selbst ihr Gemüse zum Markt tragen können und nicht zu Bettlern werden. Weniger toll ist es, wenn wir ihnen sagen, deine Tochter wird übrigens morgen auch Gemüse zum Markt tragen, deine Enkelin auch – noch in hundert Jahren wird deine Familie Gemüse zum Markt tragen müssen. Entwicklungshilfe bedeutet auch, Fortschritt zuzulassen. Und ja, es gibt Länder, die so zerstört und so arm sind, dass es noch Jahre brauchen wird, bis sie allein auf der Basis von Kleinbauern und Eigenproduktion auf die Beine kommen können. Diese Staaten brauchen stabile und gute Regierungen, Rechtssicherheit und möglichst keine Korruption als Bedingung für Produktivität und Wachstum. Sie brauchen einen Marshall-Plan, der sie mit ausreichend Liquidität ausstattet, um Reformen durchzuführen. Dafür muss vor allem die Wirtschaftspolitik, die den unterentwickelten Staaten oft als Bedingung für Kredite und Hilfen aufgenötigt wird, geändert werden. Zwischen gleich starken Ländern sollten zwischenstaatliche Handelsbeschränkungen reduziert oder abgeschafft werden, aber gegenüber Industriestaaten sollten die sensiblen Bereiche wie zum Beispiel die Landwirtschaft durch hohe Zölle vor ausländischen Produkten abgeschirmt werden, bis eine ausreichende Konkurrenzfähigkeit erreicht ist. Die internationalen Institutionen, vor allem der IWF, drängen jedoch umgekehrt darauf, dass Entwicklungsländer ihre Märkte für Agrarprodukte aus aller Welt öffnen. Statt damit das Wohlstandsniveau insgesamt anzuheben, werden die Länder so in immer größere Schwierigkeiten gebracht. Denn die Nahrungsmittel in Europa und den USA werden schlicht billiger produziert und werden häufig auch noch subventioniert. Gegenwärtig belaufen sich die Subventionen für den Agrarsektor auf über 350 Milliarden US-Dollar jährlich. Dagegen kommen die Kleinbauern im Rest der Welt nicht an. Ohne Schutz ihrer Produktion durch Zölle sind sie zur Aufgabe gezwungen.

Die Kleinbauern in den armen Ländern haben nur dann eine Zukunft, wenn man ihnen eine faire Chance gibt. Die wiederum ermöglicht es auch, dass wir hier bei uns Naturschutz und einen gewissen Abstand zum Knick aufrechterhalten können. Wir brauchen das Knickbrot nicht, um die Welt zu ernähren. Aber wir müssen das System der Welternährung und der Landwirtschaft verändern.

Teil VI Horizont – Delfin

Wem das Meer gehört

Am Abend des zweiten Weihnachtstags 2013 fuhr ich nachmittags nach Büsum an den Hafen und suchte den Pier, an dem ich mich mit einem Krabbenfischer verabredet hatte. Weil so vieles, für das ich als Minister zuständig bin, im Konflikt miteinander steht, bat ich zu Beginn meiner Amtszeit – in einer Art Reihe von kurzen Berufspraktika – Menschen, mich zu ihrer Arbeit mitzunehmen. Ich saß stundenlang mit einem Jäger auf dem Hochsitz und hämmerte Lahnungen ins Watt. Was mich auf dem Krabbenkutter erwarten würde, wusste ich nicht.

Wir waren drei Männer an Bord, der Kapitän, sein Gehilfe und ich. Bemerkenswert war, dass der Fischereigehilfe beim Ablegen und beim Bücken über die Taue die Zigarette nicht aus dem Mund nahm. Es war ein windstiller Abend und der Rauch stieg ihm direkt in die Augen. Es störte ihn nicht. Ging eine Zigarette aus, steckte er sich gleich die nächste an. Erst später, so gegen zwei Uhr morgens, als ich vor Müdigkeit schon fast nicht mehr konnte, begriff ich, dass das Rauchen seine Methode war, wach zu bleiben. Wir liefen mit der Ebbe aus, folgten dem Priel und der Kapitän zeigte mir, wo er früher gefischt hatte, dort, wo die Strom-Seekabel nach Norwegen langlaufen sollten, die ihm sein Revier nahmen, dort, wo die Offshore-Kabel schon verlegt waren und wo die Holländer und Dänen ihn mit ihren Großkuttern verdrängt hatten. Deshalb fischte er jetzt in Prielspitzen, weil er dort mit seinem kleinen alten Kutterboot quasi exklusiv unterwegs war. Genau das aber ist den Naturschützern ein Dorn im Auge. Immerhin ist das Wattenmeer ein Nationalpark und der sollte nach Möglichkeit mehrheitlich unbefischt sein. Die Konflikte zwischen Fischern und Nationalparkschützern gehören zu den härtesten in einem nicht gerade konfliktarmen Land.

Wir passierten die Halligen und tuckerten weiter, tranken starken Kaffee und plötzlich gab der Kapitän das Signal, dass wir an der richtigen Position waren. Die Kurrbäume, die schweren, laternenmastgroßen Eisenstangen, an denen die Netze befestigt waren, wurden zu Wasser gelassen, das Schiff verlor an Geschwindigkeit, jetzt musste es die großen Fanggeschirre, die wie eine Planierraupe über den Meeresgrund rollen, ziehen. Genau das ist einer der Gründe, warum die Naturschützer solche Probleme mit der Krabbenfischerei haben.) Drei oder vier Stunden zogen wir unsere Bahnen. Dann bekam der Gehilfe das Signal, die Kocher anzuheizen. Der Kapitän drosselte die Fahrt, der Kutter lag still auf dem stillen, großen, schweigenden Meer.

Man sah keinen Horizont mehr. Der Mond stand groß und voll im Himmel. Es war ein fantastischer Moment, ein Augenblick von unglaublicher Wucht, in dem ich plötzlich begriff – nicht nur hörte und verstand, sondern geradezu körperlich spürte –, warum die Fischer ein solches Berufsethos haben, was Seefahrt einmal war und ausmacht, welche unendliche Faszination vom Meer ausgeht. Ähnliches habe ich bei der Fahrt in das Steinkohlebergwerk Prosper Haniel im Ruhrgebiet und den Gesprächen mit den Kumpeln dort erlebt. Einer, ungefähr in meinem Alter, sagte 1000 Meter unter der Erdoberfläche »Mein Urgroßvater hat noch mit der Spitzhacke gearbeitet, mein Großvater mit dem Presslufthammer, mein Vater mit den Automaten – und ich bring es jetzt zu Ende.«

Es gibt sterbende Berufe. Fischer und Bergmann gehören dazu. Aber der Stolz, den die Menschen für ihre Berufe empfinden, der erzählt etwas über unser Erbe im Umgang mit der Erde. In ihm spiegeln sich die Geschichte dieser Gesellschaft und vor allem der Umgang mit der Tiefe oder Weite unserer Welt. Es sind der Naturgewalt ausgesetzte Berufe. Das macht ihr Ethos aus.

Aber wie preist man Ethos, Geschichte oder den Wert von Freiheit in eine politische Ökonomie ein? Der Referenzraum für sie wird immer kleiner. Sehr viele Dinge, die uns etwas bedeuten, sind eigentlich buchstäblich nichts wert: Vogelgesang am Morgen, der Anblick einer unberührten Landschaft, schwimmen in einem sauberen Meer, sonntags mit der Familie spazieren gehen, ja die Familie selbst, Liebe, Glück, Freundschaft ….

Der Sinn und die Bedeutung, der Wert all dieser Dinge, Phänomene und Gefühle speisen sich genau daraus, dass sie der ökonomischen Bewertung entzogen sind. Sie haben aber einen ethischen Wert, sie bedeuten uns etwas. Sie sind politisch und gesellschaftlich relevant. Steven Levitt und Stephen Dubner schreiben in »Freakonomics«: »Moral repräsentiert die Art und Weise, wie die Welt funktionieren soll – während die Ökonomie uns zeigt, wie sie tatsächlich funktioniert.«

Genau das ist nicht richtig. Genau diese vermeintlich positivistische Beschreibung der Welt und der Politik muss hinterfragt werden. Der Sinn der Ökonomie ist nicht, dass sie selbst funktioniert, sondern dass die Gesellschaft funktioniert. Eine rein ökonomische Theorie verkennt, dass sich, wenn man zwischenmenschlichen Beziehungen und Werten oder öffentlichen Gütern ein Preisschild gibt, die gesellschaftliche Norm selbst verändert. Etwas, das wir handeln, betrachten wir anders als etwas, das dem ökonomischen Denken entzogen ist. Michael J. Sandel listet in seinem Buch »Moral und Politik« eine ganze Reihe von Beispielen auf, bei denen die ökonomische Erfassung den moralischen Zustand der Grundannahme verändert hat. Ein Handel mit Nutzungsrechten der Natur (in diesem Fall Jagdquoten der Inuit auf Walrösser) entwertet den Schutzgedanken gegenüber Arten und Natur. Geld für Blutspenden macht Blut zur Ware und nimmt den Status der freiwilligen Gabe. Warum ist es noch immer verpönt, zu Weihnachten einfach Geld zu verschenken? Weil es ein feines Gespür dafür gibt, dass die rein ökonomische Berechnung grundsätzliche Werte diskreditieren kann. Bei TTIP und der Frage, ob wir eine Konsumenten- oder eine Bürgergesellschaft sind, bei der Frage der BIP-Berechnung, bei der Frage, wie wir Landwirtschaft betreiben: Immer steht die grundsätzliche Frage im Raum, ob es so etwas wie eine neutrale, dem politischen Diskurs enthobene Wahrheit gibt, wahlweise eine religiöse oder eine ökonomische. Aber wenn es richtig ist, dass es in der Politik überhaupt nicht um Wahrheit, maximal um Wahrheiten, also um Meinungen und den Widerstreit um sie gibt, dann kann es auch keine Wertneutralität in der Methodik zur Bestimmung der richtigen Politik geben. Schon die Annahme, dass Normen und Werte in der Ökonomie keine Rolle spielen, ist eine normative, also wertegeleitete Entscheidung. Wirtschaftswissenschaften sind deshalb auch nicht wertneutral. Im Gegenteil: »Wertneutralität« zu proklamieren heißt, politisch-gesellschaftliche Entscheidungen, normative Kriterien wie »Gerechtigkeit«, »Umweltschutz«, »Klimaschutz« mit Ineffizienz oder Hemmnissen gleichzusetzen. Mindestlöhne schaden, Umweltrechte sind eine un-gebührliche Einschränkung …

Als ich einmal eine Abgabe auf Pestizide vorschlug, um Gewässer und Nahrungsmittel besser zu schützen, ha-gelte es Vorwürfe von der chemischen Industrie, dass ich die Weizenproduktion abwürgen wolle. Von den Verteidi-gern der agrochemischen Industrie, der sie begleitenden Wissenschaft und dem Bauernverband wurde der Vorwurf erhoben, ich würde nicht wissenschaftlich argumentieren, sondern nur entlang einer Klientel. Dumm nur, dass das Pestizidgutachten vom wissenschaftlichen Helmholtz-Ins-titut erstellt worden war und mir »die Wissenschaft« sagte, dass wir einen Nitratüberschuss haben. Anderes Beispiel: So viele Ökonomen haben 2004 zur Einführung einer pri-vaten Altersvorsorge geraten – und jetzt stellt sich heraus, dass die damals angenommenen Parameter falsch waren.

Die Summe aller Professoren wäre unfähig, eine konsis-tente Regierungspolitik zu formulieren, und die Vollver-sammlung aller Wirtschaftsmanager könnte es auch nicht. Weil es eben nicht so etwas gibt wie eine vorpolitische Wahrheit. Schon die Frage, was überhaupt gemessen wird, wonach wir überhaupt fragen, ist Definitionssache. Und Werte werden gesellschaftlich ausgehandelt. Aus der ethi-schen Bedeutung von politischen Fragestellungen kommen wir nicht heraus.

Für mich hatte diese Überlegung eine konkrete Konse-quenz. Als Mitglied der Endlagersuchkommission habe ich mit den Kollegen rauf und runter diskutiert, nach wel-chen Kriterien ein deutsches Atommüll-Endlager zu errich-ten wäre. Das waren zumeist geologische Kriterien: Wie tief muss es sein, wie intakt das Deckgebirge, welche Gesteins-art ist am besten geeignet. Absehbar war für mich, dass die wissenschaftlichen Kriterien immer wieder von anderen Wissenschaftlern infrage gestellt werden würden und dass am Ende in irgendeiner Form wieder eine politische Entscheidung treten würde. Ich fragte mich deshalb, ob es nicht sinnvoll wäre, den ganzen Prozess umzudrehen: Mindestsicherheitskriterien zu definieren und dann zu fragen, ob es eine oder mehrere Kommunen in Deutschland geben würde, die bereit wären, das Endlager auf ihrem Gebiet zu errichten. Und da sie eine Last für Deutschland tragen würden, hätte ich es richtig gefunden, sie auch finanziell zu entschädigen, also eine finanzielle Kompensation dafür anzubieten, dass sie Endlagerstandort werden.

Jener merkwürdige Lernprozess im Ministeramt, der mir immer stärker die Bedeutung von Grundsätzen und Maximen vor Augen führte, je mehr Kompromisse ich schließen musste, belehrte mich allerdings eines Besseren. Dadurch, dass etwas einen Preis bekommt, verändert sich das Gut selbst. Allein die Fragestellung, was das Gut wert sei, korrumpiert uns als Bürger. Auch im Fluchthelfer-Sommer 2015 konnte man das beobachten. Die vielen Flüchtlingshelfer machten das alles ehrenamtlich, sie arbeiteten bis zur Erschöpfung, sie nahmen ihren Jahresurlaub oder schwänzten die Uni. Es wäre sicher durchaus gerecht gewesen, ihnen eine Art Entschädigung oder Gehalt zukommen zu lassen. Auf der anderen Seite hätte das den Charakter der Hilfe selbst völlig verändert. Diese Menschen haben nicht nach Lohn gefragt, sondern einfach gehandelt, weil sie Menschen sind. Ihre Anerkennung und ihr Renommee beruhen genau darauf. Würden wir dem Endlager einen Bieterwettbewerb voranstellen, würden wir vermutlich nie eines finden. Auch Weihnachten wäre ein anderes Fest, wenn wir uns nichts mehr schenken, sondern nur noch den

Gegenwert von Geschenken auf unsere Konten überweisen würden.

Entsprechende Ergebnisse lieferte ein Feldversuch an Universitäten. Man teilte Studierende in zwei Gruppen auf, die beide Reden und Seminararbeiten zum Umweltschutz schreiben sollten. Die eine Gruppe bekam dafür Geld, die andere nicht. Die Gruppe, die für ihre Arbeit bezahlt wurde, leistete alles in allem Dienst nach Vorschrift, identifizierte sich kaum mit ihrem Thema, ging nach Hause, wenn die Arbeit getan war. Die Gruppe, die kein Gehalt erhielt, brannte plötzlich für den Umweltschutz, debattierte weiter, war mit hohem Engagement dabei. Geld kann auch eine Motivationsbremse sein.

Das politische Problem ist nun allerdings, dass die ökonomistische Denkart diese Hilfs- und Verantwortungsbereitschaft und intrinsische Motivation völlig überlagert hat. Wir übersetzen inzwischen alles und jedes in einen Geldwert. Man kann die Kosten für mehr Tierschutz berechnen und die Agrarpolitik entlang ihres Nutzens für die Natur neu ausrichten. Statt also darauf zu hoffen, dass die Menschen vor ihrem Untergang merken, dass man Geld nicht essen kann, versucht man, Baum, Fluss und Fisch in Wert zu setzen. Nur, was geben wir auf, wenn das Gut selbst dadurch verändert wird, weil es eine Ware wird? Ist das vielleicht der eigentliche Grund, warum wir Wohlstand nicht mehr unabhängig von Wirtschaftsdaten denken können? Und stammt nicht unsere große Skepsis gegenüber dem medizinischen oder technischen Fortschritt, der eigentlich unser Leben leichter machen soll, eben daher, dass viele unserer moralischen Normen schon so durchökonomisiert sind, dass wir sie kaum noch spüren? Lebenszufriedenheit, Selbstbestimmung und Solidarität,

Werte, die uns etwas bedeuten, wachsen eben mit technischem Fortschritt nicht automatisch mit, und auch nicht mit dem Einkommen.

AUF DEM FISCHKUTTER draußen auf der Nordsee nach Weihnachten kamen die Netze hoch. Das Flutlicht ging an und das Wasser in den riesigen Töpfen kochte. Der Wasserdampf zog durch die Nacht. Der Hol kam hoch, eine Szene wie auf einem Walfänger, nur dass der Fang, der sich auf dem Kutter entleerte, aus Tausenden zappelnder kleiner Tiere bestand. Die wurden durch eine Trommel gedreht, die die zu kleinen Krabben und die beigefangenen Fische aussortiert. Die, denen die Lunge beim Hochholen nicht geplatzt war, die die Trommel überlebten und klein genug waren, durch die Schlitze zu rutschen, wurden wieder über Bord gespült. Die anderen wurden zusammen mit den Krabben in Salzwasser gekocht. Ein elender Tod für Fisch und Schalentier. Ich half, die jetzt roten und gebogenen Krabben in die Körbe zu füllen und unter Deck zu bringen. Dann machten wir das Deck sauber, senkten die Kurrbäume wieder ab und fuhren weiter durch die Nacht über das riesige Meer.

In meinem politischen Alltag ist der Schutz des Meeres eine schwer zu lösende Aufgabe – und ethisch eine aufwühlende. Das Meer hat zwar Hoheitsgewässer, aber es gehört keinem Staat allein. Jeder darf es befahren (wenn er genug Wissen für Seefahrt hat), jeder darf es befischen (wenn er eine Lizenz hat), jeder darf in ihm schwimmen.

Daher ist eine der härtesten und schwierigsten Debatten die zwischen Natur- bzw. Artenschutz auf der einen Seite und der Fischerei auf der anderen Seite.

Enten und Schweinswale zum Beispiel ertrinken elend in

sogenannten Stellnetzen. Ich wollte sie besser schützen, indem die Regionen, die besonders oft von diesen Tieren aufgesucht werden, stellnetzfrei gehalten werden. Die Fischer gingen auf die Barrikaden. Und anders als an Land stellte sich die Frage: Wie entschädige ich Fischer für diesen Eingriff? Oder musste ich das gar nicht, wenn das Meer doch allen gehört? Was ist dann aber mit all den großen Eingriffen und Einträgen? Zum Beispiel wollen Dänemark und Deutschland einen Tunnel unter dem Fehmarnbelt bauen, um die beiden Staaten fest miteinander zu verbinden. Statt das Meer mit Fähren zu befahren, soll es unterfahren werden. Ganz abgesehen von der ökonomischen Sinnhaftigkeit des Vorhabens: Ökologisch ist dies ein Eingriff in die Natur, vergleichbar einem Autobahnbau. Solche Eingriffe werden in Deutschland kompensiert – entweder durch Flächen, die der Natur als Gegenwert erhalten bleiben sollen, oder durch Geld, mit dem dann solche Flächen angekauft werden. Auf dem Land ist das möglich – aber auf dem Meer? Wie kompensiert man Eingriffe zu See? (Nach langen, langen Debatten haben wir endlich eine Möglichkeit zur Kompensation im Meer geschaffen.)

Millionen Tonnen von Munition aus den Weltkriegen liegen auf dem Meeresgrund und rosten langsam durch. Wer fühlt sich verantwortlich, das Zeugs zu bergen, wenn das Meer allen gehört? Das Meer als Kloake, als Plastikmüllkippe, als Nahrungsquelle – es gibt zwar Rechtsregime, die den Zugang zu den Ressourcen ordnen, aber offensichtlich keine Antwort auf die beunruhigende Frage nach dem Schutz eines Allgemeingutes. Wem gehört das Meer? Allen. Niemanden. Und die Tiefsee, die jetzt ins Zentrum von Rohstoffförderungen, Ölbohrungen und Fracking rückt? Die Luft, die wir atmen? Das Klima? Der

Weltraum? Mit welchem Besitzanspruch wird er militarisiert?

Im Weltraum umkreisen bereits über 1000 Satelliten die Erde und es wimmelt dort von Weltraumschrott. Wer übernimmt die Verantwortung für den Weltraummüll, der in unserem Orbit kreist? Wem gehört das Internet? Welche Freiheiten und welche Regeln gelten im virtuellen Raum des Internets? Ist alles erlaubt und in jeder Anonymität geschützt oder soll die Freiheit des Netzes entlang der bürgerlichen Normen eingeschränkt werden?

Es gibt Räume und Güter, die niemandem allein zustehen. Das Problem ist, dass daraus ein allgemeiner Nutzungsanspruch erwächst, aber keine allgemeine Schutzverpflichtung. Diese kann wohl nur durch eine globale Verantwortungsübernahme jenseits der Nationalstaaten erfolgen. Und es wäre höchst rühmlich, wenn Deutschland mit seiner national so belasteten Geschichte vorangehen würde, diese herzustellen.

Diese Nacht auf dem Kutter stellte für mich die Frage nach dem Besitz des Besitzlosen: Nationalstaaten haben Grenzen. Innerhalb der Grenzen gibt es Eigentums- und Besitzansprüche. Eigentlich gibt es kein Land mehr, das niemandem gehört. Der Eigentumserwerb und der Schutz des Besitzes vor der Willkür von Königen oder Räubern gehören zu den zentralen Errungenschaften der bürgerlichen Gesellschaft. Aber das Eigentumsrecht definiert eben nicht nur den Anspruch auf Nutzung und Ausbeutung von Boden und Bodenschätzen, sondern auch den Bedarf an Schutz, an Zugang für alle. Private Strände begreifen wir (ich jedenfalls) als anstößig, weil das Meer doch eigentlich allen gehört und der Zugang zum Meer frei bleiben sollte. Der Blick in den Abendhimmel gehört

allen und der Mond im Besitz eines Nationalstaates wäre
obszön.

Ich war an Bord des Kutters gestiegen, um ein besseres
Verständnis für mein Amt und die Menschen zu bekommen,
mit denen ich zu tun hatte. Aber diese Nacht hat faktisch
dazu geführt, dass ich nach einer anderen Art der Verantwortung, nach einer Verantwortung für die Zusammenhänge suchte. Das Meer stand pars pro toto für die Sehnsucht nach politischen Horizonten. Aber dieser Gedanke
brauchte noch ein bisschen Zeit, bis er gereift war.

Vom Spielfeldrand ins Mittelfeld

Von der Weihnachtsnacht auf dem Krabbenkutter bis zum Mai 2015, in dem ich meine Bereitschaft zur Spitzenkandidatur der Grünen erklärte, gibt es nicht das eine Ereignis, das diese Entscheidung verfestigte. Es mag Politiker geben, die ihre Karriere bis zum Letzten strategisch durchplanen, die immer kontrolliert sind, jede Rede einüben und keine Geste machen, deren mediale Auswirkungen nicht bis zum Letzten durchdacht ist. Ich bin das nicht. Und die Erklärung, Spitzenkandidat werden zu wollen, war genauso, wie sie aussah: zu früh, zu unvorbereitet, zu untaktisch. Und vielleicht macht sie gerade das aus. Vielleicht reifte der Gedanke, mich bei der nächsten Bundestagswahl nicht zurückzuhalten, nach der letzten Bundestagswahl, 2013. Die hatte neun Monate nach meiner Weihnachtsfahrt auf dem Krabbenkutter stattgefunden und ging für die Grünen grandios schief. Das hatte auch und vielleicht überwiegend mit eigenen Fehlern der Partei zu tun – mit falschen Steuerplänen, einem moralischen Rigorismus, der irgendwie freudlos war, einer schändlichen und gesetzeswidrigen Vergangenheit einiger Mitglieder, die Sex mit Kindern für einen Akt von Freiheit gehalten hatten, und einer Partei, die das vor Jahrzehnten nicht zur Anzeige gebracht hatte. Aber was mich bis heute ratlos macht, ist, dass all das (und dazu noch der Veggie-Day) wichtiger waren als die eigentlichen politischen Themen. Europa taumelte schon 2013. Die Finanzkrise war nicht eingehegt. Die NSA und zig andere

Geheimdienste sammelten Daten und spionierten uns aus. Und als Edward Snowden diese eklatanten Gesetzesverstöße aufdeckte, mussten sich nicht die Dienste rechtfertigen, sondern Snowden fliehen – ausgerechnet nach Russland. Deutschland verweigerte ihm Asyl. Der Syrienkrieg tobte schon damals. Der Klimawandel bedrohte schon damals die Lebensgrundlagen der direkten Nachbarn Europas in Nordafrika – aber Deutschland stritt über eine skurrile Autobahnmaut, den Veggie-Day und über 1,2 Cent Stromkostenanstieg beim EEG. Ob Europa und die westliche Welt überhaupt noch in der Lage sind, die Werte der Aufklärung – Freiheit, Respekt vor jedem Leben und Fairness zwischen Völkern und Menschen – zu behaupten und zu definieren, angesichts von mittelalterlicher Barbarei, von schwindendem ökonomischen Einfluss, eines exponentiellen Bevölkerungszuwachses in den armen und einer alternden und stagnierenden Gesellschaft in den reichen Ländern, eines immer krasseren Wohlstandsgefälles und einer immer stärkeren parallel-privaten Rechtsordnung der Konzerne – all diese großen, übergreifenden Fragen drangen nicht durch. Es war zum Verzweifeln.

Die CDU entpolitisierte jede Debatte, Merkels Schlussworte im Fernsehduell mit Steinbrück waren: »Sie kennen mich. Und nun wünsche ich Ihnen noch einen guten Abend.« Schlafe wohl, Deutschland.

Der Lohn am Wahlabend waren 42 Prozent für Merkel, fast die absolute Mehrheit. Die Unionsgranden schunkelten auf der Bühne zu »An Tagen wie diesen« von den Toten Hosen. Und vermutlich fühlten sie sich auch als Punker, haben den Abend als Party und den Wahlkampf als Rock 'n' Roll erlebt und waren glücklich dabei. Eine »Christliche Union«, die zur Musik einer linken Punkband tanzt. Alles schien mit allem kombinierbar, alles war gleich wichtig, ein Jandel'sches Vermischen von »rinks und lechts« hatte sich durchgesetzt.

Alle Parteien agieren in dieser Zeit des Übergangs in einem Spannungsverhältnis zu ihren politischen Werteüberzeugungen. Die Union gibt den Konservatismus preis und ist gegen Atomkraft, schafft den Wehrdienst und die Hauptschule ab, führt dafür Mindestlohn und die Frauenquote ein. Die SPD hat Kriegseinsätze und Hartz IV durchgesetzt und schafft es in der Euro- und Bankenkrise nicht, gegen den Mainstream der Austeritätspolitik eine eigene ökonomische Sicht durchzusetzen – sonst müsste sie ja die Regierung verlassen. Die FDP und AfD verheddern sich in Widersprüchen zwischen Staatsablehnung und Staatsautorität: Der Staat soll die Grenzen sichern und abschieben, aber möglichst keine Steuern erheben – wer die Polizisten bezahlen soll, bleibt irgendwie unklar. Und die Grünen schaffen es derzeit nicht, mit ihrer wichtigsten Forderung, nämlich der Entkoppelung von Wohlstand und Ressourcenverbrauch, eine konsistente Politik zu entwerfen, die über die Kernbereiche Energiewende und Landwirtschaft hinausgehen würde.

Der Mangel an Konsistenz im politischen Angebot holt uns jetzt alle ein. Wir diskutieren Einzelfragen und Themen, aber keine politischen Zusammenhänge.

Und so, wie auch die Agenda 2010 ihre Wirkung erst zeitverzögert entfaltet hat, erlebt Deutschland seit 2015 die Konsequenz dieser Entpolitisierung mit der Eskalation all der Krisen, die man 2013 schon hätte sehen müssen. Warum hatte meine Partei es nicht geschafft, das damals gegen die CDU zu Themen zu machen? Ja, wir vernachlässigten unsere Kernkompetenz Umwelt, Energie, Agrarwirtschaft.

Und ja, die SPD schaffte es auch nicht mit ihrem verkorksten Wahlkampf um Steinbrück, Partner einer Wechselstimmung zu werden. Und ja, vielleicht wollten die Deutschen einfach nur in Ruhe gelassen und von der Frau mit Deutschlandhalskette regiert werden. Aber nur auf andere zu zeigen ist billig. Frau Merkel vorzuwerfen, dass sie sich 2013 nicht ihre eigene Gegnerschaft organisiert hat, ist geradezu absurd. Sie hatte ja die Macht, warum sollte sie eine politische Dynamik entfachen, die sie ihre Macht verlieren lässt?

Vielleicht waren wir Grünen ja auch zu einem Gutteil selbst schuld an unserem bescheidenen Ergebnis, weil wir es nämlich nicht verstanden hatten, Menschen anzusprechen, sie zu überzeugen, sie für relevante Politik zu interessieren. »Zu Beginn des Wahlkampfes waren wir von Freunden geradezu umstellt und an seinem Ende wollte keiner mehr ein Stück Brot von uns.« Das waren meine Worte auf dem kleinen Parteitag in Berlin, der die Wahlniederlage erstmals analysierte. Und wie es der Zufall wollte, wurde ich als Redner nach Jürgen Trittin gelost.

Es ist immer ein merkwürdiger Augenblick, wenn man auf einer Parteitagsbühne steht, sich vom Podium löst, den Blick schweifen lässt, bevor man anfängt zu sprechen. Diese Stille vor dem ersten Wort hat eine kleine eigene Magie. Damals war sie beklemmend. Jürgen Trittin und Claudia Roth saßen in der ersten Reihe. Ich sprach sie direkt an und sagte: »Danke für die Jahre, die ihr uns geführt habt. Ihr habt Jahre eures Lebens gegeben, eure Familien wenig gesehen – und dann wacht man auf, und alles war falsch.« Ich sagte das, weil es zuvor niemand gesagt hatte und es jemand aussprechen musste, jene Undankbarkeit von Politik. Ich weiß noch, wie belegt meine Stimme war. Und die Härte meiner

Worte hallt noch heute nach. Seit dem Parteitag bin ich mit dem Gefühl herumgelaufen, dass man so etwas nicht aussprechen darf, ohne selbst bereit zu sein, Verantwortung zu übernehmen – mit dem Risiko, dass mir später Menschen sagen, es war falsch.

DER BUNDESPARTEITAG 2014, ein Jahr nach der Wahlniederlage, sollte die Grünen neu positionieren und uns das Image der Verbotspartei nehmen, vor allem aber vom Stigma der Moralität und des erhobenen Zeigefingers befreien. Da das Gegenteil von Verbot Freiheit ist, veranstaltete die Partei in dem Jahr zwischen Bundestagswahl und Bundesparteitag mehrere Kongresse und Diskussionen zu einem »grünen Freiheitsbegriff«. Im Zeichen der grünen Freiheitsdebatte sollten sich die Grünen ein Stück weit neu erfinden und von der moralischen Impertinenz des Bundestagswahlkampfes befreien. Der Bundesvorstand legte einen Leitantrag vor, es gab diverse Änderungsanträge. Jede Arbeitsgemeinschaft und jeder Fachsprecher achtete darauf, dass sein spezifisches Themenfeld – Gleichstellung, Drogenpolitik, Klimagerechtigkeit etc. – ebenfalls Eingang in den Antrag fand. Und so ähnelte der Freiheitsantrag am Ende dem alten grünen Wahlprogramm, nur dass jetzt alles mit Freiheit begründet wurde. Eine andere Energiepolitik sichert die Selbstbestimmung und Freiheit von den Generationen nach uns und Menschen in Bangladesch …

Und das tut es ja tatsächlich. Nur war das Problem, dass aus der Freiheitsdebatte sofort wieder die Überheblichkeit rauszuhören war, die eigentlich geheilt werden sollte. Freiheit war nur grün richtig verstanden, nur wir wussten, wie Freiheit wirklich buchstabiert wird, andere Parteien hatten gar kein Recht, das Wort im Mund zu führen, geschweige denn im Namen. Und außerdem wurden alle anderen Begriffe gleich mit in das Freiheitskorsett gepresst. Freiheit ließ sich angeblich nur mit Gerechtigkeit und Ökologie und Klimaschutz vollenden. Dass sie sich gerade gegen sie behaupten muss, dass der Reiz und Sinn von Politik ja gerade ist, unterschiedliche Ansprüche auszuhalten und auszutarieren, das ging völlig verloren im grünen Freiheitsrausch.

Hirnforscher und Psychologen, Philosophen und Ökonomen haben sich in den letzten Jahren intensiv mit der Frage beschäftigt, was eigentlich ein gelingendes Leben ausmacht. Und zwar nicht eines, von denen andere behaupten, dass es ein gutes sei, sondern von dem es die Menschen selbst behaupten. Die wichtigste Erkenntnis in Kurzform ist, dass Menschen Zufriedenheit weniger durch Dinge als durch Aktivitäten erlangen. Reiche sind zwar tendenziell zufriedener als Arme, aber wichtiger noch als materieller Wohlstand sind funktionierende Partnerschaften. Arbeiten zu dürfen – Arbeitslosigkeit macht Menschen extrem unzufrieden, es wird fast wie eine körperliche Behinderung wahrgenommen –, Selbstwertgefühl und soziale Kontakte sind wichtiger als Lottogewinne oder das dritte Auto. Daraus folgt politisch, dass es erstens eine Reihe von Faktoren gibt, die Politik nicht direkt beeinflussen kann oder sollte. Politik darf nicht zu einem »Diktat des Glücks« werden. Man kann Menschen nicht vorschreiben, dass sie ab jetzt Freunde zu sein haben. Andererseits folgt daraus, dass die Bedingungen für mehr Lebenszufriedenheit über verschiedene Zugänge geschaffen werden müssen: über Bildung, Arbeit, Freiheit, mehr Gerechtigkeit.

Viele dieser Aspekte stehen in Widerspruch zueinander.

Ökonomie und Ökologie sind eben *nicht* natürliche Partner, sondern erst mal Gegner. Nur durch politische Kunst lassen sich die Widersprüche in Lösungen ummünzen. Problematisch wird es, wenn man diese Widersprüche politisch einfach wegbügelt. Denn je größer sie werden, je sichtbarer unterschiedliche Ansprüche, desto schwieriger ist eine Politik, die sie nur zu kaschieren versucht. Ich glaube, Politik muss wieder anfangen, die Widersprüche zu benennen und zuzugeben, statt so zu tun, als gäbe es sie nicht. Auch die Grünen. Zwischen verschiedenen Optionen zu unterscheiden und vielleicht auch wählen zu können, das macht erst Freiheit aus, es ist nichts, was wir verfluchen sollten.

Die Welt ist widersprüchlich. Wir sollten also gar nicht versuchen, alles unter einen Begriff zu pressen, schon gar nicht unter das Zeichen der Freiheit. Ihr Wert entfaltet sich ja gerade im Wechselspiel mit anderen Werten, mit Gerechtigkeit, Solidarität, Menschenrechten, Umwelt. Freiheit steht in einem Spannungsverhältnis, das notwendig Freiheitsverletzungen mit einschließt. Alles andere wäre ein paradiesischer Idealzustand, in dem es keinen Streit, keine Debatten, keinen Fortschritt mehr geben würde. Er wäre regressiv. Wenn es nur Freiheit gäbe, dann wäre sie sinnlos. Und wenn es nur *eine* Freiheit gäbe, dann wäre sie schon verstellt.

AUF DEM PARTEITAG 2014 hielt ich eine Rede, die so oder so ähnlich argumentierte. Für mich war das Hochhalten der Freiheit immer der beste Teil der grünen Partei. Wegen der Verteidigung meiner Freiheit vor den Gefahren der Atomkraft war ich einmal eingetreten. Und dass die Grünen als Verbotspartei rüberkamen, traf mich im Innersten meiner Parteiidentität. Ich redete mir den ganzen Frust in drei Minuten von der Seele. Und eigentlich schreibe ich das jetzt nur, weil ich rückblickend glaube, dass in diesen drei Minuten, während ich redete, der Gedanke, meiner Partei Impulse nicht vom Spielfeldrand, sondern aus dem Mittelfeld zu geben, erstmals konkrete Konturen annahm.

Der Traum der Privatheit

Kaum hatte ich meine Ankündigung, bei der Urwahl zu kandidieren, ausgesprochen, bekam ich Angebote für Jobs außerhalb der Politik. Ich hatte sie nicht gesucht und mich nicht beworben, ich wurde einfach angesprochen. Darunter war tatsächlich eines, das mich wirklich reizte, weniger finanziell als intellektuell. Es schien die Möglichkeit zu bieten, mit interessanten Leuten spannende Debatten zu führen, kombinierte Weltläufigkeit mit einem reizvollen Aufgabenpensum. Aber das Verlockendste daran war die Aussicht auf Privatheit. Wieder über seine Termine selbst bestimmen zu können, wieder beim Brötchenholen eine Jogginghose anhaben zu können, nicht immer das Gefühl zu haben, im ständigen Kampfmodus zu sein, das war eine Verlockung. Und dass das Angebot loszulassen in einer Phase kam, in der ich mich gerade für das Gegenteil entschieden hatte, nämlich fester denn je zuzupacken, war irritierend. Oft dachte ich beim Einschlafen oder Aufwachen – in jenen Momenten, die einen aus der engen Fahrrinne das Alltags entführen – darüber nach, ob ich das Richtige tue oder nicht besser den bequemeren Weg gehen sollte.

Aber ich hatte solch eine Situation schon einmal ähnlich erlebt, nämlich in den Jahren um die Geburt unseres ersten Sohnes. Damals, nach dem Studium, gab es die Möglichkeit, entweder bei Verlagen oder an Universitäten einen Job anzunehmen. Meine Frau und ich entschieden uns damals dagegen und für das Risiko, durch Schreiben unseren

Lebensunterhalt zu verdienen. Und es war die richtige Entscheidung.

Außerdem vermischten sich meine privaten Überlegungen mit grundsätzlichen und politischen Gedanken zur Privatheit. Denn Rückzugsträume, genügsam auf der eigenen Scholle zu leben, das arbeitsteilige Leben aufzugeben, das ist ja nicht nur ein Traum im Dämmerzustand des Einschlafens, es ist ein Politikum. Einige Philosophen oder Ökonomen fordern eine solche Schrumpfungs- oder Suffizienzstrategie, quasi die Heidegger-reloaded-Variante. Sie wollen kein anderes Wachstum, sondern gar keins. Und solche Vorschläge üben nach wie vor einen großen Reiz aus – auch auf mich. Zwar hatte mir keiner einen Job als Schafhirt oder Kioskbesitzer angeboten, eher ging es in die Richtung der akademischen Protagonisten der Schrumpfungsdebatten. Und ja, deren Job würde ich gar nicht ungern machen, an Hochschulen arbeiten, Bücher lesen, Bücher schreiben – und vor allem nicht immer genervt sein müssen, dass sich meine Gedanken und Vorstellungen nur so langsam und zäh im Ringen mit der Wirklichkeit umsetzen lassen.

Der Traum von der Genügsamkeit und Selbstbescheidung, von dem Leben mit wenig, ist in unserer reizüberfluteten Gesellschaft durchaus attraktiv. Es gibt ein massives Bedürfnis der Menschen nach der souveräneren Gestaltung ihrer eigenen Lebenszeit. Über die Hälfte aller Deutschen fühlt sich oft gehetzt, ist ständiger Erreichbarkeit ausgesetzt. Die Privatheit wird mehr und mehr entgrenzt.

Das setzt bereits im Bildungssystem ein. Vor zehn Jahren hieß es, deutsche Studierende seien zu alt, wenn sie die Schule oder Hochschule verlassen. Dann wurde die Wehrpflicht abgeschafft, G8 eingeführt, und der Bachelor-Abschluss nach drei Jahren ist heute ein vollwertiger Studienabschluss. Man kann inzwischen mit 17 Abitur machen und mit 20 mit der Uni fertig sein, statt wie früher mit 25 oder auch mal 27. Vor allem aber führen G8 und die neuen, verschulten Studiengänge dazu, dass mehr gelernt und weniger gefragt wird. Die Prüfbarkeit wird zum entscheidenden Faktor. Die gesellschaftliche Grundvoraussetzung ist, dass jeder jederzeit höchste Leistung bringen, immer flexibel sein muss und nur noch einen sehr reduzierten Anspruch auf Sicherheit hat.

Das Bildungssystem wurde also nach ökonomischen Kriterien umgebaut. Jetzt müssen wir aufpassen, dass es nicht Strebertum und lebenslanges Konkurrenzdenken lehrt. Wir müssen ein paar Gedanken darauf verwenden, wie wir Widerstandskräfte stärken, damit sich die Menschen dem nicht gänzlich unterwerfen. Denn dieser Druck zur lebenslangen Benotung, Bewertung, Höchstleistung muss ja Folgen haben. Er setzt sich im Politischen fort. Der Soziologe Heinz Bude beschreibt dies in seinem Buch »Gesellschaft der Angst«. Er weist darauf hin, dass uns die »Verliererkulturen« abhandengekommen sind, dass es früher gesellschaftlich akzeptiert wurde, auch mal Zweiter zu sein, Phasen durchzustehen, in denen es nicht so gut läuft, eine gewisse Fehlertoleranz ganz selbstverständlich vorauszusetzen. Dies sei verloren gegangen und damit das Gefühl einer Sicherheit, die einem die Kraft gibt, sich kreativ und produktiv einzubringen.

Die Alternativlosigkeit ist offenbar nicht nur ein politischer Gestus, sondern wird mehr und mehr zum Lebensgefühl der Menschen. Früher nannte man das Hamsterrad. Wenn so viele Menschen genötigt sind, anders zu leben oder zu arbeiten, als sie eigentlich wollen, dann ist das ein massives politisches Problem. Kein Wunder also, dass die Frage nach der richtigen Bemessungsgrundlage des Wohlstands immer lauter gestellt wird. Denn zu was soll denn das wirtschaftliche Wachstum führen, wenn nicht zu größerer Lebenszufriedenheit von möglichst vielen Menschen? Genau die scheint aber gerade nicht mehr gegeben. Diese Debatte über Lebenszufriedenheit und die Abgrenzung von Arbeit und Privatheit, darüber, wie es uns geht und wie es um die Gesellschaft bestellt ist, kann nicht immer nur auf einen engen Wachstumsbegriff reduziert werden.

Um die Debatte aber überhaupt führen zu können, muss man sich einmischen. Rückzugsträume sind keine Einmischung. Und das gilt auch für meine privaten. In einem gewissen Sinn ist es okay, bei politischen Auseinandersetzungen zu verlieren. Die Auseinandersetzungen nicht zu suchen wäre aber genauso falsch wie aufgrund der Diagnose, dass viele Leute zu viel arbeiten und immer noch zu viele zu wenig, der Arbeit ihren Wert abzusprechen.

»Es gibt einen Organismus, Mensch geheißen, und auf den kommt es an. Und ob der glücklich ist, das ist die Frage. Dass er frei ist, das ist das Ziel. Es kommt nicht darauf an, dass der Staat lebe, es kommt darauf an, dass der Mensch lebe!«, schrieb Kurt Tucholsky. Das entspricht dem, was ich empfunden habe, als damals Tschernobyl in die Luft flog, nur konnte ich es nicht so schön formulieren. Das war der Antrieb, mich überhaupt politisch zu engagieren. Das ist eine Anforderung, sich nicht zurückzuziehen. Ich habe all die Job-Angebote 2015 abgelehnt.

Utopie schrittweise konkret machen

Die Hilfsbereitschaft der Menschen rettete und beschämte die Politik im Sommer und Herbst 2015. Flüchtlinge kamen nach Deutschland, an den Bahnhöfen hielten Menschen »Refugees welcome«-Plakate hoch, Menschen engagierten sich in Aufnahmelagern, halfen bei Amtsgängen, ließen Syrer und Afghanen bei sich schlafen. Man sprach in Anlehnung an die Fußball-WM 2006 vom Septembermärchen. Aber Märchen gehen vorbei. Und politische Stimmungen haben eine kurze Konjunktur, wie die Griechenlandkrise gezeigt hat, die plötzlich völlig aus den Medien verschwunden war.

Und so kam es, wie es kommen musste, es gab plötzlich kritische Stimmen, die von Überforderung und Obergrenzen sprachen und verfassungswidrige Leistungskürzungen oder faktisch die Aussetzung der Genfer Flüchtlingskonvention vorschlugen. In dieser Situation brach hektische politische Betriebsamkeit aus. Die Bundesregierung versuchte zu korrigieren, was sie all die Zeit zuvor versäumt hatte. Beim zuständigen Bundesamt wurde mehr Personal eingestellt, um die Asylanträge zu bearbeiten, es wurde eine europäische Solidarität ausgerufen, man forderte für die Menschen, die bleiben würden, bessere und schnellere Integration. Und die Menschen, die nicht in Deutschland würden bleiben dürfen, sollten schneller und effektiver abgeschoben werden. Faktisch agierte Deutschland in diesen Monaten wie ein Einwanderungsland ohne Einwanderungsgesetz.

Was aber eigentlich überraschend, ja schockierend war, ist die Tatsache, dass man in Deutschland und Europa nicht wenigstens einen ersten Notfallplan in der Schublade hatte für die ja seit Jahren bestehende »Gefahr« solcher großen Flüchtlingsbewegungen. Es kann ja sein, dass der dann nicht funktioniert hätte, aber man hätte doch wenigstens mal einen Anfang gehabt. Und Warnungen und Vorzeichen gab es genug. Man sollte die Bürger nicht unterschätzen. Mindestens sollten wir Politiker zugeben, dass wir uns in einer widersprüchlichen Situation befinden. Wir wissen, dass eine Grenzschließung mindestens moralisch falsch wäre und unserem Selbstverständnis widerspräche, wir wissen aber auch, dass Zuwanderung ein gewisses Maß an Ordnung braucht. Wir wissen, dass wir die Türkei den Job machen lassen, für den wir uns zu fein sind oder den wir im eigenen Land nicht rechtfertigen wollen. Wir wollen die Zahl der Flüchtlinge, die hier sind, reduzieren, schieben dabei oft ausgerechnet diejenigen ab, die schon Deutsch können und seit Jahren hier sind. Vieles ist weder logisch noch politisch schlüssig. Aber nicht abzuschieben hieße umgekehrt, dass alle bleiben können. Weder Ja noch Nein scheinen die richtigen Antworten zu sein.

JEDER FORM VON Ideologie, Fanatismus, Nationalismus ist gemein, dass sie Grundannahmen ihrer Überzeugung nicht aufdeckt und schon gar nicht hinterfragt, sondern nur behauptet und verabsolutiert. Dass es solche Grundannahmen bei allen, zumal bei jedem Politiker, gibt, ja geben sollte, ist dabei eher Voraussetzung für einen offenen, pluralen Diskurs, kein Argument dagegen. Der Unterschied zwischen Demokraten und Ideologen ist aber, dass die einen in der Lage sind, ihre Werteprinzipien zu reflektieren und im Verhältnis zu anderen zu sehen, die anderen nicht. Werte sind wie gesagt von Menschen definiert und damit prinzipiell relativ, das gilt leider auch für Werte wie Menschlichkeit oder Toleranz. Auch sie sind kulturelle Errungenschaften, die keineswegs selbstverständlich sind, die andere Gesellschaften nicht anerkennen und die auch bei uns umstritten sind. Man kann sie nie als gegeben nehmen oder voraussetzen. Deshalb geht dem Eingeständnis dieser Werte-Relativität auch das Wissen einher, dass man für sie streiten muss, wenn man sie behaupten will.

Der österreichische Philosoph Hubert Schleichert schreibt in seinem Buch »Wie man mit Fundamentalisten diskutiert, ohne den Verstand zu verlieren«: »Toleranz ist eine Tugend, die nicht auf Neigung beruht; sie ist vielmehr die Bändigung einer intensiven Abneigung. Toleranz heißt, jemanden dulden, aushalten, ertragen, obwohl wir ihn nicht leiden können, obwohl er uns stört, herausfordert, irritiert.« Toleranz ist der Test, ob wir wissen, dass unseren Werten immer andere Werte oder Wünsche oder Annahmen vorausgehen. Das gilt nicht nur für den Umgang mit anderen und als Grundhaltung gegen AfD und Pegida, sondern auch für die Einordnung unseres eigenen Tuns. Wenn wir uns immer höchste moralische Maßstäbe auferlegen, wird das zwangsläufig zu Prinzipienstreit führen oder zu einer inneren Überforderung, weil wir diesem hohen Anspruch derzeit kaum gerecht werden können. Wir sind eben nicht bereit, unseren gesamten Wohlstand und all unsere Lebensformen für die globale Gerechtigkeit von heute auf morgen komplett zu ändern. Dass wir uns nach Kräften bemühen werden und so gut wir können helfen werden, reicht als Vorsatz vollkommen. Immer wieder – und gerade in der Flüchtlingskrise – stellt die Realität humanitäre Grundsätze schlicht und ergreifend als Gerede bloß. Das Ziel müsste eigentlich sein, dass die Menschen sich gar nicht mehr auf die Flucht machen. Aber wir sind weit von einer friedlichen und gerechten Welt entfernt. Also sollten wir ein geordnetes System entwickeln, wie wir möglichst vielen Menschen helfen. Der Weg führt nicht über offene Grenzen, sondern über Kontingente, die aktiv geholt werden, indem das Flüchtlingshilfswerk der Vereinten Nationen, das UN-HCR, Reisevisa in einer bestimmten Zahl ausstellt und die Menschen hier empfangen werden. Für sie muss dann gesorgt werden, Integrationskurse und Arbeitsmöglichkeiten müssen da sein. Und das heißt letztlich, dass unsere Bereitschaft und Fähigkeit, solche Integrationsleistungen zu vollbringen, über die Zahl der Flüchtlinge entscheidet, die zu uns kommen dürfen. Die konkrete Wirklichkeit entscheidet über die Umsetzbarkeit der moralischen Imperative.

Genau diese Frage strapaziert auch meine Partei – wie jede andere vermutlich auch. In der Realität des Herbstes 2015 machte sich das an der Frage fest, ob die Grünen über den Bundesrat versuchen sollten, beim sogenannten Asylpaket I Einfluss zu nehmen. Es gab viele in meiner Partei, die schon Verhandlungen falsch fanden. Aber die meisten waren der Meinung, dass wir versuchen sollten, die Chance zu ergreifen, Deutschland als Einwanderungsland zu gestalten.

Eine solche Position gewinnt jedoch nur dann Kraft, wenn man am Ende auch bereit ist, Teil der Lösung zu sein. Zu verhandeln und am Ende Ergebnisse nicht mitzutragen nimmt einen aus dem politischen Spiel. Gestalten kann man als 10-%-Partei, die nicht in der Bundesregierung ist, nur, wenn man sich in die Prozesse einmischt. Das bedeutet freilich auch, dass man Kompromisse schließt. Mit völlig sauberen Händen kommt man aus der Sache nicht raus. Aber das ist die Konsequenz, wenn man anpackt. In den Verhandlungen zu dem sogenannten Asylpaket I erreichten wir einiges für die Flüchtlinge, die in Deutschland bleiben durften, aber wir stimmten der Ausweitung der sogenannten »sicheren Herkunftsstaaten« auf den westlichen Balkan gegen unsere eigentliche Überzeugung zu.

Im November hatten wir dann Bundesparteitag. Und er sollte für mich als jemandem, der dem Asylpaket I zugestimmt hatte, nicht gut laufen. Wie will man auch von all jenen, die sich für Menschen- und Bürgerrechte engagieren, erwarten, dass sie jetzt klatschen, wenn nun durch diese Regelungen zur Ausweitung der sicheren Herkunftsländer die Verfahren zur Abschiebung schneller gehen?

Und ich finde es auch völlig in Ordnung, dass ich für meine Zustimmung im Bundesrat kritisiert wurde. Aber die Debatte ging eigentlich gar nicht um die Flüchtlinge und ob genug für sie erreicht wurde oder nicht, sondern um die abstrakte Frage, was grün ist. Menschen in Not aufzunehmen ist grün. Menschen abzuschieben, die kein Asyl bekommen haben, ist nicht grün – allerdings Gesetz. Kompromisse im Bundesrat seien »Verrat«, wir sollten mehr »Opposition wagen«, Regieren erschien plötzlich wieder moralisch fragwürdig. So lief die Debatte.

FÜR MICH WAR das der erste Parteitag, nachdem ich meine Bereitschaft zur Spitzenkandidatur erklärt hatte, und ich wollte mit einem möglichst guten Ergebnis in den Bundesparteirat gewählt werden. Die politische Klugheit hätte mich zur Zurückhaltung gemahnt. Und die Zurückhaltung wäre formal nicht schwer gewesen. Auf grünen Parteitagen kriegen besonders wichtige Politikerinnen oder Politiker gesetzte Redebeiträge. Alle, die noch reden wollen, müssen einen Zettel mit ihrem Namen in eine Kiste werfen und werden gelost oder auch nicht. Ich war kein gesetzter Redner und hätte nur die Geduld aufbringen müssen, zuzuhören, auf Durchzug zu schalten und nichts zu machen. Genau dazu rieten mir ein paar Freunde. Eine Zeit lang hielt ich mich daran. Und dann warf ich den Zettel mit meinem Namen doch in die Loskiste, derweil die Redebeiträge immer kritischer wurden und Regieren inzwischen mit Verrat gleichgesetzt wurde. Ich tigerte zwischen den Stuhlreihen hin und her. Ich wusste, es würde mir schaden, wenn ich jetzt den Asylkompromiss verteidigen würde. Mir war das klar. Aber ich wollte in dieser Situation nicht taktisch sein. Ich machte mir bewusst, warum ich eigentlich zur Urwahl angetreten war. Weil ich nicht ausweichen und mich nicht wegducken will. Und damit konnte ich ja gleich anfangen.

Ich wurde tatsächlich gezogen. Also sagte ich, dass mir der »Sound der Selbstgerechtigkeit« nicht gefalle, dass ich für den Asylkompromiss gestimmt hätte und es wieder tun würde, dass die Gleichsetzung von Kompromiss mit Verrat jede Politikfähigkeit infrage stellen würde.

Ich bekam erstaunlich viel Applaus, aber am nächsten Tag ein vergleichsweise schlechtes Wahlergebnis zum Parteirat. Ich war ein wenig enttäuscht, obwohl ich schon nach meiner Rede am Vortag ja wusste, dass es so kommen musste. Aber das durchwachsene Ergebnis und sein Grund bestärkten mich letztlich. Wenn es richtig ist, dass gerade das ewige taktische Lavieren zu einer Verzwergung und

Verängstlichung der Politik führt, dann sollte man es vielleicht einfach mal sein lassen mit dem Lavieren. Und dass es dafür dann schlechte Ergebnisse auf Parteitagen gibt, wo Taktik und Strategien dominant sind, ist fair genug.

Ich will die anstehende Urwahl gern gewinnen, aber vor allem will ich, dass sich die Politik ändert. Ich will klare, weit ausgreifende, gern visionäre Zielbeschreibungen – aber Realismus auf dem Weg dahin. Diesen breiten Politikansatz auszuhalten wurde durch die letzten Jahre nicht leichter. Denn die globalen Verwerfungen, die Finanzkrise, weltweite Flüchtlingswanderungen und wachsende Einkommensunterschiede tragen zu dem allgemeinen gesellschaftlichen Gefühl bei, dass große Vorsätze schlicht scheitern müssen und dass konkrete Handlungen sich oft als falsch erweisen. Ratlosigkeit, Konflikte und Widersprüche haben ein Misstrauen gegen jede politische Antwort genährt. Das ist vermutlich der tiefer liegende Grund, warum man ohne Antworten so weit kommt. Dieses Misstrauen ist schon längst nicht nur eines gegen einzelne Politiker, es ist eines gegen Politik als System.

Wenn man nicht weiß, wie man sich entscheiden soll, dann liegt das meist an dem Widerstreit von konkreten kleinen Schritten und großen allgemeinen Wertvorstellungen. Wenn man einen Weg zur Abschaltung aller Atomkraftwerke weltweit sucht, dann ist der deutsche Atomausstieg ein viel zu kleiner Schritt. Will man, dass Deutschland als Vorbild aussteigt, muss man ihn bejahen. Wenn man die Welt retten will, dann nützen Mülltrennen und Bio-Essen wenig. Wenn man seinen Beitrag zum Ressourcenschutz leisten will, sind sie unverzichtbar.

Nun neigen alle linken Parteien dazu, ihre Ziele ziemlich hochzusetzen. Aber wenn man Utopisches verspricht, wirkt das Erreichbare und Umsetzbare klein und sieht aus wie Scheitern.

Die Aufgabe von Politik ist es, konkrete Wege zu hehren Zielen zu beschreiten, in dem Wissen, dass man nie sofort ans Ziel kommt, aber wichtige Etappen erreichen kann. Das nennt man wohl pragmatisch oder realistisch sein. Aber in Wahrheit ist es die einzige Form, Utopie schrittweise konkret zu machen.

Sehnsucht nach dem Meer

In den letzten Jahren ist das »Fahren auf Sicht« zur Metapher für politisches Handeln geworden. Im Zeichen der politischen Unübersichtlichkeit, des Schreckens und Terrors wird es immer schwerer, den Horizont im Blick zu behalten. Dabei sind Krisensituationen Entscheidungssituationen. In ihnen kann eine Gesellschaft stärker und besser werden. »Krise« bedeutet im Altgriechischen »Zuspitzung«, »Meinung«, »Entscheidung«. Krisen und Konflikte zu lösen und nicht zu verschärfen, das ist die wahre Aufgabe von Politik. In Krisen schlägt die Stunde des Politischen.

Nach der Finanzkrise, der Eurokrise, des Kriegs Russlands gegen die Ukraine, dem höllenhaften Gemetzel und Chaos in Syrien, dem IS und den Flüchtlingen möchte man am liebsten den Kopf in den Sand stecken, die Tagesschau nicht mehr gucken, den Reset-Knopf finden. Das geht einem Berufspolitiker auch nicht anders als vielen anderen.

Fährt man auf Sicht, weiß man nicht, was richtig ist, möchte nur keine Fehler machen. »Auf Sicht« fährt man, wenn der Überblick verloren gegangen ist, wie im Nebel, wenn man nicht mehr so richtig weiß, wo es langgeht. In der Nautik bedeutet »auf Sicht fahren«, wenn der Kapitän kein Risiko eingehen will und sich nicht mehr auf die See hinaustraut, sondern an der Küste entlangfährt. »Auf Sicht« fährt die Politik, wenn sie den Kurs verloren hat. Dann bleibt auch sie in Sichtnähe des Ufers der Küste.

Wenn man aber immer nur die Küste langschippert,

kommt man immer nur an die bekannten Ziele. Neue Ufer erreicht man so eher nicht – und eine neue Welt entdeckt man so schon gar nicht.

Die »Sehnsucht nach dem Meer« ist das Gegenmotto zur Relativität des ängstlichen Abtastens. Je schwieriger und widersprüchlicher die Zeiten sind, desto wichtiger ist es, dass wir uns als Gesellschaft darüber verständigen, was eigentlich ansteht, was Sache ist, wie wir unsere Zeit begreifen und deuten, wohin wir wollen und wer wir sein wollen. Bei der Beerdigung Helmut Schmidts im November 2015 wurde immer wieder sein berühmter Satz zitiert: »Wer Visionen hat, sollte zum Arzt gehen.« Ich halte diesen Satz für falsch. Wenn Regieren immer nur die Reaktion auf die Schocks von außen bedeutet, dann verliert eine Gesellschaft jede eigene Kraft. Und so sympathisch Politiker sind, die nicht breitbeinig daherkommen und alles schon immer besser wussten: Sie müssten wenigstens ungefähr beschreiben, wie sie sich die Zukunft denn eigentlich vorstellen.

Die derzeitige Große Koalition ist zu dieser gesellschaftlichen Orientierungslosigkeit das passende Bündnis. Über Jahre kamen Debatten kaum auf, wurden Differenzen eingeebnet und durch Geld ausgeglichen. Mütterrente, Frühverrentung, Autobahnmaut – zwei links, zwei rechts, eine fallen lassen. Umso heftiger treten jetzt die Streitereien zutage.

Je mehr uns Terror und Krieg Angst machen, desto wichtiger ist es, dass wir unseren Mut sammeln. Je mehr wir durch Aufgaben – wie die Integration der Flüchtlinge, die Begrenzung der Klimakrise, die Schaffung und Verteidigung der Einheit Europas – gefordert werden, desto mehr müssen wir uns klarmachen, wofür sich der Einsatz lohnt.

DAS LETZTE JAHR hat die deutsche Politik gefordert wie seit Jahren nicht. Es hat die Parteien verändert. Und es hat mich verändert. Laut, vernehmlich und wieder neu stellt sich eine Frage, die in den letzten Jahren unter lauter Alternativlosigkeitsgedröhn nicht mehr zu hören war: Welche Gesellschaft wollen wir eigentlich sein?

Von der Euphorie der Septembertage 2015, als die Deutschen mit »Welcome«-Schildern an den Bahnhöfen standen, bis zum Aufruf von Lynchjustiz im Nachgang der Silvesternacht von Köln – wir sind mitten in einer politischen Suche. Welche Gesellschaft wollen wir sein und welche Werte sollen sie prägen? Wie diskutieren wir miteinander? Zwischen dem Expertentum der Kommissionen und dem Wutbürgertum im Internet und an der Urne liegen mitunter Welten und die Politiker wirken manchmal wie bestellt und nicht abgeholt und wissen nicht, wem sie eher folgen sollen. Aber dieses Nichtwissen ist die schlechteste Antwort.

Als Politiker steht man im ständigen Ruch, dass einem die »Sachzwänge« die politische Vision geradezu austreiben, dass der Alltagsdruck langfristiges Denken behindert, der Zwang zum Kompromiss den Blick für das eigentlich Gewollte verstellt und der wahre politische Mensch eigentlich der Nichtpolitiker ist. Wäre das so, wäre es schlimm.

Meiner eigenen politischen Erfahrung nach ist es aber genau umgekehrt. So schwierig der ständige Balanceakt als Politiker zwischen Selbstbehauptung und Fremdbestimmung auch ist, trotz des ständigen Ringens um Kompromisse – es ist diese »Sehnsucht nach dem Meer«, die uns erst eigentlich zu politischen Menschen macht, uns antreibt und die uns die Hoffnung gibt, dass das eigene Tun Sinn hat.

Egal, wie es ausgeht ...

Seit fünfzehn Jahren bin ich nun im engeren Sinn in der Politik. Rückblickend betrachtet nimmt sich vieles wie geplant, wie eine gerade Linie aus. Der schnelle Aufstieg vom Parteimitglied über den Landesvorsitz bis zum Regierungsmitglied, alles scheint wie am Schnürchen gelaufen zu sein. Die Wahrheit ist eine andere. Mein Weg durch die Politik war eine wilde Mischung aus Zufall, zu einem gewissen Zeitpunkt an einem gewissen Ort gewesen zu sein, und der Bereitschaft, sich auf neue Anforderungen einzulassen. Das Einzige, was gleich geblieben ist, ist das Suchen, die Suche nach Sinn und die Hoffnung, dass es ihn gibt und es einen Unterschied macht, ob ich mich an der Suche beteilige.

Vor 25 Jahren, als ich in Freiburg studierte, habe ich mir ein gebrauchtes, zerlesenes Büchlein gekauft. Es hieß »Briefe an Olga« und war von dem tschechischen Philosophen und Politiker Vaclav Havel. Diese Briefe hatte Havel als politischer Häftling an seine Frau geschrieben. Es sind Briefe über die Existenz und Identität als politischer Mensch. Ich bin die Texte und Gedanken dieses Buches nie wieder losgeworden. Als für mich Politik zum Beruf wurde, hängte ich an meine Bürotür ein Plakat mit dem Havel-Zitat: »Hoffnung ist nicht die Überzeugung, dass etwas gut ausgeht, sondern die Gewissheit, dass etwas Sinn hat, egal, wie es ausgeht.«

Egal, wie es ausgeht – dieser Satz ist nicht defätistisch gemeint, er ist die Bejahung des Sisyphos, die modernere Formulierung dafür, dass man sich Politiker als glückliche

Menschen vorstellen muss, ja, dass sie es wollen sollten, glücklich zu sein.

Politik ist eben dieses Ringen, das ewige Neuverhandeln der Voraussetzungen und Rahmenbedingungen für ein gelingendes Leben. Politik bedeutet, Widersprüche zuzugeben, laut und deutlich auszusprechen, auszuhalten und mit guten Argumenten die Wahl zwischen Optionen entlang der eigenen Wertevorstellungen zu bewerben. Und die Argumente werden umso besser angenommen, je mehr es gelingt zu begründen, warum das jeweils eigene Leben als reicher, erfüllter, glücklicher und in dem Sinn freier erlebt wird. Dieses Mühen um Mehrheiten ist die Grunderfahrung gesellschaftlichen Engagements – und die ist mitunter zermürbend: Wie soll man – gerade wenn man eine klare Analyse gesellschaftlicher Fehlentwicklungen hat, voller Visionen ist und mit Ungeduld, einen Wandel herbeizuführen, in die Politik geht – nicht an Verhältnissen verzweifeln, die so träge sind? Sehnsucht nach sinnhaftem Handeln und sinnwidrige Erfahrungen, Engagement und Aufbruch und dann Rückschläge bei Wahlen, persönliche Enttäuschungen – wie geht das zusammen? Dass Veränderungen so unpopulär sind und ein Gestaltungswille so viele Widerstände provoziert, muss einen das nicht verzagen lassen? So viel Zeit umsonst investiert, so viele Rückschläge, so große Schwierigkeiten ... Und nie ist irgendwas richtig gut und fertig.

Nun, es ist genau umgekehrt. Einen finalen, paradiesischen Idealzustand, in dem sich alle Widersprüche harmonisch aufgelöst haben, wird es nie geben. Und das ist eine frohe Botschaft! Es wird politisch immer etwas zu tun geben und es wird niemals so sein, dass alle mitziehen. Diese Einsicht macht den Kern der Freiheit aus: das Spannungsverhältnis nicht auflösen zu wollen, sondern als Modell eines gesellschaftlichen Lebens zu begreifen, das bejaht werden will. Eine freiheitliche Politik ist weder eine Politik, die auf Regeln verzichtet, noch eine, die alles regeln will, sondern die unablässig um die Möglichkeiten des Lebens ringt und die verschiedenen Kräfte austariert.

Und wenn das so ist, dann spielt die Angst zu verlieren plötzlich gar keine Rolle mehr. Dann gibt es wieder Gegensatzpaare: Mut versus Angst, Aufbruch versus Stillstand. Risiko, persönliches wie politisches, gegen eine Plastikpolitik, an der alles abperlt.

Was mich fasziniert hat, als ich bei den Grünen eintrat, bevor ich Politiker wurde, das waren Menschen mit eigenen Meinungen und widerständiger Moral, keine Sprachrohre sich ständig ändernder Umfragewerte. Ob ich ein ähnliches Angebot machen kann, das weiß ich nicht. Aber ich will es probieren.

Das Ringen um Entscheidungen, das Wissen, dass jedes Handheben im Parlament für ein Gesetz weitere Gesetze nach sich zieht, dass jede Entscheidung Konsequenzen hat und weitere Entscheidungen hervorruft, dass es eben keinen Masterplan und keine jenseits des demokratischen Diskurses stehende Moral gibt, ist in Wahrheit ein großartiges Versprechen und, wenn man es auszusprechen weiß, eine begeisternde Erzählung von Freiheit. Politik ist die Freiheit, Ja zu sagen. Ob ich diese Erzählung fortsetzen kann, das weiß ich nicht, aber ich will es anbieten und versuchen.

Wenn immer nur der aktuelle Konsens widergespiegelt wird, wenn er nicht mehr hinterfragt wird, erstarrt eine Gesellschaft. Wenn jede Bewegung verpönt ist, verliert eine Gesellschaft die Experimentierfreude und damit die Kompetenz, Lösungen für Probleme zu entwickeln. Wenn sich alle immer verstecken, weil jeder, der den Kopf aus dem

Graben hebt, einen über den Dötz bekommt, sieht man den Horizont nicht mehr. Es muss wieder möglich werden, Unterschiede der Lösungsansätze zu markieren und für sie zu streiten. Insofern dürfen und müssen Politiker wieder deutlicher die Meinungsführerschaft übernehmen. Und dazu gehört immer auch ein bisschen Irritation; Irritation nicht im Sinne einer abstrusen Idee, die völlig außerhalb des Erwartungsraums der Bürger liegt, sondern eine Irritation, die alternative Perspektiven ermöglicht. Gäbe es tatsächlich keine Alternativen, würde die Demokratie eine ihrer wichtigsten Legitimationsquellen verlieren: nämlich die demokratische Auseinandersetzung, den republikanischen Wettstreit darüber, welches die besten Lösungen sind, die dem Gemeinwohl und damit den Bürgerinnen und Bürgern dienen. Politik bedeutet, in Alternativen zu denken. Und sie zu erklären. Sonst wächst sich Professionalität zu einer demokratischen Ernüchterung und Erlahmung aus, die letztlich die Demokratie aushöhlt.

Mut ist ein Erfahrungsraum.

Sich Wahlen zu stellen ist nichts Schlimmes.

Entscheidungen zu treffen ist nichts, vor dem man Angst haben muss.

Das Risiko des Misserfolgs ist der Preis für gelingenden Fortschritt.

Wer wagt, beginnt.

Wir müssen das nicht nur wieder zulassen, sondern geradezu einfordern. Nicht die Feststellung des Scheiterns sollte das Ergebnis von Misserfolgen sein, sondern die Ermutigung, es danach weiter und neu zu versuchen. So begründet sich – wie in Havels »Briefe an Olga« – die Frage über die Identität und Existenz als politischer Mensch. Und wenn sie beantwortet wird, dann macht es Sinn, egal, wie es ausgeht.

Wal und Delfin – ein Nachwort zum Neuanfang

Im Januar 2016 wurden an der europäischen Nordseeküste über zwanzig junge Pottwal-Bullen angespült, zwölf davon landeten vor Schleswig-Holsteins Küsten. Die größte Gruppe bestand aus neun Tieren. Am Tag der Bergung hatte ich zufällig einen Termin in der Nähe und besuchte die Mitarbeiter vom Küstenschutz, die mit der Aufgabe betraut waren, neun 20 Tonnen schwere Tiere irgendwie aus dem Watt über den Deich und auf Sattelschlepper zu bekommen.

Unklar war lange, wieso die Pottwale starben. Über durch Unterwasserlärm geschädigte Sinnesorgane, eine Störung des Erdmagnetfeldes durch Sonneneruptionen bis zu schlichtem Zufall rankten sich die Erklärungen. Inzwischen gilt als gesichert, dass sie ihrer Nahrung, den Kalmaren, folgten. Und diese Kalmare schwammen in die Nordsee, weil der Nordatlantik in diesem Winter deutlich wärmer war als in den Jahren zuvor. Es war die Meereserwärmung, die den Walen zum Verhängnis wurde. Klar ist auch, wie sie starben: nämlich an Kreislaufkollaps. Auf dem Land zerdrückte ihr eigenes Gewicht ihnen die Lunge und die inneren Organe.

Wir fuhren mit einer kleinen Raupe raus durchs Watt zu den verendeten Meeresriesen. Obwohl es verboten war, zog ich meinen Handschuh aus und berührte die Tiere. Ihre Haut war hart und kalt und fühlte sich an wie eine LKW-Plane. Die Inbegriffe von Natur- und Artenschutz, Greenpeace-Wappentiere – hier lagen sie in völliger Hilf- und

285

Sinnlosigkeit. Ihr Tod war etwas Großes, das nicht so leicht in Worte zu fassen war, und er berührte mich mehr, als es professionell gewesen wäre.

Es wurden dicke Seile um die Schwanzflosse geschlungen und Bagger schleiften die Wale dann zum Deich, von wo aus die Wale in die Tierkörperbeseitigung transportiert werden würden, wo sie zu Öl verarbeitet werden würden. Einer der Bagger fuhr sich fest und Pressetross und Mitarbeiter scharten sich um die Matschkuhle, in der er steckte. Kurz achtete niemand auf mich. Da schlich ich mich von dem geschäftigen Treiben weg und stapfte allein raus ins Watt, wo die restlichen Walkadaver lagen. Dieser Gang, diese halbe Stunde allein im Watt, in der ich alle Zeitpläne durcheinanderbrachte und die Presse warten ließ, veränderte noch einmal etwas für mich.

Es war nicht so, dass ich nie an mir und meiner Entscheidung, zur Urwahl anzutreten, gezweifelt hätte. Viele Fragen waren ungelöst. Die Auswirkungen meiner Kandidatur für die Landtagswahl waren unklar. Viele Leute, darunter enge Freunde, provozierte ich damit und brachte ihren Ehrgeiz und ihre Lebensplanung durcheinander. Einige hatten mich inzwischen gebeten, nicht zur Urwahl anzutreten. Oft genug lag ich nachts wach und dachte alles durch und wieder durch.

Aber jetzt, hier im Watt zwischen den toten Walen, sortierte sich wieder, was richtig und wichtig war. Und das lag daran, dass mir wieder klar wurde, dass es nicht schlimm sein würde zu verlieren, sondern nur, es nicht probiert zu haben, für das einzutreten, was mir jetzt wichtig ist. Es mag gute Gründe für den Status quo geben, es nicht zu wagen, nichts zu riskieren. Aber die Argumente für die Offensive sind besser.

Im April 2016 erläuterte ich meine Beweggründe, mei-

nen Blick auf die Politik und auf die Anforderungen der Zukunft in einer Bewerbungsrede auf unserem Landespartei-
tag. Nach der Rede, als die Leute klatschten und aufstanden,
ging ich spontan noch einmal zum Mikrofon und erklärte,
dass es mir in Wahrheit gar nicht um die Spitzenkandidatur gehe. Es gehe mir um die politische Kultur, eine Gesellschaft, die mutig und tolerant ist – und um meine grüne
Partei, die sich traut, für diese Gesellschaft Verantwortung
zu übernehmen. Das war der ehrlichste Moment der Bewerbung. Es war
der Moment, der die Parteipolitik hinter sich ließ und eigentlich auf den Nenner bringt, warum ich überhaupt Politiker bin.

BEI DEM GANG raus zu den letzten Walkadavern Anfang des
Jahres fiel mir die »Sommernachtstraum«-Nacht nach dem
Reaktorunfall von Tschernobyl ein. Es war die gleiche Stimmung, dreißig Jahre später. Ich schrieb danach das erste Kapitel dieses Buchs. Ich erinnerte mich, dass Selbstbestimmung zu erhalten und zu erkämpfen das war, weshalb ich
in die Politik gegangen war. Es war ein cooles, freies Gefühl,
sich entschieden zu haben, Ja zu sagen und nicht darüber
nachzudenken, was alles passieren könnte, wenn andere
Nein sagen. Auch zu einem selbst.
    Ich stiefelte weiter und sah jetzt, dass hinter dem Wal
Leute arbeiteten. Als ich sie erreichte, waren sie gerade dabei, dem Wal den Unterkiefer abzusägen, weil seine Zähne
aus Elfenbein sind und nicht Trophäenjäger in die Hände
fallen sollten. Ich blieb noch eine Weile draußen bei ihnen
und sah dem blutigem Spektakel zu, obwohl ich längst wieder an Land hätte sein sollen.

Weitere Wale tauchten auf, ein junger Orca wurde vor Amrum angespült, noch Muttermilch in seinem Bauch. Dann kam die Nachricht, dass ein Finnwal die dänische Ostseeküste Richtung Deutschland runterschwamm, schließlich tauchten zwei Delphine in der Flensburger Förde auf. Jedes Mal, wenn ein Segler rausging oder ein Ruderboot unterwegs war, kamen sie und sprangen vor seinem Bug. Sie wurden Selfie und Delfie getauft. Wie die anderen Flensburger auch, sah ich ihnen von einer Seebrücke aus begeistert zu. Und ich glaube, ich verstand, was Meeressäuger für uns Menschen so faszinierend macht, was sie verkörpern und warum ich ausgerechnet zwischen den toten Pottwalen meinen Freiheitshunger wiederfand. Es war die Sehnsucht nach dem Meer.

Wir sind die Matrix – Nachwort 2018

»Wer wagt, beginnt« schrieb ich bis zum Mai 2016. Seitdem ist in meinem Leben als Politiker viel passiert: der grüne Urwahlkampf für die Spitzenkandidatur 2017, mein knappes Scheitern, das sich so merkwürdig anfühlte, die Landtagswahl in Schleswig-Holstein und die Bildung einer Jamaika-Regierung dort, die Bundestagswahl, das Scheitern der Jamaika-Sondierungen im Bund und meine erneute Kandidatur, diesmal als Parteivorsitzender.

Vor allem aber sitzen nun auch im Deutschen Bundestag Rechtsnationale, Donald Trump ist US-Präsident und die ganze gesellschaftliche Debatte wird von Angst bestimmt. Angst, Fehler zu machen. Angst vor Veränderung. Angst vor der Zukunft. Ich habe in diesem Buch geschrieben, dass man sich den Politiker als glücklichen Menschen vorstellen muss, weil er das Privileg lebt, die Umstände seiner Gegenwart mitzugestalten. Doch angesichts des letzten Jahres frage ich mich, ob das wirklich stimmt. Ob gelingende Politik nicht im Moment allein das Schlimmste verhindert. Aber reicht das? Ich glaube nicht. Ich glaube, Politik kann Angst überwinden und für das Gemeinsame, für den Zusammenhalt Begeisterung auslösen. Auch im Jahr 2017 rollte der Fels des Sisyphos immer wieder den politischen Berg herunter. Aber irgendwer raffte sich auch immer wieder auf und rollte ihn hinauf. Und solange das passiert, bejahen wir unsere Gegenwart. Und kümmern uns um sie. So bekommt das Buch ein weiteres Kapitel. Und wer weiß: Vielleicht wird ja sogar ein ganz neues aufgeschlagen.

Ein Déjà-vu und die Matrix

Der 18. 1. 2017 war ein grauer, nasskalter Tag. An ihm sollte das Ergebnis der grünen Urwahl zur Spitzenkandidatur für die Bundestagswahl bekannt gegeben werden. Fast ein halbes Jahr Wahlkampf lag hinter Katrin Göring-Eckhardt, Toni Hofreiter, Cem Özdemir und mir, zehn sogenannte Urwahlforen, in denen wir gegeneinander antraten, dazu unzählige Einzelauftritte in Kreisverbänden – eine lange, anstrengende, aber glühende Zeit, in der politische Ideen wie unter Druck gehärtet wurden.

Ich war schon am Abend vorher von Flensburg nach Berlin gefahren. Kurz vor Mitternacht war ich am Hauptbahnhof angekommen. Ich ging zu Fuß durch die leere und kalte Stadt und wurde eigentümlich melancholisch, vielleicht war es auch Selbstmitleid, ich weiß es nicht. Auf jeden Fall war klar, dass an dem Abend etwas zu Ende ging, was mein Denken und meine Zeit die letzten zwei Jahre stark in Anspruch genommen hatte. Und jetzt ging es entweder auf anderem Niveau direkt in den Bundestagswahlkampf oder alles war umsonst gewesen – so dachte ich zumindest.

Während ich durch das nächtliche Berlin schlappte, zählten in der Bundesgeschäftsstelle der Grünen fleißige Helfer die eingegangenen Wahlzettel zur Urwahl. Und wie ich später erfuhr, zählten sie wieder und wieder. Die Nacht entwickelte sich zu einem Wahlkrimi.

Am Vormittag sollte dann das Ergebnis verkündet werden. Und vorher, gegen zehn, wollte Michael Kellner, Bundesgeschäftsführer der Grünen, uns Kandidaten anrufen. Ich hatte mich dazu mit zwei meiner engsten Wegbegleiter verabredet. Wir hatten uns das als guten gemeinsamen

Abschluss und vielleicht als ersten Moment eines noch unklaren Neuanfangs vorgestellt, zusammen den Anruf und die »Beurteilung« entgegenzunehmen.

Doch der Moment kam zu früh: Michael Kellner rief vor zehn Uhr an. Ich war gerade in einer voll besetzten S-Bahn. Die Leute schwankten beim Rumpeln über die Gleise. Es war warm. Und die Haare der Umstehenden rochen nach dem Duschshampoo des Morgens, so nah war ich ihnen. In meiner Hosentasche vibrierte das Handy. Ich kramte es heraus. Und dann kam einer der seltsamsten Momente, an die ich mich in meinem bisherigen politischen Leben erinnern kann. Michael Kellner erzählte mir, dass ich mit einer Differenz von 75 Stimmen verloren hatte. Es war absurd: Ich hatte das Ding gewinnen wollen und bei allen Zweifeln wusste ich, dass ich eine Chance hatte. Aber für die meisten war ich der Außenseiter, und noch wenige Tage vorher hatte mich eine Umfrage im *Stern* mit wenigen Prozent abgeschlagen gesehen. Und jetzt? Sensationserfolg oder knapp vorbei? Enttäuschung, Stolz und Erleichterung – alles auf einmal. Ich stand in der S-Bahn, mitten zwischen den Leuten, und fing an, laut zu lachen.

Fast auf den Tag genau ein Jahr später wählen die Grünen einen neuen Bundesvorsitzenden. Wieder kandidiere ich. Aber diesmal mit entgegengesetzten Vorzeichen. Diesmal gelte ich als Favorit. Und doch fühlt es sich ziemlich gleich an. Wieder weiß ich nicht, worauf ich mich genau einlasse, was passieren wird. Wieder würde ich etwas aufgeben, wenn ich gewählt werde. Mein Ministeramt, die Möglichkeit, täglich und tätig grüne Politik umzusetzen. In dem Moment, in dem ich das hier schreibe, fühlt es sich ein bisschen an, als würde ich durch ein leeres Berlin laufen. Es ist wie ein Déjà-vu.

Ich muss an den Film »Matrix« denken. Die Hauptfigur Neo sieht zum zweiten Mal eine schwarze Katze über die Straße laufen. Er sagt, er habe gerade ein Déjà-vu gehabt. Seine Verbündete Trinity antwortet: »Ein Déjá-vu ist eine Panne in der Matrix. Es passiert, wenn sie etwas ändern.« Die Matrix steht in dem Film für eine perfekt programmierte Welt, die keine Abweichung zulässt. In dem letzten Jahr, dessen Januar mir heute wie ein Déjà-vu vorkommt, hat sich auch unsere Welt – und wie sie programmiert war – geändert. Möglicherweise deutet das auf einen Fehler, eine Panne hin. Jedenfalls wird das Gefühl, dass sich die Welt, wie wir sie kannten, verändert, immer stärker.

Sicher, auch früher gab es neue Techniken und gesellschaftliche Umbrüche, Entwicklungsschübe: Schießpulver und Windmühlen, gegen die Don Quichotte kämpfte, größere Städte, neue Schiffe, neue Handelswege, Revolutionen, Umstürze. Aber die Geschwindigkeit des Wandels ist neu, und sie ist extrem. Keine Lebenserfahrung der Vergangenheit entspricht der heutigen: dass das, was wir heute als Standard der Technik unseres Lebens ansehen, schon morgen überholt sein wird.

Diese Erfahrung ist vielleicht nicht immer eine bewusste. Aber als gelebte Wirklichkeit ist sie da. Aufregend. Verunsichernd. Es ist wie Laufen über einen schwankenden Boden. Und das fordert die liberale Gesellschaft heraus. Längst überwunden geglaubte Grenzen werden neu gezogen, lange gebannte, teils offen rassistische Ansichten werden wieder salonfähig. Ein einiges und vielleicht sogar geeintes Europa, von dem wir immer glaubten, es sei unsere Zukunft, droht zu zerfallen. Statt dem Mut, Fortschritt zu gestalten, der sich auch sprachlich in den politischen Programmen als »Wende«, zum Beispiel im Energie-, Agrar-, Verkehrsbereich, ausdrückt, droht jetzt das »Ende«, die Rückabwicklung nicht nur der Zukunft, sondern der Gegenwart. Wir leben in der Nach-Moderne, der Spät-Zeit der Aufklärung.

Die gesellschaftliche Matrix wird gerade neu programmiert. Deshalb kommt einem manchmal alles wie ein Déjà-vu vor. Hatten wir das nicht schon? Nationale Grenzen, nationale Währungen, Steuersenkungen als Gerechtigkeitspolitik wie jüngst in den Trump-USA beschlossen – lauter Zombie-Politiken. Aber wenn die Matrix schon neu geschrieben wird, wenn ein Weiter-so keine Option ist, dann ist jetzt auch die Zeit, sich einzumischen.

Vom »Ende der Geschichte« schrieb der Politikwissenschaftler Francis Fukuyama 1992 – das war natürlich schon damals Quatsch. Denn eine Gesellschaft ist nie fertig. Das wäre der Albtraum von Gesellschaft, eine totalitäre Auffassung. Liberalität, Demokratie und Freiheit stehen immer unter Bewährungsdruck. Nichts wird besser, wenn man es nur sich selbst überlässt. Nichts hat je für immer recht. Aber gerade heute wird längst sicher Geglaubtes – Europa, Ökologie, Frieden – neu infrage gestellt. *Jetzt* wird Geschichte tatsächlich neu geschrieben. Und *jetzt* muss man die Möglichkeiten ergreifen, politisch zu sein.

Die Digitalisierung mit ihren Chancen und ihren heftigen Verwerfungen, der globale Kapitalismus mit zunehmender sozialer Ungleichheit, neue Kriege, die zugespitzte Klimafrage – *jetzt* ist die Zeit, eine neue konsistente Idee von Politik zu formulieren, die Zeit, das Gemeinwohl neu zu denken. Auch und gerade in und für Deutschland. Und wenn ich mir die Starrheit einer erneuten Großen Koalition auf Regierungsseite vorstelle und in der Opposition Populisten in den ersten Reihen – dann erwächst daraus eine Aufgabe: nämlich die, in Deutschland wieder eine Leidenschaft für eine progressive, ökologische und linksliberale Politik zu entfachen. Was im Jahr 2017, im Bundestagswahlkampf und dem Gewürge der Jamaika-Sondierungen, nicht gelungen ist, ist also unser Job für 2018 und die folgenden Jahre.

Vom katastrophischen Denken befreien

Im September, auf dem Höhepunkt des Wahlkampfs, gab es das vermutlich langweiligste und uninspirierteste TV-Duell um die Kanzlerschaft in Deutschland ever. Die amtierende Bundeskanzlerin von der CDU und ihr Herausforderer von der SPD diskutierten wie müde Abteilungsleiter. Es ging um Nuancen der gleichen Politik, nicht um eine andere Politik. Es gab keine Leitidee und also stritt auch keiner darum. Stattdessen nur die Angst, Fehler zu machen. Die Politik wirkt verunsichert und erschrocken, dass zurzeit ein solcher Backlash auf so vielen Feldern und in so vielen Ländern stattfindet. Und es schien so, als ob Angela Merkel und Martin Schulz selbst der Glaube abhandengekommen sei, dass Politik im Allgemeinen und die Demokratie im Besonderen mitten in den Umwälzungen überhaupt noch etwas steuern oder auch nur mögliche Antworten entwerfen können auf die neuen Fragen und Probleme, die am Horizont aufscheinen. Es ging den beiden vermutlich wie uns allen, die Politik gerade wie im Déjà-vu erleben. Insofern war das Kanzlerduell in seiner Hilflosigkeit und Drögheit das passende Format zur Ratlosigkeit der Politik. Nur kann das ja nicht das letzte Wort sein.

Wir müssen uns vom katastrophischen Denken befreien. Wir brauchen eine neue Ehrlichkeit, die auch das Grübeln, das Suchen zulässt. Um den Raum aufzusperren, in dem dann wieder Antworten wachsen können. Glaubt doch eh keiner, dass Politiker gerade alles im Griff haben. »Wir schaffen das« als Phrase reicht jedenfalls nicht mehr und führt nur zu Kopfschütteln.

Die Konfliktlinien der politischen Debatte verlaufen zurzeit erkennbar nicht entlang der alten Rechts-Links-Schemata, zwischen Konservatismus einerseits und uneingeschränkter Bejahung des Kapitalismus versus Emanzipation und sozialer Einhegung des Kapitalismus andererseits, sondern zwischen Liberalität und Illiberalität. Zwischen denen, die ökonomisch wie kulturell in der Welt zu Hause sind, und denen, die die Welt nicht mehr verstehen und sich in ihr verlieren. Zwischen einer Hypermoderne, die traditionelle Normen, Werte und Bekenntnisse aufhebt, und dem Wunsch nach neuen oder alten identitären Einheiten, nach einem Neo-Nationalismus, einem religiösen Fundamentalismus. Zwischen denen, die in der globalen und digitalen Welt kulturell bestimmend sind, und denen, die sich eine nationale Leitkultur wünschen.

An die Seite der Debatte um soziale Gerechtigkeit hat sich die Debatte um eine kulturelle Teilhabe gesellt. In ihr wird heftig gestritten. Vegan versus Schweinebraten. Genderklos versus Recht-auf-im-Stehen-pinkeln. Willkommenskultur versus »Wir-sind-nicht-Burka«. Generation-Easy-Jet versus Englischsprechende-Kellner-Nein-danke.

Was im Konkreten kleinlich wirkt, steht für eine neue fundamentale Spaltung der Gesellschaft. Auf der einen Seite suchen Menschen in einer Zeit großer Veränderungen nach Stabilität. Gefunden wird sie oft nur noch in Rückwärtsgewandtem, in nationalen Abschottungsfantasien und teils rassistischen Programmen, in einer neuen radikalen Religiosität sowohl im Islam wie im radikalen Christentum wie im orthodoxen Judentum. Während die liberale

Öffnung im Namen von Vernunft und Rationalität stattfindet, erfolgt die autoritäre Klausur im Namen von kultureller Identität. Die einen sagen »Ich«, die anderen sagen »Wir«. Die einen sagen Selbstverwirklichung, die anderen (Volks-)Gemeinschaft.

Es ist nicht mehr so, dass es keine Alternativen zur aktuellen Politik gibt, wie vielleicht noch vor einigen Jahren der allgemeine Befund gelautet hätte, als »Alternativlosigkeit« das Unwort des Jahres war. Die Alternativen sind jedoch keine *für* unsere Demokratie, sondern *zu* ihr. Wenn Rechtsnationale Volksabstimmungen wollen, dann nicht, um der breiten Bevölkerung eine direktere Beteiligung zu ermöglichen, sondern um einem eng definierten Volk so etwas wie einen ursprünglichen und durch die repräsentative Demokratie angeblich verfälschten Willen zu attestieren. Faktisch bricht sich hier ein Autoritätsdiskurs Bahn, in dem eine ausgewählte Gruppe bestimmt, was im Interesse des Volkes ist. Kein Wunder, dass die Nationalisten und Autokraten aller Länder, die Trumps, Putins, Orbans, Le Pens, Erdogans und Kaczyńskis sich so wunderbar verstehen. Und höchste Zeit, dass die liberale Demokratie eine eigene und offensive Agenda entwickelt und nicht mehr Getriebene der Angst ist.

Es ist dringend an der Zeit, sich zwischen orthodoxkonservativer Rückwärtsgewandtheit und gleichgültigem Schulterzucken auf die Suche nach einem neuen Wertekompass zu machen. Ein Gemeinwesen braucht Haltepunkte und Identitätsvergewisserung. Und es ist wichtiger denn je, dass vor allem und gerade die politische Linke diese gibt. Denn die großen Ideen der Moderne, die Werte unserer Verfassung, also Freiheit, Gerechtigkeit, Solidarität, Gleichheit, werden ja tatsächlich zunehmend ausgehöhlt. Durch den globalen Kapitalismus, durch Roboterisierung und Digitalisierung, durch alte und neue Formen von Ungleichheit. Internationale Konzerne entziehen sich den nationalen Gemeinwesen, während kleine Handwerksbetriebe ihre Steuern bezahlen. Banken können Gemeinwesen ruinieren. Neue Kriege und der Klimawandel vertreiben Menschen in großer Zahl aus ihren Ländern. All diese Herausforderungen lassen sich nicht mehr im kleinen, nationalen Rahmen lösen. Sie brauchen einen transnationalen, europäischen Rahmen. In ihm und durch ihn müssen wir die ökologischen und sozialen Probleme in den Griff bekommen. Wir brauchen eine neue Gemeinwohlpolitik, aus der sich weder Starbucks, Ikea, Google oder Amazon davonschleichen noch die digitale Welt sich über eine eigene Währung der Besteuerung entziehen kann. Wenn Freiheit, Gerechtigkeit und Frieden die Leitideen unseres Gemeinwesens bleiben sollen, dann muss der Gemeinsinn über die engen nationalen Grenzen hinaus gedacht werden. Der politische Rahmen, meinetwegen der Patriotismus, muss größer sein als Deutschland.

Der unwählbare Kandidat

Der Tag, als das Ergebnis der Urwahl da war, war voll mit Interviews und endete mit einem schalen Gefühl. Denn aus den Fragen, die mir in den Interviews gestellt wurden, konnte ich erahnen, wie die Kommentarlage am nächsten Morgen sein würde. Das merkwürdige Ergebnis der Urwahl würde der Partei keinen Schub nach vorne bringen. Sie war in schlechten Umfragen erstarrt, und dann würde es noch weiter abwärts gehen. Das war das Gegenteil dessen, was wir uns als Partei von dem internen Wahlkampf erhofft hatten. Und ich selbst wusste auch nicht recht, wohin mit mir.

Mit diesem mulmigen Gefühl nahm ich am nächsten Tag den Zug nach Kiel. Da hatten die Spitzenkandidatin für die Landtagswahl, Monika Heinold, und der Landesvorstand zu einer Pressekonferenz geladen. Anfang Mai sollte in Schleswig-Holstein der Landtag neu gewählt werden. Die Landesliste war schon Wochen zuvor aufgestellt worden – und ich hatte nicht für sie kandidiert. Ich dachte, entweder gewinne ich oder verliere – dann wäre es das gewesen für mich mit der Politik als Beruf. Ich hätte ja auch nur fünf, zehn Prozent der Stimmen bekommen können und dann hätte auch in Schleswig-Holstein niemand mehr ein Stück Brot von mir genommen. Dass die Urwahl so merkwürdig ausgehen könnte, dass ich trotz Niederlage irgendwie auch als Gewinner dastehen würde, hatte ich mir nicht ausgemalt – obwohl ich so oft auf Bühnen und sogar in diesem Buch davon gesprochen hatte, dass das Wesen der Demokratie knappe Entscheidungen sind. Aber so richtig habe ich das wohl nicht auf mich selbst bezogen.

Jetzt war jedenfalls alles anders. Obwohl ich mit einer Niederlage im Gepäck anreiste, bat mich der Landesverband, in den Wahlkampf einzusteigen. Auf der Pressekonferenz wurde ich als »der unwählbare Kandidat« vorgestellt: Ich stand auf keiner Liste, und war doch auf eine informelle Art Kandidat. Wenn man die Grünen wählen würde, damit wir wieder in die Regierung kämen, würde man indirekt doch mich wählen. Dass diese merkwürdige Konstellation so famos klappte, war vor allem Monika Heinolds Coolness und Uneitelkeit zu verdanken.

Doch bevor der Landtagswahlkampf richtig durchstarten konnte, kürte die SPD bekanntlich Martin Schulz zu ihrem Spitzenkandidaten für den Bund. Als Schulz nominiert wurde, habe auch ich mich gefreut. Ich mochte seine schroffe Art, seine Angriffslust. Ich hatte ihn zuvor ein paar Mal bei sogenannten Kabinettsreisen nach Brüssel getroffen und schon da hatte er mich beeindruckt, weil er leidenschaftlich für eine Idee und ein Projekt kämpfte, das damals einfach nur als dröge galt: Europa. Am Anfang hatte er etwas Grundsätzliches und Visionäres. Die vollen Säle bei seinen Wahlkampfauftritten in Schleswig-Holstein beobachteten wir Grünen eifersüchtig. Alles sah nach einem Durchmarsch für die SPD aus. Aber irgendwann brachen die Umfragewerte für die SPD ein. Und das geschah meiner Beobachtung nach, als Schulz nicht mehr als Europäer, sondern nur noch als typisch deutscher Sozialdemokrat auftrat.

Das Motto der Europäischen Union – übrigens bei einem Schülerwettbewerb entstanden – lautet »In Vielfalt geeint«. Auf ihrer Internetseite erläutert die EU, »dass die vielen verschiedenen Kulturen, Traditionen und Sprachen in Europa eine Bereicherung für den Kontinent darstellen«. Ich finde, Verschiedenheit als Bereicherung zu begreifen ist ein ziemlich gutes Leitmotiv für die allgemeine Lage der Gegenwart.

Dass Schulz sich für diese Vielfalt und Verschiedenheit einsetzen und sie auch in Sprache und Programm ausdrücken würde, war die Hoffnung, die ich auf Schulz projizierte. Er redete unverschnörkelt, er stand – endlich mal jemand – für eine selbstbewusste linke Politik, kritisierte Hartz IV und kämpfte, wenn auch bald sehr gebremst, für die Vision einer europäischen Einigung. Vor allem aber begeisterte seine Begeisterung. Er strahlte den Willen aus, etwas zu wollen. Als er dann aber doch wieder nur allgemein von »mehr Gerechtigkeit für alle« sprach, als dann das Versprechen des Neuen auf ein »Arbeitslosengeld Q« zusammenschnürte, da war die Ernüchterung groß. Nicht nur bei mir. War mit dem Versprechen »mehr Gerechtigkeit«

vor 30 Jahren, erst recht vor 130 Jahren, den allermeisten Menschen klar, was das für sie konkret bedeuten würde – höhere Löhne, bessere soziale Sicherung, mehr Umverteilung –, ist das heute eben nicht mehr so. Weil die Gesellschaft nicht mehr in homogene Klassen unterteilt – hier die Arbeiter, da die Unternehmer –, sondern fein verästelt ist in x Arbeits- und Lebensformen, wird viel offenbarer: Die Gerechtigkeit des einen ist die Ungerechtigkeit des anderen. Höhere Renten bedeuten höhere Rentenbeiträge für die Jüngeren. Die Erhöhung des Mindestlohns nutzt den im digitalen Kapitalismus immer mehr werdenden Freiberuflern wenig. Kürzere Arbeitszeiten erst recht nicht. Verallgemeinerungen wie »mehr Gerechtigkeit« lassen Politikerreden heute hohl klingen, weil sie mit der Lebens- und Arbeitswirklichkeit nicht mehr viel zu tun haben.

Und der Versuch der SPD oder der Linken insgesamt, die »Atomisierung von Arbeits- und Lebenswelten«, wie es Sigmar Gabriel im Dezember 2017 im *Spiegel* genannt hat, wieder in geordnete Lager oder Klassen zurückzuführen, wird der Wirklichkeit nicht mehr gerecht. Auch in Arbeiterfamilien gibt es schwule Söhne, die das Anrecht auf ihr Lebensglück einfordern. Auch in sozialdemokratisch wählenden Familien wird über den Zusammenhang von unserer Fleischproduktion und dem Hunger in ärmeren Ländern gesprochen werden. Auch wer Currywurst liebt, sollte sich fragen, wie es um das Grundwasser in Schweineproduktionsgebieten bestellt ist. Und die Verschlechterung des Klimas macht nun einmal eine Abkehr von der fossilen Industrieproduktion notwendig. Das ernst zu nehmen, ist kein Firlefanz, sondern erst die Bedingung, um überhaupt eine Politik auf der Höhe der Zeit entwickeln zu können.

Die Vorstellung, dass wir als Bürger alle gleich sind, wird

jedenfalls zunehmend zerstört durch eine Gegenwart, in der die Vermögensschere immer weiter auseinandergeht, in der Bildungssysteme wieder stärker trennen, in der Stadtteile und Quartiere die Bevölkerung segregieren – und die Digitalisierung diese »Granulierung« der Gesellschaft noch potenziert. Durch die Algorithmen von Konzernen wie Amazon wird die Gesellschaft nach Einkaufsverhalten und Mediennutzung in Gruppen und Untergruppen aufgesplittert. Und soziale Medien wie Facebook schlagen uns Freunde vor, die die gleichen Interessenprofile haben wie wir. »Digitale Macht besteht darin, einzelne Bürger oder Konsumenten zu singularisieren und dann gezielt zu beeinflussen«, schreibt der Soziologe Christoph Kucklick in »Die granulare Gesellschaft«.

Die »soziale Digitalisierung« aber sorgt dafür, dass die verschiedenen Gruppen jeweils nach ihren eigenen Regeln funktionieren. Eine Freundesgruppe bei Facebook tauscht Informationen nur unter sich aus. Die Welt draußen dringt nicht mehr ein.

Ein besonders krasses Beispiel hat der Journalismusforscher Gerret von Nordheim analysiert: Nach dem Amoklauf von München im Juli 2016, bei dem neun Menschen in einem Einkaufszentrum erschossen wurden, hat er 80 000 Tweets ausgewertet. Es gab zwei Kerntweets, die die Kommunikation bestimmten und Netzwerke, sogenannte Cluster, bildeten. Das eine Cluster wurde durch die Twitter-Kommunikation der Münchner Polizei bestimmt. Auf deren Kommunikation bezogen sich die traditionellen großen Medien wie *Tagesschau* oder *Spiegel Online*. Das andere Cluster war ein Netzwerk aus rechten Organisationen und AfD-Politikern. Der Tweet mit der größten Reichweite in diesem Cluster lautete: »Deutschland im Visier des islamistischen

Terrors! Nun muss das deutsche Volk für die Fehler der Regierung Merkel bluten!«

Der Täter wurde später einem rechtsradikalen Umfeld zugeordnet. Dass der Amoklauf ein Angriff eines Islamisten gewesen sei, den insbesondere Angela Merkel mit ihrer Flüchtlingspolitik zu verantworten habe, war schlicht falsch. Aber die Behauptung lebte in dem einen Kosmos so unbestritten weiter wie die Analysen der Polizei in dem anderen. Vor allem: Beide Cluster wiesen so gut wie keine Verbindung miteinander auf. »Es gab tatsächlich zwei in sich geschlossene, parallele Deutungswelten. Während in der einen Welt noch debattiert wurde, wer der Täter war, wurden in der anderen Welt schon die Medien und die Politik für den Amoklauf verantwortlich gemacht und fremdenfeindliche Deutungsmuster bedient«, sagte von Nordheim in einem Interview mit *Zeit online*.

Dieses Phänomen gab es natürlich schon lange vor dem Internet. Unsere Freunde haben meist ähnliche Meinungen und Einstellungen wie wir, sonst wären es nicht unsere Freunde. Es ist schlicht anstrengend, sich permanent infrage stellen zu lassen oder sich dauernd entschuldigen zu müssen. Und unser Medienkonsum hat sich auch schon immer an unseren politischen Einstellungen orientiert: Die *taz* ist eine Zeitung des linksliberalen Milieus und die meisten Grünen lesen sie. Die *FAZ* ist eine konservativ-bürgerliche Zeitung und nur wenige Grüne lesen sie, geschweige denn die *BILD*. Aber welche Zeitung auch immer – einmal gedruckt, antwortet sie nicht. Und auch wenn man eine Zeitung liest, die einem politisch nahesteht, sie wird immer Artikel und Inhalte haben, die einem neu sind, die einen herausfordern.

Das Internet und die sozialen Medien sind nicht nur schneller, sie sind auch individueller, ja individualisierbarer.

Und das macht den Unterschied. Die digitale Welt zersplittert die Gesellschaft in User-Gruppen von hoher Homogenität. Diese bestätigen sich permanent selbst, auch in ihren Urteilen wie Vorurteilen. Und damit schaffen sie, was der Politik nicht mehr gelingt: Sinnstiftung und Vergewisserung, Gewissheit und Ordnungskategorien.

Weil die modernen sozialen Medien eine solche Kraft haben, zerteilen sie die gesellschaftliche Wirklichkeit aktiv. Sie sind sozial eben nicht nur, weil wir uns durch sie besser zusammenfinden, verabreden und verstehen können, sondern auch sozial-selektierend. Und so fest und gefügt das Weltbild auch sein mag, die gesellschaftliche Zersplitterung wird durch die soziale Selektierung und soziale Digitalisierung noch verstärkt. Diese soziale Digitalisierung löst die eigentliche Unsicherheit aus. Es gibt nicht nur keine Wahrheit mehr. Es gibt keinen Ort mehr, von dem Wahrheit aus gesprochen werden kann.

Der gemeinsame Diskurs zerbricht zunehmend, es ist, als ob wir in völlig verschiedenen Welten lebten. Dieses Gefühl des Zerfalls, des sich unkontrolliert Auflösenden von dem, was verbindet, scheint unsere Zeit zu beherrschen. Und – anders als früher – verstehe ich inzwischen, dass und warum Menschen an Altem und Bekanntem festhalten wollen – vielleicht nicht zuletzt um diesen drohenden Zerfall aufzuhalten. Zu versuchen, zu verstehen, heißt nicht, Verständnis zu haben, zumindest nicht für alles, aber ich merke bei mir selbst, dass zum Beispiel die Überheblichkeit, mit der ich früher manchmal auf das geschaut habe, was Brauchtum oder Tradition heißt, einem zunehmenden Gefühl des Respekts weicht. So zum Beispiel, als ich im Herbst beim Erntedank-Gottesdienst von Schleswig-Holstein war. Dieser Gottesdienst ist ein Pflichttermin für jeden Landwirtschaftsminister seit mindestens 1493 oder so. Ich habe ihn immer gern gemacht. Dieses Innehalten und Sichklarmachen, dass Politik und Technik nicht alles im Griff haben, auch wenn wir Politiker das immer gern suggerieren.

Die Erntedank-Gottesdienste sind in den letzten Jahren politischer geworden. Von Lebensmittelverschwendung über Tierhaltung bis zu Handelsverträgen wird in Predigten und Grußworten inzwischen die ganze Agenda der Agrarpolitik angesprochen. Dieses Jahr aber genoss ich vor allem die Tradition selbst – ja, ich, der so etwas eher spießig und altbacken und überkommen fand, saß da und dachte: wie besonders. Geschmückte Kirchen mit Füllhörnern von Korn, Kohlrabi, Kürbissen und Maiskolben, Glockengeläut und der Gesang von »Wir pflügen und wir streuen« aus Hunderten Kehlen. Dann der Spielmannszug: Marschmusik in den blauen Oktoberhimmel geschmettert. Gefolgt von einem alten, geschmückten Vorderlade-Trecker: auf ihm der Bischof, die Landfrauenpräsidentin, der Bauernverbandspräsident und ich. Dahinter die Gilden der Gemeinde. Hinter den Fahnen von Schützenverein, Reitverein, Freiwilliger Feuerwehr ein bunter Zug eher alter als junger Menschen. Das halbe Dorf auf den Beinen.

Leute sprachen mich an. Eine ältere Dame beklagte sich über den Maisanbau, die Landschaft habe sich dadurch so sehr verändert. Ein anderer hatte Angst, dass sein Grundstück enteignet wird, weil eine neue Bahnlinie kommt. Und obwohl die Kohlernte gut war, litten die Kohlbauern unter dem Russlandembargo. Denn die Preise für Gemüse sind im Keller – und damit der Verdienst geringer. Die Angelverbote in den neuen Naturschutzgebieten sind gut für die nicht geangelten Fische, aber schlecht für die Belegschaft auf dem Angelkutter, die jetzt um ihren Arbeitsplatz fürchtet, wie mir einer mit Wut im Bauch erzählte. Er tippte mit seinem Finger auf meine Brust und versuchte seinem Ärger nur kanalisiert Ausdruck zu verschaffen. Und auf der morgendlichen Fahrt hierher waren mir die vielen leeren Häuser in den Dörfern aufgefallen, während im Radio von Wohnungsnot in den Großstädten gesprochen wurde. Und ja, es gibt viele Zugausfälle und die Bahn ist nicht pünktlich. Aber letztlich fahren die ICEs zwischen den Metropolen weit öfter als der Schulbus hier. Die öffentlichen Verbindungen – auf dem Land gibt es sie gar nicht.

Vieles, was Politik abstrakt diskutiert, wird auf dem Land konkret. Energiewende, Verkehrspolitik, Verhältnis zu Russland, Naturschutz. Wenn man im Paul-Löbe-Haus in der Hauptstadt sitzt und Sondierungsgespräche mit vorbereitet, fühlt man sich schrecklich wichtig und klug. Dann sagt es sich leicht, dass wir nun auch mit der Wärmewende anfangen müssen, dass wir gegenüber Putin eine harte Hand bewahren müssen – beim Dorfplausch während des Erntedankfestes wird es wirklich.

Wir erleben die Welt oft als ungleichzeitig. Das, was wir erleben, passt oft nicht zu dem, was in den Medien berichtet wird. Und damit meine ich nicht nur, dass sich die Menschen im ländlichen Raum wundern, wenn über Wohnungsnot berichtet wird bei gleichzeitig hohem Leerstand in ihrem Dorf, wenn über schlechte ICE-Verbindungen debattiert wird und im ländlichen Raum noch nicht mal mehr der Bus fährt. Oder wenn gemeldet wird, dass es zu wenig erneuerbare Energie gibt, obwohl doch jede Menge Windparks um die Menschen herum entstehen und Windmühlen nicht laufen. Ich meine damit, dass oft das Selbstbild, die Selbstwahrnehmung, vielleicht auch manchmal nur die

Erinnerung, nicht zur Gegenwart passen. Und das erzeugt im besten Fall Irritation, im schlechtesten Fall Wut.

Seit der Wahl von Donald Trump zum amerikanischen Präsidenten, seit dem Einzug der AfD in den Deutschen Bundestag, seit dem Rechtsruck in Österreich wird viel über das Phänomen »Rechtspopulismus« gesprochen. Die Rede ist von den Menschen in den »fly-over-countries«, von den »Abgehängten«, den Leuten im »Rustbelt«, den »angry white men«, den »einfachen Leuten«, dem »kleinen Mann« – die Sprache ist nur allzu oft verräterisch verächtlich. Man muss den Eindruck gewinnen, die Menschen, die nicht so wählen, wie es die etablierten demokratischen Parteien wollen, seien letztlich Trottel, die, halb zornig, halb emotional verführt, nicht wissen, was sie tun.

Dabei ist es vielleicht genau andersherum: Vielleicht erleben diejenigen, die sich abwenden von der traditionellen Politik, die Folgen politischer Beschlüsse, die Auswirkungen der Globalisierung, den Wandel der Zeit eben intensiver als manch Politiker oder Städter in seinem geschützten Biotop. Denn die Energiewende und der Kampf gegen die Erderwärmung finden auf dem Land statt, die Veränderung der Natur durch eine industrielle Landwirtschaft auch. Der Preisdruck auf alle landwirtschaftlichen Produkte, die inzwischen global vermarktet werden, die Handelssanktionen, der demografische Wandel, die Tatsache, dass es Dörfer ohne Bauern, Supermarkt, Sparkasse, Schule, Arzt gibt – auf dem Land, wo Traditionen schon immer einen höheren Stellenwert hatten, ist die Ungleichzeitigkeit zwischen den Debatten im Bundestag und den eilig getwitterten Kommentaren auf der einen Seite und der erlebten Wirklichkeit womöglich noch konkreter als in den Mittelstandsvororten der Städte.

Andersheit und Anerkennung

Seit 1356 gibt es in Hamburg das sogenannte Matthiae-Mahl. Ursprünglich eröffnete das Festmahl im Februar die neue Geschäftssaison. Später wurde es zur Selbstdarstellung hanseatischer Macht. Der Bürgermeister empfängt die Gäste auf der obersten Stufe der Senatstreppe, sodass alle Würdenträger zu ihm aufschauen müssen. Der Silberschatz des Rathauses – den gibt es, kein Witz – wird auf den Tischen drapiert, 400 geladene Gäste futtern auf Kosten des Steuerzahlers. Es ist genau die Art Veranstaltung, die ich hasse und vor der ich mich drücke, so gut ich kann. Aber 2017 war der kanadische Ministerpräsident Justin Trudeau Ehrengast. Deshalb lieh ich mir den Smoking meines Vaters, kaufte im Schweinsgalopp schwarze Schuhe und ließ mich auf diesen Abend ein.

Denn Justin Trudeau ist nach Barack Obama der Politiker, der wohl am meisten Hoffnung und Begeisterung für eine liberale, offene, optimistische Politik ausgelöst hat. Nicht zuletzt bei uns Grünen. Allerdings gibt es das Freihandelsabkommen Ceta zwischen der EU und Kanada, das er befürwortet und wir Grünen ablehnen. Und da der Bundesrat mit den ganzen Landesregierungen, in denen die Grünen mitregieren, Ceta zustimmen muss, wenn es denn in Kraft treten soll, hatte der schlaue Hamburger Bürgermeister Olaf Scholz eine Reihe von grünen Kabinettsmitgliedern vor dem Matthiae-Mahl zu einem vertraulichen Gespräch mit Trudeau geladen. Da saßen wir also im Februar im Hamburger Rathaus, die Männer im Smoking, die Frauen im Abendkleid, und diskutierten mit Trudeau über die Auswirkungen des Abkommens auf Fischer in Kanada und Milchbauern in Europa.

Es war in mehrfacher Hinsicht ein absurder und besonderer Moment. Absurd war das Setting, der Prunk, der Protz, und die gleichzeitige Lässigkeit und Lockerheit des Gesprächs. Absurd war aber auch, dass wir uns stritten, wo wir doch eigentlich für eine gleiche gesellschaftliche Perspektive Politik machten. Und besonders war, dass man spürte, dass Trudeau zuhörte, nachdachte und versuchte, die Auswirkungen seiner Politik auf die konkreten Lebensumstände der Menschen mitzudenken. Ich glaube, der Hype, den Schulz im Frühjahr 2017 ausgelöst hat, speiste sich zu einem Gutteil aus der Erwartung, solch einen Moment der individuellen Bezugnahme, des Gehörtwerdens, auch in Deutschland entstehen zu lassen. Der Verallgemeinerung, die Politik ganz notwendig und prinzipiell immer bedeutet, ein Moment des Individuellen einzuschreiben.

In einem gewissen Sinn ist die Herausforderung für unsere Demokratie ja, dass sie an Verallgemeinerungen festhalten muss, während die Lebenssituationen der Menschen immer verschiedener werden. An meinen Gesprächen während des Erntedankfestes konnte ich das ablesen – und es lässt mich seitdem nicht mehr los. Die Menschen, die mich ansprachen, fühlten sich durch die Politik nicht angesprochen. Sie mit ihrem Häuserleerstand konnten zum Beispiel politische Programme zum Wohnungsbau schlicht nicht auf sich selbst beziehen.

Und das ist ein Problem für eine Demokratie. Denn in einer Demokratie ist die Verallgemeinerung ein konstitutives Prinzip. Individuelle Freiheit braucht allgemeinen Schutz. Glück, ja Leben, braucht allgemeine Grenzen der Unverfügbarkeit, Dinge oder Werte, die nicht fremdbestimmt oder manipulierbar sind. Genau diese Verallgemeinerungsfiktion begründet die moderne Gesellschaft und ihre staatliche Repräsentanz. Sie ist geradezu der Unterschied zwischen einer feudalen Gesellschaft und einer modernen. Zwischen gar keinem, dem preußischen Dreiklassenwahlrecht und dem freien, allgemeinen Wahlrecht, das wir heute haben, liegen nicht nur unzählige Kämpfe und Revolutionen, sondern kategoriale Unterschiede. Damals waren alle Menschen verschieden und verschieden viel wert, heute sind alle Menschen gleich an Rechten und alle Menschen dem Staat gleich viel wert.

Dass das auch heute eher ein Vorsatz denn die Wirklichkeit ist, ist zuzugeben. Ein Menschenleben in Syrien oder dem Sudan ist uns Deutschen eben nicht gleich viel wert wie ein Menschenleben bei uns. Würde in Deutschland gehungert und verhungert werden wie in der Sahel-Zone, keine Regierung könnte sich halten. Dementsprechend dulden wir auch das, was bei Kriegseinsätzen euphemistisch als kollateraler Schaden bezeichnet wird – die Tötung von Unschuldigen oder Kindern durch Drohnenangriffe oder Bombardements in fernen Ländern –, und schicken Menschen in Länder zurück, in denen Selbstmordanschläge grausamer Alltag sind, während wir zu Recht entsetzt sind, wenn hier bei uns Unschuldige bei Terroranschlägen umkommen. Und Menschen ausländischer Herkunft oder nur mit fremdländischem Aussehen werden in Deutschland oft genug anders behandelt als Menschen, deren Aussehen dem Durchschnitt der Mehrheitsgesellschaft entspricht. Wir haben Ungleichheit im Bildungssystem, die Chancen unserer Kinder sind immer noch abhängig vom Einkommen und Bildungsstand der Eltern. Es gibt eine ungleiche medizinische Versorgung und und und … Aber der Idee nach streiten wir für egalitäre Gerechtigkeit, während die Gesellschaft immer ungleicher und individualisierter wird.

Staatliche Versicherungen sind Solidarsysteme, die von der individuellen Lebenssituation abstrahieren. Der Buchhalter, der den ganzen Tag am Schreibtisch verbringt, wird genau so krankenversichert wie der Rettungsschwimmer, der täglich bei gefährlichen Einsätzen unterwegs ist. Der Staat weiß nicht alles über unseren Alltag, weiß nicht, ob wir regelmäßig Sport machen (was sowohl gesund als auch gefährlich sein kann) oder was wir zu Abend essen (was ebenfalls gesund oder ungesund sein kann). Dieses Nichtwissen, die Tatsache, dass nicht alles, was wir tun, öffentlich und transparent ist, schützt natürlich unsere Freiheit. Aber es ist auch Bedingung für Gleichheit. Der Soziologe Pierre Rosanvallon nennt das die »Intransparenz des Sozialen«, die die Voraussetzung dafür ist, dass Menschen sich solidarisieren. Und in der Tat: Sobald man weiß, dass jemand zum Beispiel Extremsportarten macht oder jemand trotz Übergewicht und Infarktrisiko weiter zu viel isst, sinkt in der Regel die Bereitschaft zur Solidarität.

Informationen differenzieren. Und wenn man es zuspitzt: teilen eine Gesellschaft in immer kleinere Einheiten. Eine hoch informierte Gesellschaft ist eine hoch individualisierte Gesellschaft. Und sie wird große Probleme haben, solidarisch zu sein. In einer »Ökonomie der Partikularität« gibt es folglich eine »Revolution der Legitimität« und in der Konsequenz eine »Tendenz zur Dezentrierung der Demokratien«, so Rosanvallon in seinem Buch »Die Gesellschaft der Gleichen«. Wenn also trotz der Tatsache, dass die Leben der Menschen immer individueller werden und diese Individualität immer sichtbarer wird, eine als legitim empfundene neue Gemeinsamkeit entstehen soll, dann bedarf es einer ethischen Begründung für diese Gemeinsamkeit, die die Andersheit und das Bedürfnis, in dieser Andersheit erkannt und gesehen zu werden, zulässt.

Auch individuelle Anerkennung war lange daran gebunden, dass man einer Klasse oder Berufsgruppe oder Partei angehörte und ihre Interessen vertrat oder von anderen vertreten wurde. Aber so ist es heute eben nicht mehr. Anerkennung bildet sich jenseits von Klassen oder Schichten oder Berufsgruppen. Heute ist der Wunsch nach Teilhabe ein Wunsch des hoch individualisierten Subjekts, in eben seinem individuellen Sein erkannt und anerkannt zu werden. So sind unsere Leben. So fühlt es sich an, im 21. Jahrhundert unterwegs zu sein. Wir müssen uns irgendwie durchschlagen und der Erfolg des Nachbarn oder Freundes ist so einfach nicht kopierbar. Und umgekehrt hat das Unglück des Nächsten oft wenig mit dem eigenen Leben zu tun.

Aber die Politik redet zu uns und entwirft Konzepte, als würden wir noch immer alle in einer tarifgeschützten, unkündbaren, die Rente sichernden Festanstellung leben, als würde jede Beziehung gleich sein und jeder Lebensentwurf identisch. Wir möchten aber auch im Politischen als Einzelne anerkannt werden. »Das mag verrückt sein in einer Massendemokratie, aber es scheint das grundlegende politische Bedürfnis der Gegenwart zu sein«, schreibt die Philosophin Isolde Charim in der *tageszeitung,* um »Macrons Zauberformel« zu erklären. Diese laute, »den Einzelnen in der Massengesellschaft vorkommen zu lassen. Das ist es, was Begeisterung weckt. Es ist dies aber nicht der Einzelne des alten Liberalismus, der private Einzelne. Es ist auch nicht der Einzelne des alten Republikanismus, der Citoyen als Gleicher. Es ist vielmehr der jeweilige, konkrete Einzelne als neue öffentliche Sache – der Einzelne als res publica.

Individualismus wird hier zur neuen Grundlage des Gemeinsamen.«

Wie kann also Solidarität, Gemeinsamkeit, ja, eine neue Gleichheitsidee entstehen, ohne den Individualismus des Einzelnen zu zerstören? Wie können wir Beziehungen aufbauen, ohne wie die anderen werden zu müssen? Und ohne sich zurückziehen zu müssen in eine Welt der Klassenschranken und Milieus? In eine regressive Politik, die entweder nur den Besitzstand der wohlhabenden neuen Mitteklasse wahrt oder sich der Missgunst und Eifersucht hingibt? Gesucht ist eine neue Politik, die dem Auseinanderfallen von Teilhabemöglichkeit ein Selbstverwirklichungsversprechen entgegensetzt.

Wenn eine neue res publica, eine neue Gemeinsinn-Idee entstehen soll, dann muss sie auf der Grundlage des zunehmenden Gefühls und Bedürfnisses der Menschen, anders als alle anderen zu sein, entstehen, davon bin ich überzeugt. Wenn wir das Versprechen und die Möglichkeiten der Welt im 21. Jahrhundert wahrnehmen und den Schaden und die Verwerfungen gering halten wollen, dann brauchen wir neue Verabredungen und entsprechend neue politische Maßnahmen, die der Individualisierung eine weiter geteilte, gemeinsame Grundlage geben. Diese müssen sich auf die Sozialsysteme und die soziale Sicherung beziehen, auf den Begriff und die Organisation von Arbeit, auf ein politisches Verständnis von Lebenszufriedenheit, auf einen neuen Pazifismus und nicht zuletzt auf ein neues Verständnis der staatlichen Institutionen und der Politik selbst.

Denn eine andere Gesellschaft erfordert eine andere Politik. Sie braucht neue Formen der Anerkennung, die dem Einzelnen seinen Raum lassen und dennoch eine Idee der Einheit in Verschiedenheit zulassen. Und sie braucht einen

Wertekanon, der dem technischen Versprechen des »anything goes« Grenzen setzt. Wenn wir die Idee nicht aufgeben wollen, dass wir mehr sind als Monaden, die sich in Einsamkeit um sich selbst drehen, wenn wir also nicht in der Asozialität verschwinden wollen, dann besteht die politische Aufgabe darin, neue Verabredungen zu treffen, wer wir als Gemeinschaft sein und was wir machen wollen. Um die ausdifferenzierte Gesellschaft nicht zerfallen zu lassen, müssen neue Formen der Teilhabe gefunden werden. Auf die immer krassere Anhäufung von Reichtum könnte mit dem Aufbau öffentlichen Vermögens geantwortet werden, wie es zum Beispiel Norwegen mit seinem Staatsfonds vorgemacht hat. Dessen Idee könnte man vielleicht übertragen auf andere Allgemeingüter. Aus einem solchen Fonds, der allen Bürgern gehört, ließe sich ein neuer Gedanke der Wohlfahrt begründen und finanzieren, einer Wohlfahrt, die die Würde des Menschen nicht von seiner Erwerbsarbeit ableitet, sondern von seinem Menschsein. Entsprechend würden Kreativität, Wagemut und Lernen zu den zentralen Kategorien gesellschaftlichen Fortschritts. Diese wiederum würden ein Auseinanderfallen von Demokratie und Marktwirtschaft verhindern, könnten eine Verabsolutierung des Kapitalismus bremsen, der auch die Lebenswirklichkeiten der Menschen nur als Produkt begreift.

Wahlkampf gegen den Trend

Diese Idee der Einheit in Verschiedenheit hat in bescheidenem, lokalem Rahmen unsere Regierungszeit mit der SPD und dem SSW 2012–2017 in Schleswig-Holstein geprägt. Natürlich war sie nicht sofort da als ausbuchstabiertes Programm, sondern war ein tastendes Suchen. Und als politische Praxis hat sie mal besser, mal schlechter geklappt. Natürlich gab es Enttäuschungen und Proteste – gerade in meinen Themengebieten. Aber unter der Oberfläche von Bauernprotesten, dem Widerstand gegen den Stromnetz-ausbau oder Windkraftanlagen, den Schwierigkeiten bei der Integration von Flüchtlingen etc. entwickelte sich eine Vertrauenskultur, die bei aller Verschiedenheit der politischen Positionen ein gemeinsames Ringen um das Wohl und Wehe des Landes spüren ließ. Wenn es gut lief, versetzten wir uns immer auch in die Position des Gegenübers. Daraus entstand nicht unbedingt immer eine neue Gemeinsamkeit, dafür waren die Interessen wohl manchmal zu unterschiedlich. Aber immerhin Respekt und eine Kultur des respektvollen Umgangs. Und die politischen Erfolge waren nicht geringer, als wenn man mit der Brechstange vorgegangen wäre. Diese Politik, die das Land als Ganzes in den Blick nimmt, die die Menschen einlädt, nicht ausgrenzt, wollten wir im Landtagswahlkampf 2017 aufnehmen und fortentwickeln.

Früher hieß es in Schleswig-Holstein bei den Grünen, dass wir gut sind, wenn wir ungefähr 2 Prozent schlechter sind als der Bundestrend. Der Bundestrend im April 2017 lag bei den Grünen um 6,7 Prozent. Wir wollten und mussten ihn also brechen. Das taten wir. Denn im politischen Geschäft ist es nun mal so, dass nichts passiert, wenn man nicht dafür sorgt, dass es passiert.

Oliver Kahn sagte einmal bezogen auf ein Fußballspiel, man müsse so lange auf das Glück einprügeln, bis es zu einem kommt. Das stimmt irgendwie auch für die Politik. Zustände und Meinungen sind eben nie vorgegeben. Man kann sie verändern und brechen und neue Dynamiken auslösen. Denn Politik ist nicht Statik und Mengenlehre. Mehrheiten kann man herstellen. Und Öffentlichkeit gewinnen.

Im Schleswig-Holstein-Wahlkampf 2017 war der Moment, der aus einer Strategie eine Tat folgen ließ, ein Moment während des Landesparteitags. Katrin Göring-Eckardt kam überraschend zu Besuch, während Monika Heinold gerade eine Rede hielt. Sie sagte:»Bundestrend, du bist hier nicht zu Hause!« Der Saal klatschte frenetisch. Und obwohl der Satz eigentlich völlig harmlos war, klang er in diesem Moment wie ein Affront gegen Katrin und die Berliner Grünen. Und er wurde wieder und wieder wiederholt. Fernsehen und Radio sendeten ihn, die Zeitungen druckten ihn. Eine Woche später kam die nächste Umfrage. Ich war gerade auf einem Rundgang auf der Windmesse in Husum, als mir jemand ein Handy vors Gesicht hielt. Wir lagen bei 14 Prozent. 7,8 Prozent über dem Bundesdurchschnitt. Von da an machten wir Wahlkampf wie beflügelt. Unsere Selbsthypnose war zu einer eigenen Geschichte geworden.

Aber nicht nur unsere Geschichte spielte für den Wahlkampf in Schleswig-Holstein eine Rolle. Alle schielten ängstlich darauf, wie stark die AfD werden würde, die bei so vielen Landtagswahlen zuvor abgeräumt hatte. Ich las in diesen Tagen das Buch des französischen Soziologen Didier Eribon »Rückkehr nach Reims«. In ihm beschreibt er, wie und warum sich seine Familie dem Front National zugewandt hat. Eribons Mutter ist Putzfrau gewesen, sein Vater Fabrikarbeiter, sein Bruder hat eine Metzgerlehre gemacht. Die Familie hatte nie besonders viel Geld. Als Eribons Mutter ihrem Sohn erzählt, dass sie rechtsnational gewählt habe, entgegnet dieser, dass der Front National sicher nicht für sie Politik machen werde, dass diese Partei Abtreibungen verbieten will und sie doch selbst einmal abgetrieben habe, dass sie Sozialleistungen kürzen und die kostenlose medizinische Versorgung abschaffen wolle. Sie widerspricht ihm nicht. »Das ist nicht das, wofür ich sie gewählt habe«, sagt sie. Es gehe ihr darum, die anderen Parteien nicht mehr zu wählen. Sie sei bereit, gegen ihre Interessen zu stimmen, nur um nicht für die anderen stimmen zu müssen. Bei den Eribons wurde früher kommunistisch gewählt. Aber die Eribons stellen sich nicht mehr gegen die Bourgeoisie, sondern gegen die Ausländer, sie verbünden sich nicht mehr mit Intellektuellen und Angestellten, sondern mit den Besitzstandsbewahrern anderer Milieus, Rentnern, die ihren Wohlstand nicht teilen wollen, gläubigen Katholiken. Eribon sieht darin eine »politische Notwehr der unteren Schichten«. Sie würden rechtsnational wählen, weil sie ihre Würde verloren haben. Und diese zurückwollten. Ähnliches konnte man bei den Wählern von Donald Trump in den USA beobachten. Die Arbeiter in den Stahlwerken des heutigen Rust Belts, des »rostigen Gürtels«, der früher Manufacturing Belt, »Werkbank-Gürtel«, genannt wurde und die älteste und größte Industrieregion der USA war, waren stolz, die besten Stahlkocher der Welt zu sein. Dann kam die Globalisierung. In China und anderen Entwicklungsländern wurde billiger produziert, die Industrie wanderte ab und die Bevölkerung in Detroit ging in den Jahren von 2000 bis 2015 um fast 30 Prozent zurück. Den besten Stahlkochern der Welt wurde gesagt, dass im Ausland jetzt besser Stahl gekocht werde. Und wenn diese fragten, was denn aus ihnen werden sollte, dann wurde geantwortet, das sei halt Globalisierung, Wettbewerb, am Ende käme es allen zugute. Und als es ihnen nicht zugutekam und sie den Ausländern die Schuld an ihrer Arbeitslosigkeit gaben, dann sagte man ihnen, sie seien ausländerfeindlich. Und entsprechend haben sie dann gewählt, als mit Trump der Rassismus ein Angebot bekam.

Es ist leicht, alle Menschen, die rechtpopulistische oder rechtsnationale Parteien wählen, als Nazis zu beschimpfen. Aber wenn es die eigene Mutter ist wie bei Didier Eribon, bleibt einem doch das Wort im Hals stecken. Und ziemlich viele AfD-Wählerinnen werden ja die Mütter und AfD-Wähler Väter von irgendwem sein.

Wir nahmen uns im Wahlkampf in Schleswig-Holstein jedenfalls strikt vor, uns nicht an den Positionen der AfD und des Rechtspopulismus abzuarbeiten. Wir wollten nicht in die Defensive geraten, weder rhetorisch noch politisch. Wenn man seine politische Identität aus dem Gegenüber ableitet oder als Gegengewicht zu anderen begreift, dann macht man den anderen groß und ist selbst automatisch in der Defensive. Erst kommt das Argument der anderen, dann muss man es selbst wiederholen, um es erst dann widerlegen zu können. Es steht faktisch immer zwei zu eins gegen einen. Und die grundsätzlichste Entscheidung war vor diesem Hintergrund, nicht in den Stil der Ausgrenzung und Spaltung einzusteigen. Wir Grüne können wohl eher keine potenziellen AfD-Wähler für uns gewinnen. Aber wir können uns bemühen, eine grundsätzlich andere Politik zu entwerfen, die Menschen in ihren unterschiedlichen Bedürfnissen anerkennt. Wir können versuchen, ehrlich zu sein und nicht so zu tun, als ob alle Widersprüche und Konflikte zu aller Zufriedenheit gelöst werden können. Und trotzdem an der Idee des Gemeinwohls festhalten.

Mit dieser Haltung, ein Land zusammenführen zu wollen, machten wir Wahlkampf. Und der Zuspruch beflügelte uns – und sogar andere. Denn in den letzten drei Tagen kamen Grüne aus allen Teilen des Bundesgebiets zu unserem Küstencamp, wie wir es nannten. Aus München und Leipzig

und Landau, von überallher, dazu noch jede Menge Landes-
ministerinnen und -minister. Jeden Tag bildeten wir Teams
und schwärmten ins Land aus. Und die Leute aus allen Teilen der Republik rissen noch mal die einheimischen Grünen
mit. Abends saßen wir am Lagerfeuer an der Schlei, schlos-
sen neue Freundschaften und schmiedeten neue Pläne. Es
war großartig. Am großartigsten aber war, dass auch Katrin Göring-Eckardt kam. An ihrem Geburtstag! Nach dem,
was auf dem Parteitag passiert war, war das wirklich eine
große Sportsfrauengeste. Und schloss noch mal die Reihen.
So holten wir gegen den Bundestrend mit fast 13 Prozent
das zweitbeste Ergebnis der Landesgeschichte.

Jamaika ist kein Projekt

In die große Freude über das grüne Ergebnis (und darüber,
dass die AfD mit nur 5,9 Prozent um Haaresbreite den Einzug in den Landtag verfehlt hätte) mischte sich allerdings
schnell Frust über das schlechte Abschneiden der SPD, mit
der wir ja bisher regiert hatten. Das Momentum von Martin Schulz war endgültig verflogen. Und der Versuch der
schleswig-holsteinischen SPD, einen Merkel'schen Präsidi-
alwahlkampf zu führen, nämlich den politischen Debatten
auszuweichen und der CDU keine Angriffsfläche zu bieten,
hatte nicht funktioniert. So hatte die Küstenkoalition, das
Bündnis aus SPD, Grünen und SSW, keine Mehrheit mehr.
    Diese Wahlabende im Landeshaus sind krass. Der Jubel
des einen bedingt ja die Enttäuschung des anderen. Der Erfolg der einen Partei macht den Misserfolg der anderen aus.
Man ist fast immer schuldig, wenn man erfolgreich ist. Wir
feierten. Aber die Freude blieb uns auch irgendwie im Hals
stecken.

Ich traf auf dem Weg zu irgendeinem Interview Torsten Albig, den Ministerpräsidenten. Wir schoben in einem dichten Menschknäuel aneinander vorbei, verharrten und fanden uns mit den Augen. Obwohl so flüchtig, war es ein besonderer Moment. Für wenige Sekunden gab es keine taktische Mauer, keine Floskeln der Spin-Doktoren. Wir hatten fünf Jahre intensiv miteinander gearbeitet. Wir hatte uns gegenseitig viel Vertrauen geschenkt, und ich kann sagen, dass Torsten Albig es nie enttäuscht hat. Wir hatten Ratlosigkeit und Rastlosigkeit miteinander geteilt und in dem kurzen Augenblick der Begegnung schien das alles zu Ende zu sein. Der kurze Händedruck und die wortlose Umarmung drückten viel Schmerz aus.

Und kurz danach stand ich mit Wolfgang Kubicki in einem Studio und wir beide alberten mit dem Moderator herum. Auch das war weder geplant noch strategisch. Aber es entstand das Bild, dass jetzt Grüne und FDP darüber bestimmen würden, wer künftig in Schleswig-Holstein regieren würde. Schon 2008 oder 2009 hatte ich mit Kubicki darüber gesprochen, dass die gegenseitige Aversion von FDP und Grünen auf Dauer gefährlich werden könnte. Wenn es nämlich dauerhaft keine kleinen Zweier-Koalitionen mehr geben würde und lagerübergreifende Bündnisse notwendig werden würden.

Über Jahre haben wir von »grüner Eigenständigkeit« gesprochen. Jetzt erlebten wir zum ersten Mal, was das konkret auch bedeuten kann, nämlich, dass wir mit mindestens einer Partei würden zusammenarbeiten müssen, die nicht dem eigenen politischen Lager angehört. Mir schwante, welche schwierigen Debatten in den nächsten Wochen auf uns zukommen würden, aber am Wahlabend war das noch weit weg. Klar war indes, dass es für die kommenden

Entscheidungen keinen Fahrplan und keine geübte Form gab. Und das war spannend.

Rechnerisch möglich waren neben einem Bündnis von CDU und SPD, das die SPD offiziell ausgeschlossen hatte, nur noch eine Ampelkoalition aus SPD, FDP und Grünen – oder Jamaika. Und so luden wir die FDP zunächst zu Sondierungen zwischen Grünen und FDP ein. Denn es war ja klar, dass, wenn wir uns nicht vertrauen würden, es keinen Sinn hätte, mit Dritten zu reden. Das Gespräch fand in einem Kieler Hotel, auf neutralem Grund, statt. Und es verlief freundlich, aber intensiv. Wir sprachen die uns trennenden Punkte alle an und durch. Aber wir fanden auch Gemeinsamkeiten, vor allem im Bereich der Bürgerrechte, einer humanitären Flüchtlingspolitik, der Digitalisierung. Das Gespräch endete mit dem Versprechen, weiterreden zu wollen. Und bis heute ist übrigens kein Wort daraus an die Öffentlichkeit gelangt.

Die meisten Grünen, die ich kannte, wollten eine Ampel. Ich auch. Die SPD auch. Aber die FDP machte klipp und klar, dass sie nicht bereit war, die Politik der abgewählten Regierung einfach fortzusetzen. Das fanden wir natürlich doof, denn es war ja auch die von uns entwickelte Politik. Aber auf der anderen Seite konnten wir das nachvollziehen. Wäre Schwarz-Gelb abgewählt worden, wir hätten exakt das Gleiche gesagt. Und wir sagten das auch der SPD. Es sei ihre Aufgabe, die FDP an den Verhandlungstisch zu holen. Sie würde der FDP ein Angebot machen müssen, das das ohnehin kleine Fenster der Möglichkeit nicht weiter zufallen ließ. Die FDP wiederholte ihre Formel von der »Nicht-Verlängerung einer abgewählten Regierung« wie ein Mantra. Und im Jargon der Politik war das die relativ unverblümt geäußerte Forderung nach personellen Konsequenzen, nach dem Rücktritt der sozialdemokratischen Führung.

Doch die SPD war in einer Schockstarre. Sie spielte auf Zeit. Ralf Stegner, der Landesvorsitzende der schleswig-holsteinischen SPD, gab die Parole aus:»Ministerpräsident wird am Ende der, der im Landtag eine Mehrheit findet.« Damit zielte er direkt auf uns Grüne. Wenn wir der Union nicht zu einer Mehrheit verhelfen würden, dann könnte die SPD vielleicht weiter regieren. Womöglich auch in einer Großen Koalition …Wir sagten der SPD sehr oft und sehr direkt, dass das so nicht laufe würde und dass wir nicht taktisch mit der CDU und FDP verhandeln würden, sondern entlang von Sachfragen. Und dass die Zeit gegen die SPD spiele und nicht für sie. Aber die SPD reagierte lange nicht, dann halbherzig und dann war es zu spät. Da hatte die FDP ihrerseits schon eine Ampel ausgeschlossen.

Das so zu schreiben ist hart. Denn die SPD-Politiker waren ja unsere Partner und mit Torsten Albig hatte ich ein enges, vertrauensvolles Verhältnis. Ich hatte immer die Begegnung am Wahlabend im Kopf und spürte förmlich, wie getroffen er war. Ich erinnere mich an die Kabinettssitzungen in dieser Interimszeit, als wir Grünen mit CDU und FDP sondierten und die Kabinettskollegen der SPD zusehen mussten. Wie sie spürten, dass gerade etwas Neues entstand, das ja sehr persönliche und gravierende Konsequenzen für sie haben würde, aber nicht die Kraft fanden, dem Ganzen einen anderen Spin zu geben. Das waren menschlich extrem schwierige, emotional angespannte Stunden, in denen auch manch persönliche Beziehung beschädigt wurde.

Ich bekam in diesen Tagen sehr viele bittere SMS von sozialdemokratischen Freunden und Kolleginnen. Sie alle gingen von einem Verrat aus. Dass die SPD mit der CDU koaliert und die Grünen in die Opposition gehen, wenn

Rot-Grün keine Mehrheit hat, das schien für sie ein Naturgesetz zu sein. Aber für uns war es das nicht. Heute bin ich froh, dass mein Handy SMS nach ein paar Monaten automatisch löscht.

Also verhandelten wir Jamaika und gingen schließlich, nach einem für uns Grünen mehr als akzeptablen Koalitionsvertrag und über achtzigprozentiger Zustimmung unserer Parteimitglieder, dieses Bündnis ein.

Die bürgerlichen Medien überschlugen sich. Ulf Poschardt schrieb in der *Welt*, der Norden werde »innovativ, wohlhabend und lässig«. Es war von bürgerlichen Wählermilieus, offenen Hemden und sozialer Empathie ohne Umverteilung die Rede – also einer Wohlfühlkoalition der Wohlhabenden, die sich ein bisschen Soziales an die Fassade streicht. Ja, hübsch gezeichnet, doch es reduzierte Politik auf Stil. Und von links stand der Verratsvorwurf im Raum. Politik sei ja doch nur ein schmutziges, eigensüchtiges Spiel …

Beides ist falsch. Das, was die Jamaika-Koalitionsgespräche in Schleswig-Holstein eigentlich waren, war eine politische Übung darin, kulturell fremde Milieus zusammenzuführen. Insofern waren sie im Brennglas der politischen Engführung das, was insgesamt gesellschaftlich verhandelt wird. Und die Erinnerung an die sonnige Jamaika-Mai-Stimmung an der Kieler Förde trügt. Jamaika war nie ein Selbstgänger. Oft genug standen die Gespräche kurz vor dem Scheitern. Am heftigsten war ein Konflikt über die Wirtschafts- und Verkehrspolitik. Wir Grünen hatten ein Papier, das in einer Unterarbeitsgruppe schon geeint war, wieder strittig gestellt. Und die FDP hatte dies als schweren Vertrauensbruch und Beleg der grünen Unzuverlässigkeit gewertet. Krisensitzungen folgten. Keine Einigung. Die Koalitionsverhandlungen wurden für zwei Tage unterbrochen. Wir Grünen schworen uns in die Hand, dass wir bereit waren, die Verhandlungen scheitern zu lassen. Ich gehe davon aus, dass die FDP Gleiches tat. Und als Monika Heinold und ich nach zwei Tagen Unterbrechung zu dem Treffen in kleiner Runde gingen, wussten wir nicht, wie es enden würde.

Der Kipppunkt zum Konstruktiven war dann, als sowohl FDP als auch CDU wie auch wir aufhörten, uns gegenseitig allgemeine Vorhaltungen zu machen, also im Kern die verschiedenen Kulturen der Parteien anzuprangern, sondern wir uns konkret über den Text beugten. Über Stunden formulierten wir Satz für Satz um. Und danach versprachen wir uns in die Hand, dass wir diesen Kompromiss jeweils in unseren Gremien verteidigen würden. Das waren die sechs oder sieben Stunden, in denen Jamaika tatsächlich entstand. Alles Rumgefeixe vor den Kameras, die Interviews, die medialen Inszenierungen – das war alles nichts wert im Vergleich zu diesen Arbeitsstunden voller Streit und Ringen und Einigung.

Vertrauen kann man weder einfach herbeireden noch verordnen, geschweige denn herbeitrinken. Vertrauen entsteht im Konflikt. Und dass man ihn löst. Und so ist es bis heute in der täglichen Kabinettsarbeit. Es ist eben Arbeit. Viel telefonieren, viel reden, viel ringen. *Das* ist die eigentliche Bedeutung von Jamaika: nicht Verrat am linken Ideal, nicht bourgeoise Selbstaufgabe, sondern die Übung, gemeinsam Dinge hinzubekommen, ohne die Identität und Eigenständigkeit des jeweils anderen infrage zu stellen. Jamaika ist kein Projekt. Es zu überhöhen wäre wahnwitzig oder bösartig. Aber es ist eine gute Übung darin, in der Politik vorzuleben, was gesellschaftlich eigentlich nötig ist.

Auf den grünen Zweig

Kaum war die Regierung in Schleswig-Holstein gebildet, begann die heiße Phase des Bundestagswahlkampfes. Aber er zündete nicht. Weder insgesamt noch bei den Grünen. Als ginge es um nichts, chillte Deutschland durch den Sommer. Die Umfragen aller Parteien waren wie in Stein gemeißelt. Ich machte Wahlkampf bei lauter Kreisverbänden. Wieder, wie während der Urwahl, reiste ich mit der Bahn kreuz und quer durch die Republik, hielt Reden und besuchte Firmen und Bauernhöfe. Ich erlebte ein Sommerland, das sich für alles interessierte, nur nicht für Politik.

Ich sah die Armut in den Bahnhöfen und saß mit müden Schichtarbeitern im Ruhrpott morgens um fünf in der S-Bahn. Ich flog von München nach Hamburg und ging an den Flughafenshops mit ihren Edelmarken vorbei, wo Wohlstand pervers wird. Ich besuchte Tierställe und streichelte die Kälber, die bald geschlachtet werden würden, und sah die Menschen bei McDonald's Schlange stehen. In mir wurde das Gefühl immer stärker, hier passt irgendetwas nicht zusammen, ganz fundamental nicht. Ich hielt meine Reden mit dem grünen Standardprogramm, ich las aus diesem Buch vor, ich kochte mit dem Kreisverband Bielefeld auf dem Marktplatz aus Gemüseresten – alles wurde wohlwollend aufgenommen. Aber ich hatte das Gefühl, so richtig kriege ich keinen Fuß in die Tür. Ja, die Matrix wurde tatsächlich gerade umprogrammiert, das spürte ich und ich konnte es auch anhand von Zahlen zur Altersarmut oder zur demografischen Entwicklung beschreiben, ich kannte die Analysen und Aufsätze, die beschrieben, wie das Internet der Dinge die Herrschaft über die menschliche Kommunikation übernehmen würde. Aber obwohl ich mittendrin war, hatte ich nicht das Gefühl, ein Akteur zu sein. Und weil ich das so deutlich empfand, traue ich mich zu vermuten, dass es Merkel, Schulz oder Linder nicht anders ging. Und dass man das im Wahlkampf aller Parteien merkte.

Der französische Soziologie Émile Durkheim schrieb 1897 ein Buch über den »Selbstmord« und analysiert in ihm den Zustand der Desorientierung. Diesen subjektiven Zustand übertrug er auf die Gesellschaft. Die Desorientierung einer Gesellschaft nannte er »Anomie«, also Unordnung. Durkheim attestierte den anomischen Gesellschaften seiner Zeit den Verlust von Werten und Normen, die damals vor allem religiös geprägt waren. Die sich schnell entwickelnde Gesellschaft der Industrialisierung mit ihren neuen Fabriken und Massenquartieren und Arbeitsteilung wischte die alte feudale Ordnung weg bzw. ließ eine Gesellschaftsordnung zerfallen. Es gab die ländliche Bauerngesellschaft und die städtische Arbeitergesellschaft, die aber nicht mehr ein gemeinsames Wertekorsett hatten.

Ohne solche Ordnungskategorien aber macht sich ein Gefühl von Unsicherheit breit, das Unzufriedenheit und sogar Angstzustände auslösen kann. Aus der Desorientierung wird eine politische Desintegration. Weder die alten Ordnungskategorien noch die Sprache der Politik greifen noch angesichts der Komplexität, Unübersichtlichkeit und Geschwindigkeit des Wandels. Umgekehrt ist es sogar so, dass die vorgegaukelte Sicherheit eines intakten Ordnungssystems erst recht destruktiv wirken kann, wenn sie als Schimäre entlarvt wird. Und die mulmige Frage, die in mir in diesen Sommerwochen rumorte, lautete, ob nicht auch ich Teil der Vortäuschung falscher Sicherheit war.

Am Ende zog der Wahlkampf dann doch noch mal an. Wir Grünen machten 8,9 Prozent – nur wenig besser als

2013, aber exakt das Ergebnis der Umfragen vom Januar. Ein Jahr wie ein Zirkelschluss. Wir feierten das Ergebnis als großen Erfolg. Der Jubel bei der Wahlfeier in Berlin war allerdings auch zu einem Gutteil Erleichterung, dem Teufel Niederlage noch einmal von der Schippe gesprungen zu sein.

Wenn das Jahr 2017 eine Wiederholungsschlaufe war, dann nahm sie in den Tagen nach der Wahl nochmals krass Fahrt auf. Erstens: Wir hielten einen kleinen Parteitag zur Wahlaufarbeitung in den UFA-Studios ab – wie nach der Wahl 2013. Und als ich zum Podium ging, erinnerte ich mich, wie ich vor vier Jahren am gleichen Ort und nach dem gleichen Wahlergebnis geredet hatte. Ich hatte Jürgen Trittin und Claudia Roth gedankt, nur um danach großspurig zu verkünden, dass ihre Zeit jetzt vorbei sei und meine Generation übernehmen müsse. Diesmal entschuldigte ich mich dafür. Alle möglichen Journalisten fragten mich danach, was das für eine Strategie gewesen sei, ob ich Trittin für Jamaika ködern wolle oder was auch immer. Und ich erzähle das hier nur, um nochmals festzuhalten: Ich wollte mich einfach entschuldigen, weil ich damals, vier Jahre zuvor, unrecht hatte.

Zweitens begannen kurz nach dem kleinen Parteitag Jamaika-Sondierungen auf Bundesebene. Wie in Schleswig-Holstein und doch ganz anders. Rückblickend kann ich es kaum fassen, welche Anfängerfehler wir alle gemacht haben und wie falsch wir die Sache angegangen sind. Da war zum einen der Verzicht oder die Unfähigkeit, ein paar Leitideen zu formulieren. Mindestens eine. In Schleswig-Holstein hatten wir die Digitalisierung und den Versuch, Ökologie und Ökonomie zu versöhnen, herausgestellt. Auch nicht gerade die superintellektuelle Glanztat. Aber immerhin entfaltete sie genug Bindekraft, um auseinanderstrebende Egos und Parteien zusammenzuhalten. Im Bund: Nada. Vielleicht haben wir uns einfach zu sehr angewöhnt, Ideen und Visionen für eine Schwäche zu halten. Jedenfalls wurde sich durchgewurschtelt, statt um Leitkategorien zu ringen.

Dann waren wir am Anfang zu freundlich zueinander und lullten alle Konflikte in Bindestrichpapiere ein, winkten vom Balkon, suggerierten, die Sache sei geritzt, während kaum ein Konflikt ausgesprochen werden konnte. Als ich einmal gegenüber Angela Merkel auf unterschiedliche Ansichten in der Agrarpolitik beharrte, wurde das als zutiefst befremdlich registriert. Man sollte nicht widersprechen. Genau das aber führte dazu, dass am Ende alle Widersprüche noch ungelöst waren.

Wir sammelten lauter Programmpunkte und Projektideen. Aus der großen Liste sollte am Schluss die Erkenntnis reifen, ob man Jamaika macht oder nicht. Als das die jeweiligen Sondierer erkannten, kramten sie natürlich alle Parteitagsbeschlüsse hervor, um ja nichts zu vergessen. Die Listen und Dissense wurden immer länger. Aber die eigentliche Auseinandersetzung fand nicht statt. Ob Parteien zusammenkommen könnten, die so unterschiedliche gesellschaftliche Vorstellungen haben wie die Grünen als öko-keynesianische Partei, die FDP als wirtschaftsliberale, die CSU als rechte Schwester der CDU und die CDU als geschwächte Maklerin zwischen allen, ob es eine Idee geben würde, die den Laden zusammenhalten könnte, wurde nicht entschieden.

Drittens gab es einen erstaunlichen Mangel an Autorität. In den entscheidenden Runden wurde nichts entschieden. Die Moderation führte nicht zusammen, sondern führte die Redelisten. Immer wieder wurde zurück in die

Fachgruppen delegiert. Aber wie sollten die entschlusskräftig sein, wenn es die Chefs nicht waren? Und viertens entstand durch permanente Indiskretionen eine Atmosphäre des Misstrauens. Es läuft in solchen Verhandlungen nun mal nur dann erfolgreich, wenn irgendjemand einen halben Schritt von dem eigenen Parteiproramm wegmacht, in der Hoffnung, das Gegenüber zieht nach. Dafür braucht es einen Vertrauensraum. Wenn aber alles stets wie in einem Livestream 1:1 nach außen getragen wird, dann passiert das Gegenteil. Die Leute plustern sich auf und gehen in den Nahkampf, weil sie ja wissen, dass sie damit bei den eigenen Anhängern punkten. Als wir gerade das Agrar-Kapitel verhandelten und Katrin Göring-Eckardt und ich einmal uneinig waren und die Sitzung kurz unterbrachen, lasen wir beim Rausgehen auf *Bild Online:* Neue Front bei Jamaika – Göring-Eckardt gegen Habeck. Live. Wie gedoppelt. So ging das natürlich nicht.

Für mich ist die Erinnerung an Jamaika eine seltsame. Die merkwürdig biedere Atmosphäre in der Parlamentarischen Gesellschaft mit den ganzen Faltentischdecken und Kellnern im weißen Frack, die müden und ratlosen Gesichtszüge der deutschen Spitzenpolitiker, die vielen Personenschützer, die völlig sinnlos Stunde um Stunde auf den Fluren saßen, nur weil jemand wohl nicht nachgedacht und sie nicht abbestellt hatte, die Fahrradfahrten nachts um vier durch Berlin, die nervigen Telefonkonferenzen, die Strategietreffen im Prenzlauer Berg, in denen wir uns abstimmten, die großen Gläser Minze-Ingwer-Tee, die immer alle tranken … In meiner Erinnerung glichen die Sondierungen einer zu langen Klassenfahrt im zu engen Bus – 16 Stunden von Flensburg nach Garmisch. Irgendwie denkwürdig und irgendwie ätzend. Und dann kamen wir noch nicht mal an.

Die schwarze Katze

Als die Sondierungen scheiterten, saß ich im Raum der CDU zusammen mit Ursula von der Leyen, Daniel Günther, Hermann Gröhe und Peter Tauber. Wir Grünen hatten eine Messenger-Gruppe eingerichtet, um schnell miteinander kommunizieren zu können. Erst erreichten mich Nachrichten aus dieser Gruppe vom Auszug der FDP, dann erzählte Peter Tauber, die FDP habe eine Pressemitteilung verschickt, dass sie die Sondierungen beendet habe. Noch glaubten einige, dass es sich um ein Manöver handelte, um den Preis hochzutreiben. Aber dann kamen die Liberalen die Treppe der baden-württembergischen Landesvertretung herunter, gingen wortlos in ihren Sitzungsraum, holten die anderen Kollegen, nahmen ihre Jacken, Taschen und Rucksäcke und verließen uns wortlos. Kein Tschüss. Kein Scherz. Kein Winken. Und wir anderen standen inzwischen alle da wie begossene Pudel oder verlassene Liebhaber. Doch plötzlich, als der Druck gewichen war und Enttäuschung sich breitmachte, löste sich die Stimmung. Hausherr Kretschmann, sonst immer bleiernste Miene, rief als Erster: Ich gebe einen aus. Dabei waren die Getränke schon den ganzen Tag frei. Ich holte Bier für alle Umstehenden, ob CDU, CSU oder Grüne, egal. Und Peter Altmaier lobte jeden Grünen, den er traf, wie konstruktiv wir verhandelt hätten.

Dass wir an dem Abend trotzdem gescheitert sind, ist der Moment, von dem man vielleicht rückblickend sagen wird, dass er die Parteienlandschaft in Deutschland verändert hat. Es wird nach dem Bruch und den gegenseitigen Vorwürfen nun ungleich schwerer, Bündnisse jenseits der Großen Koalition zu schmieden. Ob Angela Merkel nochmals

als Spitzenkandidatin der Union antritt, ist ungewiss. Ihre Nachfolgerin oder ihr Nachfolger wird vermutlich nicht gerade liberaler sein als sie. Auch Seehofer – merkwürdig genug, das zu schreiben – wird vermutlich rechts überholt werden in der CSU. Und die Äußerungen von Christian Lindner lassen auch die FDP immer weniger zu einem Partner für die Grünen werden. Den Staat als eine »Kleptokratie« zu bezeichnen, wo eine Minderheit die Mehrheit ausraubt, ist Tea-Party-Jargon von Anwälten und Managern. Und von einer »Geld-Pipeline von Deutschland in andere europäische Länder« zu sprechen, wenn es um die Probleme der Eurozone geht, ist das Gegenteil von konstruktiver Politik, sondern bedient populistische Vorurteile. Will sagen: Koalitionen mit den sogenannten bürgerlichen Parteien werden für die Grünen noch mal schwieriger. Aber auch die politische Linke ist unsortiert. Die Linke spuckt zum Teil offen nationalistische Töne, die SPD ist programmatisch, politisch und personell ausgelaugt und das wird sich in einer erneuten Koalition wohl kaum ändern.

In den Wochen nach Jamaika habe ich mich erneut gefragt, was ich eigentlich in der Politik mache, was Ziel und Zweck von alldem ist. Die Jahre der bequemen Übersichtlichkeit der politischen Welt sind jedenfalls vorbei. Im Jahr 2017 ist Deutschland auch politisch in der Nach-Moderne angekommen. Neue, die alten Lager überspannende politische Bündnisse müssen geschlossen werden. Die Volksparteien verlieren zunehmend an Bindekraft und damit auch ihre stabilisierende Wirkung auf die Demokratie. Das gilt erst recht, wenn es nochmals zu vier Jahren Großer Koalition kommen sollte. Und für die linksliberalen politischen Kräfte ist nicht ausgeschlossen, dass sie marginalisiert werden und am Ende der vier Jahre ums Überleben kämpfen müssen. Es kann sein, dass das grüne Projekt in diesen Jahren zu Ende geht. Es kann aber auch sein, dass wir die gesellschaftliche Hoffnung nach Aufbruch und Idealismus politisch einlösen und zu einer wirklichen Bewegung machen können. Deutschland und die Grünen stehen an einem Scheideweg.

In dieser Situation habe ich mich gefragt, was ich tun und welche Verantwortung ich tragen kann. Irgendwie wiederholt sich für mich gerade der Moment, als ich als Schriftsteller und Vater zum ersten Mal zu einer parteipolitischen Versammlung fuhr. Ich war in meinem Leben sehr glücklich, aber es war auch sehr subjektiv. Politik ist das Gegenteil davon: Sie will etwas für die Allgemeinheit erreichen. Und dass das möglich sein kann, hat damals eine Leidenschaft in mir entfacht.

Der gleiche Antrieb ist es auch jetzt. Ich habe mit der Ministerverantwortung für alles, was draußen ist, den besten Job, den ich mir vorstellen kann, aber ich glaube, ich kann mehr tun. Gerade in dieser politischen Situation, zum Jahreswechsel 2017/18, denke ich: Wenn jetzt nicht jeder, der glaubt, einen Beitrag leisten zu können, aus dem Quark kommt, und du auch, Robert, wann denn dann? Und so habe ich vor ein paar Wochen beschlossen, als Bundesvorsitzender der Grünen zu kandidieren und so gut es geht dazu beizutragen, dass meine Partei Kraft schöpft und wir unser Profil schärfen.

Mit dieser Entscheidung für eine Kandidatur habe ich meine Perspektive komplett darauf ausgerichtet, als Bundesvorsitzender zu arbeiten. Das heißt, die Verantwortung für das Grundsatzprogramm und für unsere Aufstellung bei den kommenden Bundestagswahlkämpfen und was sonst auch immer kommen mag, zu suchen. Das heißt, ich werde all das, was wir in Schleswig-Holstein in den letzten zwölf Jahren erarbeitet haben, an andere übergeben und diese Zeit hinter mir lassen, falls ich gewählt werde. Aber das bedeutet auch, dass ich die Dinge, für die ich in Schleswig-Holstein Verantwortung übernommen habe, dass ich den Dienst für das Land mit Anstand übergeben möchte. Da ich erst im Juni erneut Minister geworden bin, in einer Koalition, die nach dem Scheitern der Jamaika-Sondierungen im Bund nicht gerade einfacher geworden ist, kann ich nicht alles stehen und liegen lassen, wie es die Satzung der Grünen verlangen würde. Ich muss einen Übergang regeln, die angefangenen Projekte zu Ende oder zumindest auf ein sicheres Gleis bringen können. Doch ein Ministeramt auszuüben – und sei auch nur vorübergehend – und gleichzeitig Bundesvorsitzender zu sein, ist nach der Satzung der Grünen eben nicht zulässig – und bisher hat noch nie ein amtierender Minister erklärt, er wolle Parteivorsitzender werden. Während ich diese Zeilen schreibe, weiß ich also faktisch nicht, ob ich zum Parteitag im Januar tatsächlich als Kandidat antreten kann oder nicht. Ob es einen satzungskonformen Weg geben wird, der erlaubt, beide Aufgaben für eine gewisse Zeit noch miteinander zu verbinden.

Ich beende dieses Nachwort, diese kleine Betrachtung des wilden Jahres 2017, in einem so ungewissen Zustand, wie ich den Morgen des 18.1.2017 erlebt habe. Also das Déjà-vu. Und doch gibt es einen großen, entscheidenden Unterschied zu dem Bild der Matrix, wie sie im gleichnamigen Film vorgeführt wird. Der Film suggeriert, es gäbe eine anonyme Macht, die uns fremdbestimmt und den Lauf der Welt regelt. Aber diesen Lauf gibt es nicht. Und es gibt auch niemanden, der ihn abstrakt regeln würde. Es gibt nur das, was wir draus machen. *Wir* sind die Matrix. Alles kann

passieren. Und alles kann schiefgehen. Aber es ist ein großes Privileg und Glück, dabei zu sein. Und immer wieder
wagen, zu beginnen.

Flensburg, den 30. 12. 2017